Siegfried Neukirch   Mein Weg zu Albert Schweitzer

Zum Gedenken an

Albert Schweitzers 40. Todestag

am 4. September 2005

Siegfried Neukirch

Mein Weg
zu
Albert Schweitzer

Mit dem Rad über Nord-, Mittel- und Südamerika nach Afrika

und

Rückkehr nach Europa

Eine Autobiographie

1952 bis 2002

Dieses Buch ist nicht preisgebunden. Es soll jedem zugänglich sein. Sie können den Preis selbst bestimmen und als Beitrag zu den Druckkosten auf mein Selbstverlagskonto überweisen, das nachfolgend angegeben ist.

Ich danke Ihnen.

Neukirch Selbstverlag, Konto-Nr. 123 608 17,

BLZ 680 501 01, Sparkasse Freiburg – Nördl. Breisgau

Überweisungen aus dem Ausland innerhalb von Europa:

Int. Bank Account Number :

DE 72 6805 0101 0012 3608 17   SWIFT-BIC.: FRSPDE66XXX

Die deutsche Ausgabe des Buches ist direkt erhältlich über den Autor:

Mein Weg zu Albert Schweitzer

© Copyright: Selbstverlag Siegfried Neukirch, Freiburg im Breisgau 2005
Vierte Auflage, August 2008, ISBN 3-00-017097-9

Anschrift: Siegfried Neukirch, Silberbachstraße 3, D-79100 Freiburg im Breisgau,
Telephon: 0761/75829, Email: benedikt.neukirch@web.de

Druck: Omniprint GmbH, Gundelfingen u. Freiburg

Englische Ausgabe

My Journey to Albert Schweitzer

Translation by: Marcel Humenik

Editor: Lawrence N. Claus

© Copyright: Siegfried Neukirch edition on command Freiburg im Breisgau 2007

Second Edition 2008   ISBN: 978-1-4251-2647-6

Trafford North America & international   Printed in Victoria, BC, Canada

Russische Ausgabe

Мой путь к Альберту Швейцеру

© Copyright: Siegfried Neukirch edition on command Freiburg im Breisgau 2008

Перевод с немецкого: Леонид Комиссаренко

УДК 25 ISBN 5-98708-006-1 Н 78

Печать: *ЗАО «Ситалл»*   г. Красноярск   www.sitall.com

*Gewidmet meiner Frau Ingeborg und
meinem Sohn Benedikt
in Liebe und Dankbarkeit*

Das Geschriebene ist ein Dank an die vielen Menschen, die mir auf meinem Weg zu Albert Schweitzer auf verschiedene Weise geholfen haben, in Deutschland beim Aufbruch in die weite Welt, in Kanada, Frankreich und Spanien während meines Studiums und besonders in Amerika auf meiner Radtour nach Lambarene; schließlich auch an jene, die bei meinem Start in Europa in ein neues und wieder ganz anderes Leben jederzeit für mich da waren.

Inhaltsverzeichnis

Vorwort 4
Begebenheiten aus der Kindheit 5
Die Kirschen und der Führer 5
Findung meines Lebensweges 9
Südwestfunk und die Schreibmaschine 13

I. Aufbruch nach Kanada

Paris – das Tor zur großen weiten Welt 14
Autowäscher in Toronto 15
Studium und Babysitting 17
Ein Jahr Paris, Sorbonne, und Madrid 20
Das kalte Bad in der Seine 21
Château Lake Louise 25
Die Beinah-Entlassung 25
Begegnung mit dem Salzkönig der USA 26
Am Arktischen Ozean 31
Mein Lebensretter – ein Eskimo 31
Das Eis hielt 33
Das neue Rad 34
Die Pferde-Ranch 36
Mr. Morton und Frank Lloyd Wright 37
Die Frösche und die Mäuse 42
Wie man einer Schlange entkommt 43
Ritt mit einem Missionar in die Berge 47
Der Panamakanal 48
Jiu-Jitsu in Kolumbien 49
Machu Picchu 53
Der Unbekannte mit dem Opel 59
In Puerto Montt aufs Schiff 61
Feuerland 62
Noch einmal Glück gehabt 64
Schreck auf dem Zuckerhut 65
In Las Palmas wird die Besenkammer zum Gästezimmer 67
Kleider machen Leute 69

II. Lambarene

Meine Ankunft 74

Der Bananeneinkauf 76

Der neue Daimler-Benz-Lastwagen 77

Ein unschöner Vorfall 80

Albert Schweitzer besucht meine Mutter 80

Die Geburtstagsrede 81

Die Termiten 82

Praktizierte Ehrfurcht vor dem Leben 83

Ich las viel von seinem Gesicht ab – Mein Alltag mit Albert Schweitzer 84

Gedenken an eine bedeutende Frau 85

Besucher und das Round-Table-Gespräch 87

Tausend Kilometer im Jeep zum Konzert 88

Albert Schweitzers letzte Tage – Abschied von Lambarene 105

Achtung: Ameisen! 106

Die Geschichte mit dem Tropenhelm 111

Erdnüsse vom Scheich 113

Ausflug zum Tschad-See 120

Eine musikalische Belohnung 121

Unerwarteter Flug in die Sahara 123

Abenteuer Wasserski 124

Unter die Räuber geraten 127

Fast im Gefängnis gelandet 130

III. Zurück in Europa

Neuorientierung 135

Der erlösende Anruf 137

Kanadische oder deutsche Staatsangehörigkeit? 138

Das verlockende Angebot: Japan 139

Berlin und der besondere Theaterbesuch 144

Ein gefährlicher Augenblick 145

Die neue Sprache: Russisch 146

Überfall auf der Bank im Park 151

„Herr Neukirch, Ihr Billet!" 157

Als Hauslehrer in Frankreich 159

Der Spickzettel der Madame Balthasar 163

Die Lüge vom Vergnügen an der Gartenarbeit 163
Die Albert-Schweitzer-Tagung in New York 165
Gefährlicher Übermut 168
Fünfzehntausend Kilometer mit dem Zug..170
Besuch bei den erwachsenen Babies 172
Die Sonntags-Rose 176
Abstecher zum Skiort Whistler 178
Die Freunde vom Speisewagen 180
Zu Gast bei Albert Schweitzers Tochter 181
„Haben Sie keine Angst vor so vielen Frauen?" 185
Chicagos zwei Gesichter 188
Zum Abschied dreimal in der Met 190

Anschauungsmaterial 195
Dokumententeil 205

Vorwort

„Ich kann nicht schreiben" war viele Jahre lang meine Antwort, wenn ich Freunden und Bekannten und besonders meiner Frau von meinen Erlebnissen in Kanada, Alaska, Nord- und Südamerika, in Lambarene und im übrigen Afrika erzählte und diese mich ermunterten, das Erlebte schriftlich festzuhalten. Doch während eines Klinikaufenthalts im Jahr 2003 ließ ich mir von einer Krankenschwester Papier und Schreibzeug geben und fing an zu schreiben. Dr. *Harald Steffahn*, Schriftsteller und Journalist, den ich in Lambarene kennengelernt habe, kommentierte meine ersten schriftstellerischen Gehversuche so: „Natürlich kann ich keinen Schriftsteller aus dir machen ...", aber gleichzeitig ermutigte er mich, weiterzuschreiben, und bot mir seine Unterstützung an. Ich danke Harald Steffahn ganz besonders für die gestraffte Form, die das Manuskript durch ihn erhalten hat. Meiner Frau ein großes Dankeschön für ihre Anregungen und ihre Begleitung.

Natürlich bieten sich unzählige Möglichkeiten, ins Leben einzusteigen; dafür gibt es kein Patentrezept, aber ich glaube, daß gerade suchende junge Menschen in dem, was ich unternommen habe, manche Anregung finden könnten, die auch in unserer Zeit Gültigkeit hat. Grundbedingungen für jegliches Gelingen sind in meiner Sicht Gottvertrauen, Hoffnung, Ausdauer, auch Bereitschaft auf Verzicht, wenn es um Wesentlicheres geht, Dankbarkeit, Achtung und Ehrfurcht vor allem Leben im Sinne von Albert Schweitzer.

Begebenheiten aus der Kindheit

Ich wurde am 10. Mai 1930 in Freiburg im Breisgau geboren. Meine Heimat ist der Schwarzwald. Mein Vater Ludwig leitete das Antiquariat der Universitätsbuchhandlung Albert, und meine Mutter Toni, eine gelernte Krankenschwester, widmete sich ganz der Familie. Ich habe noch zwei Brüder, Dieter und Gunter. Von meiner Schulzeit kann ich sagen, daß ich, von einer oder der anderen Tatze[1] abgesehen, mit meinen Lehrern zufrieden war und daß meine Noten sich immer in der Mitte bewegten; es waren keine sehr guten Noten, aber auch keine schlechten.

Mein Volksschullehrer, Herr Schmidt, war ein guter und auch netter Lehrer. Er wohnte auf dem Lorettoberg an einem Berghang und hatte hinter seinem Haus einen großen Garten mit vielen Obstbäumen. Kaum wurden die ersten Früchte reif, durfte ich zu ihm kommen und Obst pflücken und nach Hause nehmen, soviel ich wollte. Natürlich half ich ihm dann auch bei der Obsternte. Das hat mir Spaß gemacht.

Sehr schön war für mich, daß es in allernächster Nähe meiner Pestalozzi-Schule einen Schmied, einen Schreiner und einen Wagner gab. Wie oft blieb ich nach der Schule noch vor der Schmiede stehen und schaute zu, wie einem Pferd ein Hufeisen aufgeschlagen wurde oder wie der Wagner den Heuwagen eines Bauern reparierte. Und wenn beim Bäcker das Fenster offen stand, konnte man in die Backstube schauen und sehen, wie die Brote aus dem Ofen geholt wurden. Handwerker bei ihrer Arbeit zu beobachten, fasziniert mich auch heute noch.

Die Kirschen und der Führer

Mai 1940. Es klingelt bei uns, und Brigitte, ein Mädchen aus der Nachbarschaft, bringt einen Korb mit Kirschen aus ihrem Garten und fragt mich, ob ich sie mit ihr zusammen an der Basler Landstraße an die Soldaten, die gerade vom Frankreich-Feldzug zurückkehrten, verteilen wolle. Ich bin sofort einverstanden, und wir verteilen die Kirschen. Plötzlich fährt ein Motorradfahrer heran und ruft: „Straße frei, Straße frei, der Führer kommt!" In diesem Augenblick fährt ein Ochsengespann mit einem großen Heuwagen vorbei. Ich sage dem Bauern, er solle ruhig langsam fahren. Aber kaum habe ich das gesagt, kommt schon der Führerwagen. Er muß abbremsen, was mir Gelegenheit gibt, mich zwischen den Ochsenwagen und das Auto zu stellen mit einer Handbewegung, die deutlich machen soll, daß der Fahrer anhalten solle, denn ich will dem Führer auch Kirschen geben. Ich trete also an den Wagen heran, öffne den Schlag und reiche ihm eine Handvoll, die er mit den Worten entgegennimmt: „Nur eine, mein Junge, nur eine!"

---

[1] „Tatze": Schüler bekamen auch schon für leichtes Fehlverhalten vom Lehrer mit dem Rohrstock einen Hieb über die ausgestreckte Hand.

Die übrigen gibt er Göring, der im offenen Führerwagen dicht neben mir steht. Hitler dankt mir noch einmal und fährt weiter mit seinem Stab. Jahre später, nach dem Krieg, als die Bevölkerung von den ungeheueren NS-Verbrechen erfuhr, erschrak ich und konnte und wollte es nicht glauben, daß ich diesem Hitler, der mich doch so freundlich angeschaut hatte, Kirschen gegeben hatte.

So etwa im dreizehnten Lebensjahr haben mich die Jungen unserer Straße einmal eng umstellt und verlangt, ich müsse endlich auch eine Zigarette rauchen. Bei mir bestand überhaupt kein Interesse, weil in unserer Familie nicht geraucht wurde. Ich wollte, wie schon einige Male zuvor, ausreißen, wußte jedoch, daß sie mich wieder in die „Zange" nehmen würden, und nahm die Herausforderung an. Nach den ersten paar Zügen sagte ich ihnen aber, daß mir der Rauch zu trocken sei und nicht gut schmecke. Darauf gab ich ihnen die Zigarette zurück, die von den Jungen noch zu Ende geraucht wurde, und habe nie wieder eine angerührt.

Hinter unserem Haus hatten wir einen Garten, für den Gunter und ich immer mal wieder mit dem Leiterwagen auf der nahen Landstraße Mist von den Ochsen- oder Pferdefuhrwerken sammelten. Die Bauern belieferten damals die Stadtbevölkerung mit Kartoffeln bis vor die Haustür. Man kellerte die Kartoffeln für den Winter zentnerweise ein. Wenn wir viel Mist fanden, dann verkauften wir ihn auch an Nachbarn, die ebenfalls Gärten hatten. Gewöhnlich nahmen wir für einen Eimer Mist sieben Pfennig. Einmal gingen wir zum Schlachthof und holten uns aus einem Viehwagen, aus dem das Vieh gerade hinausgetrieben worden war, legal oder illegal mehrere Eimer Mist. Als wir nach Hause gehen wollten, stellten wir fest, daß wir beide sehr hungrig waren, und daß es bis zur Buchhandlung, in der mein Vater arbeitete, viel näher war als nach Hause. Wir hofften auf das Verständnis meines Vaters, daß wir etwas essen müßten, zumal wir so schönen Mist für den Garten gesammelt hatten.

Wir kommen also mit dem Leiterwagen vor der Buchhandlung in der Bertoldstraße 21 an, gehen hinein und sehen meinen Vater mit einem vornehm scheinenden Herrn im Gespräch. Wir fragen unseren Vater, ob wir beim Bäcker vielleicht einen Wecken kaufen dürften. Noch nie zuvor und auch nicht danach hat mein Vater seinen Geldbeutel so schnell hervorgeholt und sogar noch gefragt, wieviel Geld wir benötigten, wie bei diesem Besuch in der Buchhandlung mit unseren doch sehr nach Mist riechenden Kleidern und Händen. Der Besucher, ein Freund und guter Kunde meines Vaters, soll nach unserem Besuch herzlich gelacht haben. Unser Vater hat aber nicht herzlich gelacht, sondern hat uns vielmehr, als er von der Buchhandlung nach Hause kam, übers Knie gelegt und ein paar Schläge verteilt, was aber gar nicht wehtat. Wir hatten ja unseren Trost schon bekommen, die Wecken vom Bäcker.

Schläge zur Bestrafung gab es bei uns zu Hause praktisch nicht. Unsere Eltern hatten ihre eigenen Methoden der Bestrafung. Wir bekamen zum Beispiel monatlich fünfzig Pfennig Taschengeld. Waren wir ungehorsam gewesen, dann wurden zehn Pfennig am Monatsende abgezogen.

Zum Frühstück bekamen wir Kinder Haferbrei mit Milch und Zucker. Hatten wir uns aber etwas zuschulden kommen lassen, dann fehlten am nächsten Morgen Milch und Zucker beim Haferbrei. Das war in der Hungerszeit nach dem Krieg eine wirksame Strafe. Schwerwiegender Ungehorsam wurde auch mit Hausarrest oder mit zusätzlichen Hauspflichten bestraft, wie Treppe spänen, Geschirr abwaschen oder im Garten Unkraut jäten.

Unsere Mutter hat uns mit einer gewissen Strenge, aber zugleich mit viel Liebe erzogen. Sie war eine mutige und gottesfürchtige Frau. Sie vermietete an eine ältere Frau, eine Jüdin, ein Zimmer. Eines Tages wurde meine Mutter von der NSDAP aufgefordert, der Untermieterin Frau Steinitz das Zimmer zu kündigen. Frau Steinitz war eine stille und gute Frau und bezahlte ihre Miete regelmäßig. Meine Mutter kündigte ihr nicht. Sie wurde daraufhin von der einen oder anderen parteitreuen Nachbarin in der Straße angefeindet. Eines Abends mitten im Krieg, als meine Mutter nicht zu Hause, sondern im Chor war, wurde unsere Untermieterin von der Polizei mit dem Lastwagen abgeholt. Das war für uns ein erschütterndes Mahnzeichen für die Lage der Juden.

Ein weiterer schrecklicher Eindruck aus der Kriegszeit, in der ich aufwuchs, war die Bombennacht vom 27. November 1944 während der Flucht aus dem brennenden Haus auf die Straße durch die brennende Stadt, als die Freiburger Altstadt in Flammen aufging. Ich war zu dieser Zeit im Konfirmandenunterricht und erlebte die Angst und den Tod vieler Menschen ganz bewußt mit.

Auch die Hungerjahre nach dem Krieg 1945 habe ich noch lebhaft in Erinnerung. Gunter, ein Jahr älter, fuhr mit mir in einem dieser Sommer schon am ersten Schulferientag mit dem Zug nach Oberschwaben, um bei Bauern für Lebensmittel zu arbeiten. Wir fanden beide im selben Dorf, in Hausen, Arbeit. Mein Bauer ging schon um fünf Uhr morgens aufs Feld und mähte den Weizen zusammen mit anderen Bauern. Es war schön zu sehen, wie sie das Getreide in einem gleichmäßigen gemeinsamen Rhythmus mähten. Die Bauersfrau kam gegen sieben Uhr mit dem Frühstück für die Männer nach, und mit ihr kamen Erntehelferinnen, die das Getreide zu Garben schnürten. Ich wurde überall eingesetzt außer zum Mähen, das gelernt sein muß. Am Abend nach der Arbeit durfte ich dann noch Ähren lesen, um sie am Ende unserer Zeit beim Müller im Dorf gegen Mehl einzutauschen. Als Entgelt für unsere Arbeit bekamen wir in erster Linie Kartoffeln, aber auch etwas Getreide. Solche Lebensmittel aber, die nicht über die Lebensmittelkarte erstanden worden waren, wurden als illegale Hamsterware angesehen und an den verschiedenen Kontrollstellen beschlagnahmt. So schickten wir die Kartoffeln, die zum Mitnachhausenehmen auch zu schwer waren, an die Buchhandlung in der Bertoldstraße zu meinem Vater und deklarierten die Kartons natürlich als Büchersendung. Es rumpelte manchmal ganz schön, als die „Bücherkartons" in der Buchhandlung ankamen, erzählte uns mein Vater, als wir nach Hause zurückkamen. Die Zeit bei den Bauern war für uns sehr interessant und lehrreich. Ich habe mir von jener Zeit an eine tiefe Dankbarkeit für das tägliche Brot bewahrt. Mein Bruder Gunter erhielt von den Bauern großes Lob. Schon am ersten Tag und noch vor dem Frühstück hatte man ihn hinausgeschickt, schon einmal anzufangen, einen Wagen Mist fürs Feld zu laden. Gunter erstaunte seinen Bauern und die Bäuerin, als er zum Frühstück wieder hereinkam und ihnen sagte, daß der Wagen beladen sei. Das hatten sie von einem Städter nicht erwartet.

Obwohl nicht schwach, so hatte ich doch keine solchen Kräfte aufzuweisen wie mein Bruder, und außerdem so schlechte Schuhe, daß sie für die Feldarbeit kaum noch taugten. Gleich am zweiten Tag mußte ich auf einem Stoppelfeld barfuß arbeiten, weil die alten Schuhe noch für die Bahnfahrt nach Hause benötigt wurden. Die Getreidestoppeln sind aber hart und scharf. Ich suchte mir kurzerhand einen alten Fahrradreifen, schnitt zwei Stücke entsprechend der Länge der Füße ab, bohrte Löcher auf beiden Seiten der Reifenstücke und zog zwei Schnüre hindurch. Mit dieser Art von Sandalen war es immerhin möglich zu arbeiten.

Die Schuhlosigkeit nach dem Krieg und das gelegentlich damit verbundene Barfußgehen hatten mich schon einmal in Bedrängnis gebracht. Barfuß auf dem Weg von der Schule, dem Kepler-Gymnasium, nach Hause fuhr ich mit einer Straßenbahn, die überfüllt war. Am Bertoldsbrunnen, dem Zentrum von Freiburg, stieg ich nur deshalb aus, damit die Leute, die wirklich aussteigen mußten, mir nicht auf die nackten Füße traten. Aus Höflichkeit ließ ich dann ältere Leute vor mir einsteigen, verpaßte aber den Moment, mir meinen alten Platz wieder zu sichern. Schon fuhr die Straßenbahn los, aber ich stand erst mit einem Fuß auf dem Trittbrett. Ein Polizist sprang auf mich zu und holte mich herunter. Mein Beteuern, den anderen Fahrgästen beim Aussteigen nur Platz gemacht und das Wiedereinsteigen verpaßt zu haben, beeindruckte ihn nicht. Er fragte nach meinem Namen. Den wollte ich ihm nicht nennen, um meinen Eltern keinen Kummer zu machen. Also rannte ich ihm kurzerhand davon und machte einen richtigen Spurt in Richtung Schwabentor. Laufen konnte ich sehr gut, und der Polizist, der mir anfänglich noch nachrannte, gab schnell auf und blieb keuchend stehen. Die Flucht wäre auch gelungen, hätten mir nicht Passanten den Weg verstellt. Sie sahen in mir vielleicht einen Kaufhausdieb. Ein barfuß Ausreißender war schon von vornherein verdächtig. Man hielt mich fest, bis der Polizist kam, dem sie mich stolz übergaben. Den meisten aber war schnell klargeworden, daß sie in mir keinen großen Fang gemacht, sondern nur einen harmlosen Ausreißer dingfest gemacht hatten.

Als der Polizist bei mir und seinen Helfern eintraf, mußte ich natürlich Namen und Adresse preisgeben, und mein Vater bekam von der Polizei prompt eine Aufforderung, sich mit mir auf der Polizeiwache einzufinden. Um unsere Not mit Schuhen zu demonstrieren, ging ich mit meinem Vater barfuß zur Polizeistation, was die Beamten dort auch von meiner Notlage überzeugte. Für sie stand schon im voraus fest, daß mein Vater eine Strafe bezahlen mußte, weil ich sowohl die Verkehrsordnung als auch die Autorität des Polizisten mißachtet hatte. Nun mußte ich den Hergang des Vorfalls erzählen, was ich gern und ausführlich tat – mit dem Erfolg, daß mein Vater keine Strafe zu bezahlen brauchte.

Findung meines Lebensweges

Mit 15 Jahren begann dann für mich die Zeit des bewußten Lernens, in der mir nach dem verlorenen Krieg klar wurde, daß man nur weiterkommt, wenn man etwas kann, und daß man in der Lage sein muß, mit seinem Können auch Geld zu verdienen. Denn nach dem Krieg konnten wir uns nicht auf die Hilfe unserer Eltern verlassen, die selbst nur das Nötigste für sich hatten.

Nun, das Lernen begann für mich auch außerhalb der Schule durch die beginnende Schwerhörigkeit meines Vaters, der immer seltener zur Kirche ging, weil er die Predigten kaum noch verstand. Das war für mich der Anlaß, mir in einer kaufmännischen Privatschule Stenographie[2] und Maschinenschreiben anzueignen, was mir sehr leicht fiel. So brachte ich meinem Vater die Predigten bald nach Hause. Zur Übung begann ich dann, auch in der Schule Texte und Notizen mitzustenographieren. Am Anfang waren meine Schulkameraden mit Langschrift oft schneller und hänselten mich. Aber diese Freude war ihnen nicht lange gegönnt, denn bald schrieb ich schneller als sie und konnte mich gemütlich in der Bank zurücklehnen, während sie noch schrieben. Nur mein Freund Karl Kleiner beherrschte ebenfalls die Stenographie. Er hatte gleichzeitig mit mir angefangen, sie zu lernen.

Nach dem Abitur 1950 stand die Berufsfrage vor mir. Gunter studierte Theologie, Dieter Geologie. Ich selbst wäre am liebsten zu Albert Schweitzer gefahren, um ihm zu helfen, wie es schon seit dem 14. Lebensjahr mein Jugendtraum gewesen war. Aber ohne Beruf wollte ich nicht nach Afrika, weil ich dann nicht frei gewesen wäre, beliebig lange in Lambarene zu bleiben. Meine Sehnsucht war von meinem Deutschlehrer Dr. Ernst Bender geweckt worden. Er hatte Albert Schweitzer ausführlich im Unterricht behandelt. Ich bewunderte damals besonders, daß dieser seine glänzende Karriere in

---

2   Stenographie: siehe Abbildung „Deutsche Einheitskurzschrift" im Anhang, Seite 196-200.

Europa aufgegeben hatte – vor allem auch sein Orgelspiel –, um den leidenden Menschen in Afrika zu helfen.

Ich selbst war nach dem Krieg immer wieder erschüttert, wenn ich Invaliden aus der Gefangenschaft zurückkehren sah. Ich hatte bei Kriegsende kurz davor gestanden, noch eingezogen zu werden. Der jüngste Jahrgang, der für den Volkssturm in Frage kam, war 1929. So war ich dankbar, nicht mehr in den Krieg zu müssen. Nicht, daß ich Angst gehabt hätte, aber der Gedanke, auf Menschen schießen zu müssen, wäre mir unerträglich gewesen.

Ich wollte studieren. Über einen passenden Beruf für mich wurde natürlich auch in der Familie nachgedacht. Auch aus der Verwandtschaft und Bekanntschaft kamen Vorschläge. Da meine beiden Brüder sich schon als Werkstudenten ihr Studium als Bahnschaffner und Büchervertreter von Haus zu Haus, was damals noch möglich war, mühsam selbst finanzierten, wurde der Vorschlag gemacht, ich solle doch eine Banklehre machen. Mein Vater hatte unter seinen Freunden auch einen Bankdirektor. Ich stellte mich „gehorsam" bei dem Bankdirektor vor, aber dabei blieb es. Ich wollte Geld nicht zu meinem Lebensziel machen und wußte nach der Vorstellung bei der Bank genau, was ich stattdessen tun wollte. – Mit 17 Jahren träumte ich schon vom Nordpol und vom Südpol, von Alaska, von Eskimos und Schlittenhunden und von Feuerland an der südlichen Spitze von Amerika, nahe dem Südpol, dessen Name allein mich schon faszinierte.[3] – Ich beschloß, nach Kanada auszuwandern, um Philologie zu studieren, und Kanada sollte mein Sprungbrett zur Erfüllung dieses Traumes sein. Ich wollte auch die Menschen jener Länder kennenlernen, mit denen wir Krieg geführt hatten. Ich kannte sie nur aus unserer Kriegspropaganda, jetzt wollte ich die Wahrheit erfahren. Kanada war für mich ein riesengroßes Land mit Tausenden von Seen und Inseln und wunderschönen Wäldern, und nicht so dicht besiedelt wie Deutschland. Von diesem Land träumten auch viele andere Jugendliche. Außerdem wußte ich, daß der kanadische Dollar 4,17 DM wert war, was ein zusätzlicher Ansporn war, dort als Werkstudent mein Studium zu verdienen. Hinzu kam, daß mich das in Kanada gesprochene Englisch besonders interessierte, da es dem Englisch, das man in England hört, am nächsten ist.

Aber wie bekam ich ein Einwanderungsvisum nach Kanada, und woher nahm ich das Geld für die Schiffskarte dorthin? Kanada ließ zwar nach dem Krieg deutsche Einwanderer ins Land, aber nur mit einem Handwerksberuf, wie Installateure, Schreiner, Zimmerleute, Mechaniker, Maurer u.a. Abiturienten standen dagegen nicht auf der Einwanderungsliste. Ich hatte jedoch Glück: Das Visum bekam ich über meine Tante Helene Siehr, die die Direktorin des Guggenheim-Museums in New York, Hilla von

---

3   Karte von Nord- Mittel- und Südamerika: Seite 11.

Nord-, Mittel-, Südamerika und Westafrika

Ausschnitt

Goldmann Atlas, Wilhelm Goldmann Verlag, 12. Aufl. 1973, München, S. 10

Rußland und Alaska

Ausschnitt

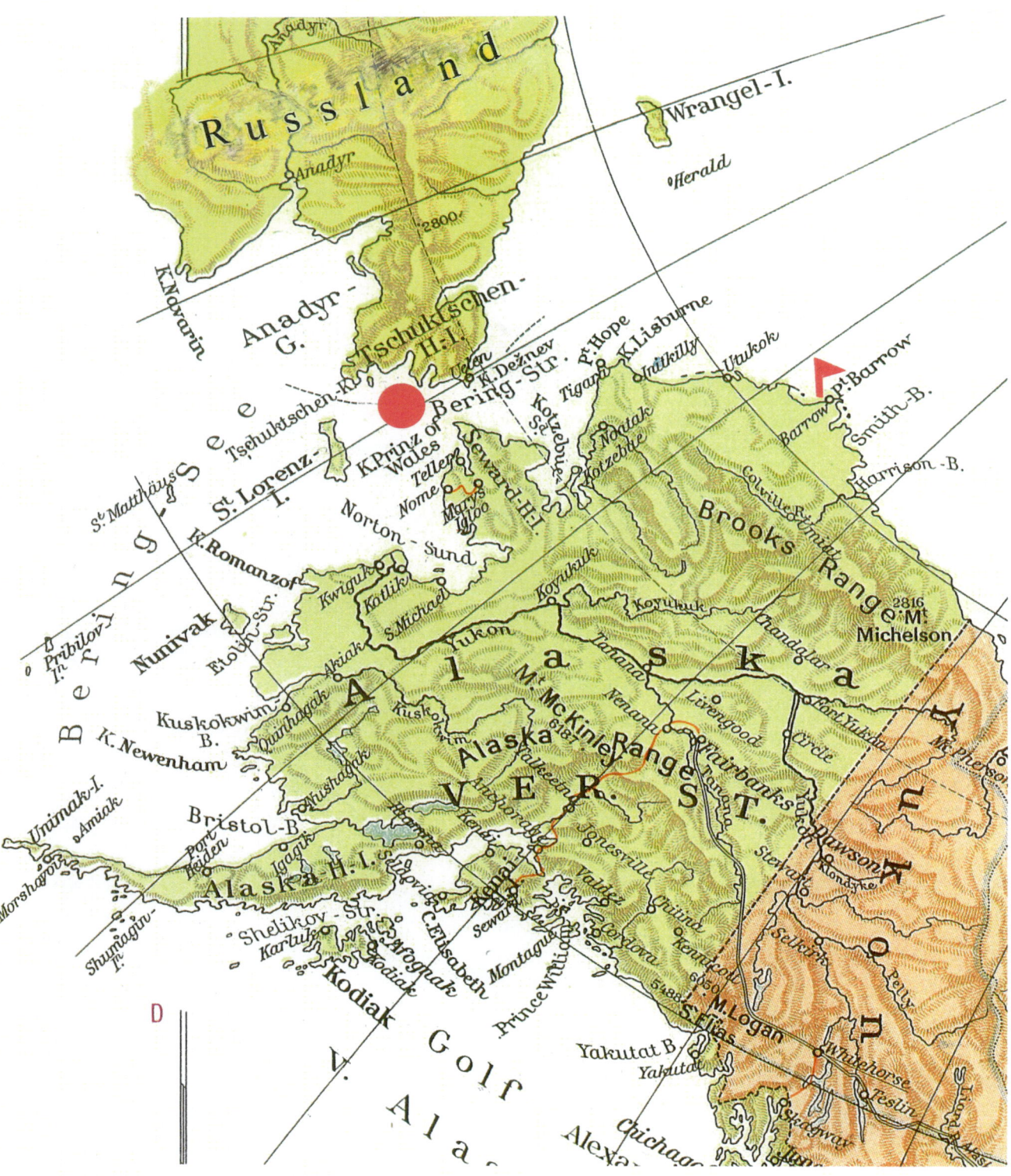

Goldmann Atlas, Wilhelm Goldmann Verlag, 12. Aufl. 1973, München, S. 74

Rebay, kannte. Diese wiederum hatte eine Freundin, die eine Ladenkette in Toronto besaß, die für mich bürgte und mir Arbeit geben wollte.

Die nächste Schwierigkeit für mich bestand nun nach 1950, nach der Währungsreform, darin, die 800 Mark für die Schiffskarte und weitere 300 Mark für den Zug nach Paris und von dort nach Le Havre, von wo das Schiff abfuhr, sowie für die Zugfahrt von Halifax nach Toronto aufzubringen. Hier kamen mir meine Stenographie- und Maschinenschreibkenntnisse zugute.

Südwestfunk und die Schreibmaschine

Ich ging zum Südwestfunk-Studio Freiburg, das in dem ehemaligen Hotel Kyburg seinen Standort hatte, und fragte im Schul- und Jugendfunk nach einer Stenotypistenstelle. Frau Dr. von Brentano sah mich freundlich an und sagte: „Herr Neukirch, Arbeit haben wir, aber keine Schreibmaschine." Das war im Herbst 1950. Diese Antwort macht deutlich, wie es in Deutschland fünf Jahre nach dem Krieg noch aussah. Von meiner Not hörte mein geschätzter Deutschlehrer Dr. Ernst Bender. Er ging mit mir zum Schreibmaschinengeschäft Sutter am Bertoldsbrunnen und sprach mit Herrn Sutter. „Ich habe bei Ihnen vor nicht langer Zeit eine Schreibmaschine gekauft. Wenn Sie diesem Schüler, der dringend eine braucht, um eine Arbeitsstelle zu bekommen, eine Schreibmaschine mit einem guten Rabatt verkaufen wollen, dann nehmen wir sie." Herr Sutter war sehr kulant, und ich ging mit einer neuen Reiseschreibmaschine aus dem Laden direkt zum Südwestfunk, wo ich am nächsten Tag zu arbeiten anfing. Es begann eine interessante und lehrreiche Zeit. Ich verdiente im Monat 160 Mark, davon gab ich zu Hause jeden Monat 70 Mark für den Unterhalt ab. Zusätzlich verdiente ich mir noch Geld mit Stenographieunterricht, Nachhilfe in Englisch und Französisch und mit dem Abtippen von Doktorarbeiten. Gelegentlich gab man mir auch eine Sprecherrolle im Rundfunk. Die Arbeit beim Südwestfunk war für mich sehr interessant. Es war immer „etwas los" und nie langweilig. Ich begegnete Menschen, von denen ich lernen konnte, und das war stets meine Devise: Lerne so viel du kannst, nicht nur an reinem Wissen, sondern auch im Umgang mit Menschen. Während meiner Zeit beim Südwestfunk erweiterte ich auch meine Kenntnisse in Stenographie. Die Deutsche Einheitskurzschrift läßt sich auch auf die englische und die romanischen Sprachen Französisch, Spanisch und Italienisch anwenden. Ich lernte anhand von Unterrichtsmaterial, jetzt ohne Lehrer, englische, französische und spanische Texte zu stenographieren. Ich lernte im „Privaten Lehrinstitut Oskar Etter" auch Buchhaltung und beteiligte mich 1951 an einem Kurzschriftwettschreiben, an dem 350 Mitglieder des Stenographenvereins Freiburg, die Volkshochschule und Freunde der Kurzschrift teilnahmen. Mit 266 Anschlägen auf der Schreibmaschine wurde ich Jugendmeister von Südbaden und schrieb 140 Silben in der Minute. Ein Jahr später, 1952, hatte ich das Geld für die Reise beisammen. Ich fuhr die 140 Kilometer nach Karlsruhe, wo ich das Visum abholen mußte, mit dem Fahrrad, um mein Reisegeld nicht schon vor der Abreise für die Zugfahrt anbrechen zu müssen.

I. Aufbruch nach Kanada

Paris – das Tor zur großen weiten Welt

Überwältigend war mein Eindruck der bei Nacht beleuchteten, sich etwas über Paris erhebenden Kirche Sacré Cœur vom Zug aus bei der Ankunft in Paris! Ich mußte übernachten, hatte aber dann noch den folgenden Tag Zeit, mir die Stadt bis zur Weiterfahrt nach Le Havre anzuschauen. Ich kam aus dem Staunen nicht heraus. Die malerische Seine mit den Bouquinisten am Ufer, Notre Dame, die Champs Élysées, die Place de la Concorde und der Jardin de Luxembourg und Versailles, um nur einige Sehenswürdigkeiten zu nennen, fesselten mich und ließen mich lange nicht mehr los. Paris war für mich mein erster Blick in die Welt.

Das zweite große Erlebnis: die Schiffsreise nach Kanada. Ich wurde schon oft gefragt, besonders von der jüngeren Generation, warum ich nicht geflogen sei. Ich frage dann umgekehrt: Warum fahren Sie oder fährst du heute nicht mit dem Schiff nach Kanada? Die einen haben es vergessen, und die anderen wissen nicht, daß in Deutschland erst der wirtschaftliche Aufstieg nach dem Zweiten Weltkrieg den Flugzeug-Tourismus ermöglichte. 1952 konnte kaum jemand ein Flugzeugbillett nach Kanada oder in die USA bezahlen. Der Preis überstieg um vieles den einer Schiffskarte. Heute hingegen ist ein Flug für die meisten erschwinglich, viel eher als eine Reise mit dem Passagierschiff. Und ich bin froh, daß ich noch dreimal den Ozean mit dem Schiff überquert habe. Einmal kam ich bei Sonnenaufgang ganz dicht an der Freiheitsstatue vorbei, und ein anderes Mal fuhr ich mit der „Queen Mary" – es war ihre letzte Fahrt von den USA nach England. Die Schiffsreisen auf diesen Passagierdampfern waren sehr abwechslungsreich, vorausgesetzt, man wurde nicht seekrank. Einmal passierte es auch mir. Als wir auf der Fahrt von Le Havre nach Halifax hohen Seegang hatten, habe ich mich in meine Koje gelegt und sehr gelitten. Und das war falsch. „Raus an die frische Luft!" rief mir ein Matrose zu, als er sah, wie es mich gepackt hatte. Mit Mühe und Not fand ich mich in dem Labyrinth von Gängen und Treppen zurecht und schaffte es gerade noch, den Fischen das noch vor kurzem verspeiste Mittagessen zukommen zu lassen. Danach wurde es mir etwas besser, und zum Abendessen war ich wieder im Speisesaal. Er war fast leer…

Seit dieser Erfahrung mit der Seekrankheit habe ich solche Erlebnisse nicht wieder gehabt, auch nicht viele Jahre später auf einem russischen Dampfer hinüber nach Japan, wo wir auch hohen Seegang hatten. Nur Ingeborg, meine Frau, hatte es erwischt. Bis heute habe ich großen Respekt vor der Seekrankheit. Wenn sie einen richtig im Griff hat, dann möchte man nicht mehr leben. Im übrigen gibt es auf einem Passagierschiff viel zu sehen und zu beobachten: den Kapitän und die Offiziere, die die Passagiere bei ihrer Ankunft begrüßen; die Matrosen, die sich überall am Schiff zu schaffen machen, besonders beim Losmachen der Taue; im Speisesaal die reich gedeckten Tafeln, einen Saal für gemeinsame Spiele, einen großen Tanzsaal, einen Swimmingpool. Die sechs Tage der Reise verflogen im Nu.

In Halifax mußte ich meine Einwanderungs-Unterlagen vorlegen und wurde kurz befragt. Die Fahrt ging weiter mit dem Zug. Hier holte ich dann meine Papiere und verschiedene Dokumente noch einmal hervor, um sie zu ordnen und um zu sehen, ob ich auch noch alles hatte. Und da stellte ich zu meinem Schrecken fest, daß ich den Brief der Dame, die für mich bürgte und mir Arbeit geben wollte, von der Einwanderungsbehörde nicht zurückbekommen hatte. Unglücklicherweise besaß ich auch keine Kopie und hatte mir nicht einmal ihre Adresse aufgeschrieben. Zu allem Pech hieß die Dame „Smith", und das in einer Millionenstadt wie Toronto! Von den ersten sechs Smith aus dem Telefonbuch bekam ich Antworten wie: „I am sorry, but I think I am not your Mrs. Smith", „Sorry, I am afraid I cannot help you", „I think it will be difficult if you don't know the address of your Mrs. Smith."[4]

Autowäscher in Toronto

Da erinnerte ich mich an meinen Deutschlehrer, der uns einmal vom „Selfmademan" in den USA erzählt hatte, der sich unabhängig von der Gesellschaft auf die Beine stellt, sein Leben selbst in die Hand nimmt, als Tellerwäscher das erste Geld für seinen Unterhalt verdient und es zuletzt durch Fleiß, Sparsamkeit, gute Arbeit, viel Geschick und Glück bis zum Millionär bringt. Nun, an eine Million dachte ich bestimmt nicht, aber meinen Lebensweg unabhängig und aus eigener Kraft zu gestalten, das reizte mich sehr. Und so suchte ich auch nicht weiter nach meiner Mrs. Smith. Den größten Dienst hatte sie mir ja mit ihrer Bürgschaft geleistet, ohne die ich niemals so kurz nach dem Krieg nach Kanada gekommen wäre. Ich überschlug sofort mein „Kapital" und stellte fest, daß ich fünfzehn kanadische Dollar besaß. Das war nicht viel. Ein bescheidenes Zimmer im Kellergeschoß kostete sechs Dollar für zwei Personen pro Woche.

Hier ist einzufügen, daß ich im Zug nach Toronto einen jungen schweizerischen Metzger kennengelernt habe, der wohl Geld hatte, aber kaum Englisch sprach, während ich Englisch konnte, aber kein Geld besaß. Wir wurden schnell handelseinig. Er übernahm die Ausgaben für Zimmer und Kost, und ich half ihm mit meinem Englisch bei der Arbeitssuche. Wir kamen glänzend miteinander aus. Leider war er ungeduldig. Als wir nicht gleich etwas für ihn fanden, fuhr er an die Westküste nach Vancouver. Für

---

[4] „Es tut mir leid, aber ich glaube nicht, daß ich Ihre Frau Schmidt bin", „Es tut mir leid, aber ich fürchte, daß ich Ihnen nicht helfen kann", „Ich glaube, daß es schwierig sein wird, wenn Sie die Adresse Ihrer Frau Schmidt nicht kennen."

mich bedeutete das natürlich harte Zeiten, denn ich mußte jetzt meine fünfzehn Dollar anbrechen und hatte noch keine Arbeit. Doch da entdeckte ich eine Tankstelle, wo Autos gewaschen wurden. Am nächsten Morgen fand ich dort eine ganze Schlange Arbeitssuchender vor. Als der Tankstellenbesitzer um sieben Uhr herauskam, zählte er sieben Arbeiter ab, der Rest konnte nach Hause gehen. Am nächsten Morgen war ich der Zweite in der Schlange und erhielt Arbeit. Ich wurde an eine alte Waschmaschine gestellt, die nach oben weit geöffnet war und in die die Autowäscher, die schon besser eingestuft waren und auch schon länger dort arbeiteten, ihre dreckigen Lappen zum Waschen warfen. Die Lappen flogen mir nur so um die Ohren, und ob ich aufpaßte oder nicht, so landete der ein oder andere auch in meinem Gesicht. Die Autowäscher mußten schnell arbeiten, sonst brauchten sie am nächsten Tag nicht wiederzukommen. Aber so hart auch diese Arbeit war, im stillen war ich stolz, daß ich vor ihr nicht geflohen war und zu schätzen lernte, unter welch harten Bedingungen viele Menschen ihren Unterhalt – vielleicht auch den für eine ganze Familie – verdienen mußten. Einige von den Autowäschern achteten dann auch etwas darauf, daß mir ihre Lappen nicht ins Gesicht flogen, sondern in die Maschine.

Nach der Arbeit an der Tankstelle kaufte ich mir immer sofort eine Zeitung und las die Stellenangebote. Eines Tages suchte ein privates Gymnasium einen Hilfsgärtner. Ich bekam die Stelle und war glücklich. Es war ein College mit wunderschönem Rasen für verschiedene Sportarten, mit Tennisplätzen und einem Rugbyfeld. Umzäunt war das College mit einer hohen Hecke. Das Mittagessen, das ich dort täglich kostenlos bekam, war für mich jedesmal ein Festessen. Die anderen sieben festangestellten Gärtner freuten sich zu sehen, wie mir das Essen schmeckte. Nachdem mein lieber schweizerischer Metzger weggefahren war, hatte es bei mir nur noch Schwarztee und Schmalzbrote gegeben, und so genoß ich natürlich ein wunderbar gekochtes Essen. Außerdem hatte ich noch Nachholbedarf von der Nachkriegszeit in Deutschland. Mein Verdienst als Gärtner war jetzt natürlich auch besser als die Bezahlung fürs Autowaschen.

Vielleicht ging es mir schon zu gut, als daß es so hätte weitergehen können. Prompt kam auch eine Wende. Am ersten warmen Frühlingstag erinnerte ich mich beim Aufstehen an meine alte Lederhose im Koffer und zog sie an. Ich arbeitete an jenem Vormittag dicht am Hauptunterrichtsgebäude und hörte plötzlich Lachen und Kichern in meinem Rücken von übermütigen und lachenden Schülern, die mir aus den offenen Fenstern des dritten Stockwerks zuriefen: „Hallo, how are you?", „Guten Morgen", „You are doing a good job", „Guten Tag", „So long",[5] und dann verschwanden die fröhlichen Gesichter auch schon wieder so schnell, wie sie erschienen waren. Ich wurde natürlich durch die Lederhose sofort als Deutscher identifiziert, daher auch die zum Teil

---

5   „Hallo, wie geht es dir?" – „Du machst deine Arbeit gut!" – „Bis bald!"

deutschen Zurufe. Zuerst fand ich diese kleine Szene an den Schulfenstern ganz lustig, aber nur so lange, bis mir am Abend der Obergärtner mitteilte, daß er keine Arbeit mehr für mich habe. Die Anweisung kam ohne Zweifel von der Schulleitung, für die der Krieg sieben Jahre nach Kriegsende noch längst nicht vergessen war. Der Obergärtner hätte mich gerne behalten. Ich nahm die Entlassung aus dem College, in das die High Class Society von Toronto ihre Kinder schickte, niemandem übel. Solches Lehrgeld muß man eben bezahlen. Dieser Vorfall war der einzige, der mich daran erinnerte, daß ich Deutscher war. Ansonsten wurde ich von allen Seiten sehr gut aufgenommen.

Ich saß jetzt wieder auf der Straße und ging auf Arbeitssuche, in etwas düsterer Stimmung. Plötzlich roch ich Schokolade. Ich stand vor einem riesigen Eisentor. Darüber stand: „Neilson's Chocolates and Ice Cream". Auf die Frage nach Arbeit kam die Antwort: „There is just one night job open from midnight to 8:00 o'clock in the morning."[6] Ich nahm die Arbeit sofort an und auch den angebotenen Lohn, sechsundachtzig Cents pro Stunde. Um Lohn habe ich nie gefeilscht und wurde oft später mit einer unerwarteten Erhöhung belohnt. Meine Arbeit bestand unter anderem aus dem Waschen und Reinigen von Maschinen für Eiscreme. Alles ging wunderbar. Es war Mai, es war warm. Doch dann wurde es wieder kälter, und der Absatz ging zurück. „Siegfried", sagte man mir, als ich gerade nach Hause gehen wollte, „we have no more work, but you can call us when it is getting warm again."[7] Ja, man mußte damals flexibel sein, und ich wurde es auch mit der Zeit. Ganz verloren fühlte ich mich durch den Job-Verlust auf Zeit nicht, denn nachdem man mir im College gekündigt hatte, war ich, um Zeit und Geld für die Anfahrt zur Arbeit zu sparen, sofort in die Nähe der Schokoladenfabrik umgezogen und wohnte jetzt bei einer polnischen Familie, die eine kleine Reinigungsfirma betrieb, in der ich mitarbeiten durfte. Und zwei Wochen später teilte mir die Schokoladenfabrik mit, daß ich wiederkommen könne. Dort arbeitete ich dann bis zum 23. September, bis zum Semesterbeginn.

Studium und Babysitting

Ich wollte Philologie studieren, Französisch, Spanisch und auch Geschichte. Beim Zählen der Ersparnisse vom April bis zum September ergab sich die Summe von zweihundertvierzig Dollar, genau die Studiengebühren für zwei Semester, also für ein Studienjahr. Aber es blieb kein Geld für ein Zimmer, Essen, Kleider, Bücher und anderes übrig. Auf meine Frage in der Universität, ob es Arbeit gebe, z.B. auch Babysitting, erklärte man mir: Ja, aber nur für Studentinnen. Ich mußte ein sehr enttäuschtes Gesicht gemacht haben, denn die Dame, die mir die Absage erteilte, schien plötzlich Mitleid mit

---

6 „Es ist gerade noch eine Nachtschichtstelle frei, von Mitternacht bis um 8 Uhr morgens."
7 „Wir haben keine Arbeit mehr, aber du kannst uns anrufen, wenn es wieder warm wird."

mir zu haben und schaute noch einmal in ihren Unterlagen nach. Die Stelle war schon eine Zeitlang offen, aber keine Studentin hatte sich für das Babysitten gemeldet. So rief sie bei der Familie an und teilte mit, daß sich noch keine Studentin gefunden habe, aber ein Student sich für die Stelle interessiere. „Let's try",[8] lautete die Antwort.

Vier Jahre lebte ich in der Familie Ouchterlony. Daß ich diese Familie gleich zu Anfang meines Studiums fand, war das größte Glück, das mir in Kanada beschert wurde. Ich kam in eine gebildete, musikalische und in Toronto bekannte Familie. David Ouchterlony war Organist an der Timothy Eaton Memorial Church, der größten Kirche in Toronto, hatte laufend musikalische Auftritte im Fernsehen und wurde später Direktor des Konservatoriums von Toronto. Eine meiner Aufgaben in der Familie war die Zubereitung des Frühstücks und der Schulbrote für die Kinder David, Jane und Tom, elf, neun und fünf Jahre alt – „Babies" waren es freilich nicht mehr –, und das anschließende Geschirrabwaschen. Mittags blieb ich in der Universität und die Kinder blieben in der Schule, und wenn ich keine Vorlesung hatte, half ich zwischen 17 und 18 Uhr Frau Ouchterlony beim Vorbereiten eines warmen Abendbrotes, das dort unserem europäischen Mittagessen entspricht.

Nach dem Abendbrot war ich praktisch immer zu Hause, weil ich jetzt intensiv lernen mußte. Das Zuhausesein am Abend, der Kinder wegen, bedeutete also kein Opfer für mich, zumal sie so gut erzogen waren, daß ich mich an keinen Ärger mit ihnen erinnern kann. Frau Ouchterlony konnte ihren Mann praktisch immer zu Konzerten und Empfängen begleiten, während ich in meinem Zimmer saß, studierte und gelegentlich nach den Kindern schaute, ob sie schliefen oder vielleicht auch noch Wünsche oder Fragen hätten. Wenn ich am Abend wirklich einmal nicht zu Hause war, dann habe ich nach Absprache mit Frau Ouchterlony bei einer Nachbarin, Mrs. More, die Kinder gehütet. Ich schaute dann nach zwei goldigen und bildhübschen fünfjährigen Zwillingsmädchen, die, als ich das erste Mal als ihr Babysitter in ihr Zimmer kam, auf ihren Betten standen und mich mit einer Salve von Kopfkissen empfingen. Es entstand eine richtige Kissenschlacht daraus. Am Ende fielen sie todmüde in ihre Betten und schliefen wie zwei Engel.

In den Universitätsferien, auch an Weihnachten und Ostern, mußte ich immer vom ersten bis zum letzten Tag arbeiten, um mir Geld für Bücher, Kleider, eine Schreibmaschine und ein Fahrrad für die Fahrt zur Universität zu verdienen. In kurzen Ferien arbeitete ich in einem Brauerei-Warenlager, im Sommer als Stenotypist an der Universität oder als Kellner auf dem Zug von Toronto nach Buffalo und Detroit, gelegentlich aber auch nach Montreal und Québec.[9] Übrigens war an den Beginn des Studiums noch

---

8 „Versuchen wir's."
9 Siehe Abbildung im Dokumententeil auf Seite 211, „The Canadian".

eine Bedingung geknüpft. Man mußte schwimmen können, und wer es nicht konnte, mußte es im Swimmingpool der Universität lernen. Da ich schwimmen konnte, nahm ich das Angebot eines Rettungsschwimmkurses wahr. Diese Maßnahme wurde damals von der Universität getroffen, weil immer wieder Studenten, die im Sommer in den Norden des Landes zu Kanufahrten auf den Seen und Flüssen fuhren, bei Unwettern und Unfällen ertranken, sofern sie sich nicht schwimmend retten konnten.

Im Sport wählte ich das nächste Jahr Boxen. Ich hatte überhaupt nichts übrig für diese Sportart, wollte aber auf diese Weise meine Angst und meinen Mut prüfen. In Deutschland hatte ich schon Jiu-Jitsu gelernt, um mich bei einer Gefahr wehren zu können. Mein Selbstgefühl war dadurch sicherer und ruhiger, besonders später während meiner Amerika- und Afrikareise.

In einem Fach, in Geschichte, schaffte ich das erste Jahr nicht. Mir fehlte einfach die Zeit, die vielen vorgeschriebenen Bücher zu lesen. Leider durfte ich aber das Fach nicht wiederholen, da ich einen vierjährigen „Honour Course" belegt hatte, und da mußte man bei Nichtbestehen auch nur eines Faches das ganze Jahr wiederholen, im Gegensatz zum dreijährigen „General Course", wo man eine nicht bestandene Prüfung wiederholen konnte. Aber so bitter auch dieses Nichtbestehen des ersten Jahres war, so ließ ich mich doch nicht entmutigen. An der Universität von Toronto wurden übrigens jedes Jahr in den Monaten April bis Mai schriftliche Prüfungen in allen Fächern abgehalten. So kannte man immer seinen Wissensstand und konnte – wenn man die ersten drei Jahre gut hinter sich gebracht hatte – im vierten Jahr ruhig in das Staatsexamen gehen.

Bald sah ich ein, daß diese „Bremse" ganz gut war. Ich brauchte wirklich noch etwas Zeit, um für die folgenden Jahre, die schwieriger waren als das erste, fest auf den Beinen zu stehen. Außerdem mußte ich mich noch bis zum dritten Jahr auf die Prüfung des kleinen Latinums vorbereiten. Mir fehlte nämlich im Abiturzeugnis das Fach Latein, weil wir nach dem Bombenangriff auf Freiburg am 27. November 1944 kaum noch Unterricht gehabt hatten und in Latein auch nicht geprüft wurden. Das Fach Latein wurde uns im Abitur erlassen, aber bei der Immatrikulation an der Universität von Toronto mußte ich ein Zeugnis für Latein bis spätestens Ende des zweiten Studienjahres nachreichen. Ich trug mich also in einem Abendkurs in einer Fortbildungsschule ein, konnte den Kurs infolge meines Studiums und meiner Babysitter- und häuslichen Pflichten aber nicht regelmäßig besuchen und vorbereiten. Die Zeit drängte. Ich wollte das dritte Jahr an der Sorbonne studieren, um meine Französischkenntnisse zu vertiefen und um auch einige Monate an der Biblioteca Nacional in Madrid Literatur zu „Don Quixote" von Cervantes zu lesen. Auch wollte ich meine Eltern besuchen. Die Schiffsreise nach Europa und zurück mußte aber zuvor noch verdient werden, dazu die Unterkunft und das Essen in Paris und Madrid. Für diesen Zweck hatte ich nur von Mai bis Oktober Zeit. Für die Vorbereitung zum Lateinexamen brauchte ich schätzungsweise vier Wochen, die dann fürs Geldverdienen fehlten. Aber ohne das Lateinzeugnis hätte ich nach meiner Rückkehr von Europa nicht weiterstudieren können.

So tat ich den entscheidenden Schritt, gab dem Latein Vorrang und schloß mich regelrecht in der Wohnung ein, die mir einer meiner Professoren in seinem Haus zur Verfügung stellte, während er mit seiner Frau die Ferien in seinem Sommerhaus auf einer Insel in der Georgian Bay verbrachte. Ich arbeitete die Grammatik Teil I gründlich durch. Außerdem übersetzte ich jede Lektion vom Lateinischen ins Deutsche und vom Deutschen wieder zurück ins Lateinische und überprüfte meine Übersetzung am lateinischen Originaltext. Einen Tag vor der Prüfung war ich mit der Grammatik Teil I fertig. Den Teil II konnte ich nicht mehr anschauen. Ich sagte mir: besser, Teil I gut durchgearbeitet als Teil I und II nur halb. Ich bestand das Examen in Grammatik ganz knapp, aber in Literatur mit „Eins", was die dürftige Note in Grammatik wieder aufwog.

Ein Jahr Paris, Sorbonne, und Madrid

Jetzt war ich ein freier Mann, das war ein wunderschönes Gefühl. Mit neuer Kraft und dem Ziel, möglichst schnell Geld zu verdienen, begann ich schon am nächsten Tag, als Kellner im Zug der Canadian Pacific Railroads zu arbeiten. Ich rollte und rollte, und wenn ich einmal einen Tag zu Hause war, dann mähte ich in den Gärten der Nachbarn den Rasen oder strich in irgendeiner Wohnung die Wände. Im September-Oktober, als die Hauptreisezeit vorüber war, arbeitete ich bis zu meiner Abreise in der Universitätsbuchhandlung. Eine schöne Geste des Vertrauens erfuhr ich noch am letzten Tag vor der Abreise nach Europa. Als mich die Leiterin der Buchhandlung nach Ladenschluß über der Kassenabrechnung sah, sagte sie: „Siegfried, forget about the cash balance, I will do it for you. So far your cash balance has always been alright. You must not miss your train to New York."[10] Ich schloß aber natürlich die Abrechnung trotz des netten Angebotes ab, denn ich war ja dann für die Buchhandlung für ein ganzes Jahr „über alle Berge".

Im Oktober fuhr ich von New York aus auf der „Queen Mary" nach England. In London kaufte ich mir ein Fahrrad für Paris und Madrid. Ich kam hier zu einem Geschäftsmann, wie man sich keinen besseren wünschen kann. Er fragte mich, wofür ich das Fahrrad bräuchte, und als ich ihm erzählte, daß ich damit in Paris und Madrid zur Universität fahren wollte, verkaufte er mir ein stabiles und nicht reparaturanfälliges Fahrrad. Eine Gangschaltung redete er mir aus, da ich in Paris oder Madrid keine

---

10 „Siegfried, vergiß die Kassenabrechnung, ich werde sie für dich machen. Bisher war deine Abrechnung immer in Ordnung. Du darfst Deinen Zug nach New York nicht verpassen."

Ersatzteile bekommen würde. Und er hatte recht. Ich hatte das ganze Jahr keine Reparaturen, weder in Frankreich noch in Spanien. Ich denke noch heute an diesen Mann, der mich damals so gut beraten hat, obwohl ihm dabei ein Gewinn verlorengegangen ist. Von London ging es weiter nach Paris, wo ich mich an der Sorbonne einschreiben ließ. Die Immatrikulation kostete nur 20 US-Dollar. Die ersten Tage konnte ich, bis ein Zimmer gefunden war, auf dem Flur in der Maison Canadienne schlafen, einem kanadischen Studentenwohnheim in der Cité Universitaire. Die Universität vermittelte mir auch wirklich sehr schnell ein Zimmer am Quai Anatol France, bei einem Grafen, dem Conte de Costa de Beauregard, ganz in der Nähe der Assemblée Nationale, gegenüber der Place de la Concorde, an der Seine. Schöner und zentraler konnte ich nicht wohnen. Für das Zimmer bezahlte ich nichts, sondern arbeitete bei ihm als Maître d'hôtel, wenn er Gäste hatte, wischte Staub, räumte auf, polierte die Spiegel.

Tennis zu spielen war in Paris nicht möglich. Die Tennisplätze lagen zu weit entfernt von meinem Wohnort, und der Clubbeitrag war unerschwinglich. Dafür aber kam ich zu einem ganz anderen Sport: zum Fechten. Über Freunde wurde ich eingeladen, in einem engeren Kreis von Studenten fechten zu lernen. Den Fechtanzug stellte man mir, so daß ich mir nur das Florett und die Schutzmaske fürs Gesicht zu beschaffen brauchte. Ich war glücklich, eine Kunst erlernen zu können, die mich schon seit der ersten Lektüre französischer Literatur interessiert hatte, besonders aus der Zeit des Kardinals Richelieu, als das Fechten geradezu staatsgefährdend geworden war und schließlich auch von ihm durch ein Edikt von 1626 verboten wurde, weil unzählige Adlige in Duellen starben.

Das kalte Bad in der Seine

Während ich bei dem Grafen arbeite, trägt sich ein für mich denkwürdiges Ereignis zu. Es ist der 6. Januar 1956, als ich am Vormittag auf meinem in London gekauften Fahrrad zur Universität fahre. Auf dem Pont Neuf drängt sich eine große Menschenmenge, die auf die Seine hinunterstarrt. Unten am Quai sind Feuerwehrleute und ein Polizeibus. Jetzt sehe ich einen Kopf im Wasser. Man wirft ein Seil in diese Richtung, doch der oder die Ertrinkende greift nicht danach. Augenblicklich weiß ich, daß jetzt dem theoretischen Teil des Lebensrettungskurses an der Universität von Toronto die Praxis folgen muß. Ich springe vom Fahrrad, renne hinunter zum Quai, reiße mir die Kleider vom Leib, geniere mich aber doch sehr vor den jungen Frauen, die um mich stehen. Im Jahr 1956 ist man noch nicht so großzügig mit öffentlichem Entkleiden wie später. So frage ich den Feuerwehrmann neben mir: „Mais puis-je enlever tout?"[11] Der wirft die Hände in die Höhe und ruft: „Mais oui, Monsieur, allez-y! Allez-y!"[12] Ein Sprung und ich bin

---

11   „Kann ich alles ausziehen?"
12   „Aber ja, mein Herr, nichts wie los!"

im Wasser, ziehe eine Frau ans Ufer, die schon bewußtlos ist, aber von den Feuerwehrleuten wiederbelebt wird. Ich werde nicht vergessen, wie ein junger Polizist mir nach der Rettungsaktion erst einmal seinen schönen dunkelblauen Uniformmantel umhängte. „Ça va vous chauffer un peu",[13] sagte er mit einem fürsorglichen Lächeln. Noch an diesem selben Tag bringe ich der jungen Frau, einer 23jährigen Jüdin, Blumen und Apfelsinen ins Krankenhaus. „Sie schafft das Leben nicht mehr", sagt der Arzt, der mich beiseite nimmt. Und als ich die Absicht bekunde, sie wieder zu besuchen und ihr Mut zu machen, erwidert er, daß die junge Frau ständig von mir spreche, ich sie aber besser nicht mehr besuchen solle, da sie jetzt in mir weiterhin ihren Retter sehe. Ich müsse doch studieren, fügte der Arzt noch hinzu. Ich verstehe – und habe sie nie wieder gesehen. Am nächsten Morgen, bevor einer meiner Professoren seine Vorlesung begann, sagte er den Studenten, daß am Tag zuvor eine junge Frau sich vom Pont Neuf in die Seine gestürzt habe, aber daß ein junger Mann sie gerettet habe. Und dann fuhr er fort: „Monsieur Neukirch, levez-vous et venez à l'estrade, nous voulons vous féliciter tous, c'était un acte de courage."[14] Ein anderer Professor gratulierte mir auch mit einer kleinen Ansprache. Meine Erfahrungen mit den Franzosen waren ausgezeichnet, trotz ihrer schlechten Erfahrungen mit den Deutschen während des vergangenen Krieges.

Nach diesem Ereignis verlieh mir Frankreich die französische Rettungsmedaille, und ein zum Tode verurteilter deutscher Kriegsgefangener wurde freigesprochen. Von der deutschen Botschaft wurde ich zu einem Essen eingeladen und erhielt von Zeit zu Zeit Konzert- oder Theaterkarten, über die ich mich sehr freute. Monsieur Barreau, Opernsänger an der Opéra Nationale de Paris, lud mich in seine wunderschöne Villa außerhalb von Paris ein. Seine Frau war in ihrer Jugend eine große Schwimmerin gewesen und wollte mich kennenlernen. Das Haus stand auf einem parkähnlichen riesengroßen Grundstück. Ich sollte mehrere Tage bleiben, mußte mich aber am dritten Tag wieder verabschieden, da ich ja Vorlesungen hatte. Bei der Verabschiedung sagte Herr Barreau, daß sein Haus ständig offen sei für mich. Meine Mutter schrieb mir einige Zeit danach, daß Herr Barreau sie in Freiburg besucht und ihr einen großen Strauß Rosen gebracht habe. Als große Überraschung kam von einer Madame Leuridan, die von meiner Rettungsaktion in der Abendzeitung *Paris Soir* gelesen hatte, eine Einladung, bei ihr auf dem Boulevard du Montparnasse zu wohnen, so daß ich mich jetzt ganz ohne Nebenarbeit auf das Studium konzentrieren konnte. Madame Leuridan war eine ältere Dame, der ich meine Referate, bevor ich sie abgab oder vortrug, vorlesen durfte. Sie korrigierte dann meine Aussprache sowie grammatikalische und stilistische Fehler. Das war für mich Gold wert. Ja, und der Magen kam auch nicht zu kurz, das muß ich in

---

13 „Das wird Sie etwas wärmen."
14 „Herr Neukirch, erheben Sie sich und kommen Sie auf das Podium, wir wollen Ihnen alle gratulieren, das war eine mutige Tat."

voller Anerkennung sagen. Unter der Woche war das Essen eher einfach, aber sehr schmackhaft. Am Sonntag, wenn dann die ganze Familie beisammen war, gab es eine Mahlzeit mit mehreren Gängen, über der man dann bis zu drei Stunden saß. Oft war ich nur eine Stunde mit dabei, weil mir einfach die Zeit für solche Festessen fehlte.

Nach Abschluß des Frühjahrsemesters im Mai fuhr ich mit dem Zug nach Madrid und wohnte die ersten Tage in einer Pension, bis ich ein Zimmer in einer spanischen Familie fand. Der Vater war Kaufmann, wurde aber krank und konnte nicht mehr arbeiten, und so mußten sie ein Zimmer vermieten, um ihre Unkosten tragen zu können. Es war eine sehr gebildete Familie, und die Wohnung war herrschaftlich und schön. Die Tochter, Mercedes, hatte zu dem Zeitpunkt gerade eine große Enttäuschung hinter sich. Sie war verlobt und schon dabeigewesen, ihr Hochzeitskleid zu nähen, als ihr Verlobter sich kurz vor der Heirat entschlossen hatte, Priester zu werden. Das war ein großer Kummer in der Familie Almeida, in der Calle Lagasca No. 80. Nun half mir Mercedes mit großer Geduld mit meinem Spanisch. Sie dichtete und hatte eine wunderschöne Aussprache. Herr Almeida las mit mir Don Quixote und besorgte mir durch Beziehungen einen Tisch in der Biblioteca Nacional, wo ich ruhig lesen konnte und alle nötigen Bücher in Reichweite hatte. Ich hatte Glück, in eine Familie gekommen zu sein, in der die Bedingungen für das Studium der spanischen Sprache hervorragend waren. Mercedes ging auch einmal mit mir zu einem Stierkampf. Der Vater konnte mich nicht begleiten, weil ihm das Gehen schwerfiel. Nur aus dem Grund, weil man damals und vielleicht auch heute noch sagt: „Wer nach Spanien reist, der muß auch einen Stierkampf gesehen haben", nur deshalb ging ich hin, würde es aber nicht wieder tun. Als ich die Picadores sah, wie sie von ihren Pferden von sicherer Höhe aus mit ihren Lanzen auf den Stier einstachen – und das war nur das Vorspiel –, konnte ich kaum noch hinschauen. Nur, um vor meiner Begleiterin nicht als „schwach" zu erscheinen, blieb ich bis zum Ende. Mercedes war bestimmt kein männlicher Typ, im Gegenteil, sie war sehr empfindsam, aber in Sachen Stierkampf gibt es in Spanien wohl keinen Unterschied zwischen den Geschlechtern. Daß man dem getöteten Stier das Ohr als besondere Ehrung für den Matador abschnitt, als Siegertrophäe, erschien mir makaber. Der Stier war zuvor glücklich auf der grünen Wiese gewesen, wurde aber zum Volksvergnügen in die Arena und in den Tod getrieben. Es war mein erster und letzter Stierkampf.

Neben der spanischen Sprache lernte ich in der Familie Almeida auch noch ein „Rezept" kennen, das für mich später auf meiner Südamerika-Radtour sehr nützlich war. Durch die Krankheit von Herrn Almeida war die Familie verarmt, und die Mahlzeiten waren bescheiden, aber mit Liebe zubereitet. Es gab keine Butter und keine Marmelade aufs Brot, sondern man tröpfelte etwas Öl darauf und streute sich Zucker darüber. Ich weiß noch heute, wie oft ich mich auf meinen späteren Reisen durch Südamerika an dieses „Rezept" erinnerte, wenn ich Hunger und kaum noch Geld hatte. Da schmeckte ein Stück Weißbrot mit etwas Öl und Zucker herrlich.

Im September 1956 schiffte ich mich an der Straße von Gibraltar auf einem griechischen Passagierschiff ein, nachdem ich noch zuvor für zwei Tage nach Tetuan – einer marokkanischen Provinzhauptstadt nahe der Mittelmeerküste, südlich von Ceuta – gefahren war. Im Hafen, an der Anlegestelle der Fähre, empfing mich ein halbes Dutzend halbwüchsiger Jungen, die alle mein Gepäck tragen und mir ein kleines Hotel zeigen wollten. Es war schon etwas dunkel, die wenigen Passagiere, die mit mir von der Fähre gingen, waren wie vom Erdboden verschluckt, als ich jemanden nach dem Weg fragen wollte. Ich sah mich auf einmal mutterseelenallein umringt von diesen Buben, die mir eigentlich keinen schlechten Eindruck machten. Ich gab aber mein Gepäck nicht aus der Hand und folgte ihnen. Vielleicht sind wir eine halbe Stunde gelaufen, als wir zu einem Haus kamen, an dem sie klingelten. Mit der Wirtin war ich über den Zimmerpreis schnell einig und ging ins Haus hinein und sah nur noch von dort aus, wie die Wirtin jedem der Jungen eine Münze in die Hand drückte. Sie waren zufrieden, lachten und verschwanden in der Nacht. Am nächsten Tag fotografierte ich besonders die kleinen Gassen und die Bewohner, wo und wenn das möglich war, und die Wirtin zeigte mir noch den Markt, der wie in den meisten arabischen Ländern sehr interessant war, allein schon deswegen, weil so verschieden von unseren Märkten.

Am zweiten Tag mußte ich schon wieder Abschied nehmen, um zu meinem Schiff zu kommen. Die Überfahrt nach New York auf dem griechischen Passagierschiff dauerte sechs Tage, und von dort fuhr ich mit dem Zug nach Toronto. Ein ganz großes Geschenk für mich war es, daß Frau Ouchterlony mir beim Abschied vor meiner Europareise gesagt hatte, daß ich wieder zu ihnen zurückkommen könne und Jane, die Tochter, ihr bis zu meiner Rückkehr helfen werde. Ohne dieses schöne Angebot hätte ich ein Jahr verloren, denn das Studienjahr begann kurz nach meiner Rückkehr, und ich hatte nach meinem Europaaufenthalt natürlich keinen Cent mehr.

Zurück in Toronto, mußte ich Prüfungen über mein Studium in Frankreich und in Spanien ablegen. Ich hatte Glück. Durch zwei Stipendien, eines vom kanadischen Staat und eines von der Universität, konnte ich die Studiengebühren von damals 340 Dollar für das nächste Jahr bezahlen. Das war das Wichtigste. Alle anderen Ausgaben für Bücher und Kleidung konnte ich mir mit verschiedenen Jobs verdienen und durfte auch gleich wieder in der Universitätsbuchhandlung arbeiten. Während ruhigerer Verkaufszeiten warf ich oft einen Blick auf den einen oder anderen Prüfungsbogen, den ich etwas versteckt neben der Kasse liegen hatte. Auch gab man mir die Möglichkeit, die Arbeit für ein paar Stunden zu unterbrechen, um eine Prüfung abzulegen.

Das letzte Jahr verlief gut, und ich schloß mein Studium in „Modern Languages and Literatures" mit einem Bachelor of Arts (B.A.) ab. Jetzt konnte ich zu Dr. Schweitzer gehen. Zuvor wollte ich jedoch noch die nördlichsten und südlichsten Punkte von Amerika sehen, soweit das möglich war. Die hatten mich schon als Schuljunge in Deutschland angezogen. Bei der Planung der Reise nach Alaska erwies sich meine Tätigkeit als Kellner im Zug während meines Studiums als vorteilhaft.

Château Lake Louise

Die Canadian Pacific Railroads bot mir jetzt eine Stelle in einem Luxushotel im Felsengebirge an, 753 Kilometer von Vancouver entfernt. Von Vancouver war es bis Alaska nicht mehr allzu weit. Die Fahrt von Toronto nach Vancouver mit dem Zug war frei, etwa 4.000 Kilometer, eine dreieinhalbtägige Tag- und Nachtreise durch die schönsten Seen- und Gebirgslandschaften von Kanada. Die CPR hatte außer ihrem ausgedehnten Eisenbahnnetz mehrere sehr schöne große Hotels. Kaum hatte ich den Arbeitsvertrag und die Fahrkarte in der Tasche, fuhr ich los. Mein Hotel, das Château Lake Louise, ist wohl das schönste in den Rocky Mountains und in Kanada überhaupt. Es liegt an einem See mit Blick auf eine zauberhafte Gletscherlandschaft. Das Personal bestand hauptsächlich aus Studenten und Studentinnen. Unter den Kellnern waren auch einige professionelle, während die Studentinnen die Verantwortung für die Zimmer allein übernahmen. Wir wohnten in zwei getrennten Häusern. Es herrschten strenge Regeln die Arbeit betreffend. Wir mußten unsere Essensabrechnungen, die auf einer Karte mit dem Namen des Gastes ausgedruckt waren und vom jeweiligen Gast unterschrieben wurden – es gab keine Barzahlung – bis zehn Uhr abends bei der Abrechnungsstelle abgeben. Vergaß man, diese Karte abzugeben, dann wurde man, wenn das Fehlen der Abrechnungskarte später entdeckt wurde, auch mitten in der Nacht noch geweckt und mußte zehn Dollar bezahlen. Und genau das ist auch mir einmal passiert. Auf diese Weise lernt man sehr schnell, gut aufzupassen, und ich habe dieses Lehrgeld auch nur einmal bezahlt.

Die Beinah-Entlassung

Ein weit schwererer Verstoß gegen die Hotelregeln unterlief mir aus reiner Unkenntnis. Ein Berufskellner stichelte einmal vor anderen Studenten und Studentinnen, daß ich es bestimmt nicht wagen würde, im Gletscherwasser zu schwimmen. Ich ließ mich nicht lange foppen und ging hinein. Es gab viel Applaus, doch kostete mich das kalte Bad beinahe meine Stelle im Hotel. Ich wurde am selben Abend auf die Direktion gerufen, wo man mir in dürren Worten klarmachte, daß das Baden im Gletscherwasser streng verboten sei, da es als Trinkwasser diene, und daß ich wegen Zuwiderhandlung entlassen sei. Ich hatte natürlich keine Ahnung von diesem Verbot. Zufällig hatte ich der Empfangsdame des Hotels noch eine Mahlzeit in ihrem Zimmer zu servieren, und als sie mich wie immer fragte, wie es mir gehe, erzählte ich ihr von meinem Kummer und schüttete ihr mein Herz aus, denn ich war glücklich in meiner Arbeit. Sie beruhigte mich und sagte, ich solle ihr morgen das Frühstück wieder aufs Zimmer bringen. Wie schlecht ich diese Nacht geschlafen habe, kann sich wohl jeder vorstellen. Am Morgen versuchte ich, aus ihrem Gesicht schon eine Antwort zu erhaschen. Beim Tischdecken sagte sie: „Siegfried, you can stay."[15] Und dann kam ein warmes Lächeln von ihr. Welch eine Erlösung für mich! Ich hätte sie umarmen können. Es war mir ganz bewußt, daß es nicht leicht war für sie, dem Direktor diese „Begnadigung" abzuringen, aber nach dem Direktor kam gleich sie. Sie empfing nicht nur Persönlichkeiten von Rang und Würden – eine Suite kostete bis zu zweitausend Dollar pro Nacht –, sondern sie leitete auch die Bälle und Feste. Ich habe Mrs. Carter viele Jahre später, als ich meine Freunde in Toronto besuchte, wiedergesehen.

Begegnung mit dem Salzkönig der USA

Gegen Ende meiner Arbeit im Château Lake Louise, wo wir auch Tennis spielen, reiten und wandern konnten – beim Wandern war Vorsicht geboten wegen des gefährlichen Grizzly[16] –, hatte ich noch ein sehr interessantes Erlebnis. Ich hatte an einem Abend „Room Service" und bediente ein älteres Ehepaar in ihrer Suite mit Salon, Schlafzimmer, Badezimmer und Teeküche. Da sagte die Dame: „Siegfried, sit down and tell us a little bit about your life."[17] Eine Karte mit meinem Namen stand übrigens auf dem Tisch. So erfuhr sie von meiner erst kurzen Lebensgeschichte und auch von meinem Vorhaben, nach Alaska zu gehen, mir danach in Vancouver ein Fahrrad zu kaufen, um mit dem Fahrrad bis nach Feuerland und von dort mit dem Schiff nach Afrika zu fahren, wo ich Albert Schweitzer in Lambarene helfen wolle. „To Dr. Schweitzer?", fragte sie erstaunt und erfreut. Sie sagte mir, daß sie eine Bekannte habe, die jedes Jahr Dr. Schweitzer Medikamente nach Lambarene bringt. Ich traf diese Dame später in Lambarene. Sie war Schauspielerin. Mein Gast schien sichtlich zufrieden, stand nach dem Essen auf, ging zu ihrem Schreibtisch und schlug eine Mappe mit verschiedenen Bankschecks auf. Sie fragte jetzt nach meinem Nachnamen und wollte schon einen Scheck ausfüllen, als ich ihr fast ins Wort fiel und sagte, daß sie die Essensrechnung nur zu unterschreiben brauche. Aber da rief sie schon ihrem Mann am anderen Ende des Salons zu: „Do you have hundred Dollars on you?"[18] Er holte gemächlich seinen Geld-

---

15 „Siegfried, du kannst bleiben."
16 Graubär.
17 „Siegfried, erzähl uns etwas von dir."
18 „Hast du hundert Dollar bei dir?"

Die Kirschen und der Führer - „Nur eine, mein Junge"
(1940)

Von Le Havre nach Halifax (1952)

Familie Ouchterlony, Toronto; hier war ich fast fünf Jahre zu Hause als „Babysitter" (späteres Photo)

Meine „Kopfkissenschlacht-Babies" Pam und Susan

Kellner auf Canadian Pacific Railroad Zügen

Mit der Queen Mary von New York nach London (1955)

Paris

Studium an der Sorbonne, hier mit Kollegen und meinem Professor für französische Literaturgeschichte, Okt. 1955 - Mai 1956

Nach der Staatsexamensfeier an der Universität von Toronto mit BA (Bachelor of Arts) Abschluss, Mai 1957

Chateau Lake Louise, Felsengebirge, Alberta, Kanada. Hier war ich Kellner, 1957

Braunbär in der Nähe von Chateau Lake Louise

In der Universitätsbuchhandlung von Fairbanks, im Herzen von Alaska

beutel aus der hinteren Hosentasche, zählte mir hundert Dollars in die Hand, wobei ich ihn wie zuvor unterbrach, er aber wehrte ab und sagte: „This is for you, and now let me sign the bill."[19] Nachdem er unterschrieben hatte, gab er mir seine Visitenkarte und fügte hinzu: „Maybe you have heard of „The Morton Salt that ever flows". My name is Morton, they also call me the salt king of the United States. I invite you to see me and my wife in the USA when you pass through the States."[20]

Meine Reise nach Alaska begann auf einem kleinen Frachtboot, das von Vancouver nach Kitimat fuhr – nahe der kanadischen Pazifikküste, zum damals größten Aluminiumwerk der Welt: The Aluminum Company of Canada. Ich arbeitete mehrere Wochen dort und verdiente mehr Geld, als ich je zuvor verdient hatte. Aber die Arbeit war schwer und nicht gesund. Wir standen an den offenen Schmelztöpfen, die wir immer wieder nachfüllen mußten. Bei unvorsichtigen Bewegungen konnte man leicht mit dem Fuß in den Schmelztopf hineintreten und sich schwere Verbrennungen zuziehen, und die Dämpfe waren schädlich. Aber das Essen war ausgezeichnet und reichlich. Wir konnten Milch trinken, soviel wir wollten, und wurden sogar dazu angehalten, viel Milch zu trinken, weil sie die Schadstoffe der Dämpfe absorbiert. Wir bezahlten nichts für das Essen. Bald trat jedoch eine Aluminiumkrise ein, die sich sofort in Entlassungen niederschlug. Die zuletzt eingestellten Arbeiter gingen zuerst. Und unter ihnen war ich. Bevor ich jedoch Kitimat verließ und in die USA reiste, nahm ich die kanadische Staatsangehörigkeit an, da ich vorhatte, nach der Arbeit in Lambarene nach Kanada zurückzukehren und dort an der Schule zu unterrichten. Um die kanadische Staatsangehörigkeit zu erwerben, mußte man fünf Jahre in Kanada gelebt haben. Ich hatte vier Jahre dort studiert und das Jahr in Europa im Rahmen des Studiums wurde mir angerechnet. Ohne kanadischen Reisepaß hätte ich auch ein Visum für die USA gebraucht, das als Deutscher zu erhalten nicht leicht gewesen wäre.

So ging die Reise weiter nach Juneau, der Hauptstadt von Alaska, und von dort mit dem Flugzeug nach Fairbanks im Herzen des Bundesstaates. Eine Straße oder Eisenbahn dorthin gab es damals nicht. Nachdem ich schon während des Fluges von meinem Fenster aus die bezaubernde Landschaft mit Schneefeldern, Gletschern und Bergen gesehen hatte, nahm ich mir fest vor, nicht drei Tage, wie gebucht, in Fairbanks zu verbringen, sondern einige Monate. Aber weil ich nicht genug Geld hatte, um länger zu bleiben, führte mein erster Weg vom Flughafen zum Arbeitsamt, noch vor der Zimmersuche. Die Dame, die für Arbeitssuchende zuständig war, lachte mir ins Gesicht, als ich

---

19 „Das ist für dich, und jetzt laß mich die Rechnung unterschreiben."
20 „Vielleicht haben Sie vom ‚Morton Salz, das immer fließt', gehört. Mein Name ist Morton, man nennt mich auch den ‚Salzkönig' der USA. Ich lade Sie ein, meine Frau und mich in den USA zu besuchen, wenn Sie durch die USA kommen."

nach Arbeit fragte, und sagte: „At this time of the year?"[21] Es war Mitte Dezember. An ihrem Gesicht war abzulesen, daß es hoffnungslos war, weitere Fragen zu stellen. Ich hatte schon die Türklinke in der Hand, da rief sie mir nach: „Do you know by any chance shorthand and typing?" – „Yes I do." – „Do you have a certificate?" – „No, I don't." – „Do you want to pass a test?" – „Yes I do."[22]

Die Dame diktierte mir also einen Text und bat mich, ihn auf die Schreibmaschine zu übertragen. Jetzt lief alles ab wie ein Uhrwerk. Das Stenogramm schrieb ich in einer kürzeren Zeit, als mir vorgegeben wurde, und ebenso überreichte ich ihr den Schreibmaschinentext vor der Zeit. Hier half mir die jahrelange Praxis der Vorlesungen, die ich immer in Kurzschrift mitgeschrieben hatte, und ebenso die Sekretariatsarbeit an der Universität von Toronto. Die Dame lachte etwas erstaunt, einen männlichen Sekretär vor sich zu haben, der ihr Diktat so schnell und ruhig mitstenographierte. Sie bot mir gleich zwei Stellen an: eine bei einer Fluggesellschaft, eine andere in der Buchhandlung der Universität von Alaska. Die Buchhandlung war mir lieber, weil sie mir die Möglichkeit gab, gelegentlich zu Vorlesungen zu gehen. Als ich mich bei Mary, der Leiterin der Buchhandlung, vorstellte, schickte sie mich mit meinen Verkaufserfahrungen, die ich von der Universitätsbuchhandlung von Toronto mitbrachte, in den Laden. Nach drei Tagen sagte sie: „Siegfried, you sell books so well, you better stay in the book-store and I do the office work."[23] Auf diese Weise bekam ich Kontakt mit den Studenten und Professoren und erfuhr viel mehr über das Leben und Treiben in der Stadt und über Alaska als im Büro. Bald bot mir auch eine Studentin, die in einem Iglu wohnte, ihren Hundeschlitten mit vier bildschönen jungen Huskies für Fahrten hinaus in die bezaubernde weiße Natur an. Das war eines meiner schönsten Abenteuer.

Von großem Vorteil war es auch, im Studentenwohnheim wohnen und essen zu können, denn die Universität von Alaska lag außerhalb von Fairbanks, und es gab damals nur geringe Wohn- und Einkaufsmöglichkeiten. Die Universität hatte auch einen gut ausgestatteten Musikraum, wo man abends die schönsten Plattenaufnahmen klassischer Musik hören konnte. Auch ließen sich von Fairbanks aus wunderschöne Skitouren unternehmen. Man brauchte kein Auto, keinen Zug, keinen Omnibus, um in ein Skigebiet zu fahren. Trat man aus der Tür hinaus, war man schon im Schnee. Die Gegend bot Abfahrten, die man aber auch wieder hinaufsteigen mußte, weil es keine Lifte gab. Ich war so fasziniert von den Naturschönheiten, daß ich die Skier manchmal ganz vergaß, stehen blieb und nur staunte über diese Schnee- und Eislandschaft. Die Natur dort

---

21 „In dieser Jahreszeit?"

22 „Können Sie zufällig stenographieren und schreiben Sie auf der Schreibmaschine?" – „Ja." – „Haben Sie ein Zeugnis?" – „Nein." – „Wollen Sie eine Prüfung schreiben?" – „Ja."

23 „Siegfried, du verkaufst Bücher so gut, du bleibst besser im Laden und ich mache die Büroarbeiten."

ist gewaltig. Immer wieder gab es Neues zu entdecken. Hauptorientierungspunkt war der Mount McKinley, der höchste Berg Nordamerikas, der stolze 6.187 Meter hoch ist und den man vom Universitätsgebiet aus gut sehen konnte.

Eines Nachts ertönte auf dem Universitätsgelände Feueralarm für die freiwillige Feuerwehr der Universität. Einige Kilometer entfernt brannte eine Bäckerei. Ich war sofort angezogen und wollte löschen helfen, aber man wies mich ab, weil ich keine Feuerwehrausrüstung hatte. Da ich aber bettelte und sah, daß auch andere Feuerwehrleute nicht vorschriftsmäßig ausgerüstet waren, gab man mir etwas Schutzkleidung, und dann fuhren wir los. Die Bäckerei war aus Holz gebaut, und wir konnten nicht mehr viel retten. Unvergeßlich das Bild mit dem brennenden Haus in der Schneelandschaft und den Flammen, die immer wieder hochschossen.

Am Arktischen Ozean

Mein Lebensretter – ein Eskimo

Im April nahm ich Abschied von der Buchhandlung und von Fairbanks, wollte aber noch bis zum nördlichsten Punkt dieser faszinierenden Schnee- und Gletscherlandschaft gelangen. Mit einem kleinen Flugzeug ging es nach Point Barrow, damals noch ein kleines Eskimodorf am Arktischen Ozean. Dorthin gab es keine Straße, und es war ein abenteuerlicher Flug. Wir fielen – ich weiß nicht, wie oft – in tiefe Luftlöcher, bis wir endlich auf einer Schneepiste landeten. Zwischen den Iglus und einfachen Holzhäusern waren Eskimokleidung und Felle von gejagten Tieren zum Trocknen aufgespannt, wie bei uns die Wäsche. Kinder spielten mit Gegenständen im Schnee wie unsere Kinder im Sand. Eine amerikanische Familie lud mich ein, bei ihr zu wohnen, solange ich in Point Barrow bleiben würde. In der Nähe von Point Barrow lebten Eisbären, wie ich bald erfuhr. Ein Eskimo sagte mir, daß ich am nächsten Tag mit auf die Jagd gehen dürfe. Nachdem ich vergeblich Ausschau nach den Eisbärjägern gehalten hatte, machte ich mich einfach allein auf den Weg, um einen Eisbären zu sehen. Nach geraumer Zeit sah ich einen Eskimo, der fischte, nachdem er ein Loch ins Eis geschlagen hatte. Jetzt wußte ich, daß ich mich auf dem gefrorenen Meer befand. Der offene Ozean war vielleicht ein bis eineinhalb Kilometer entfernt zu sehen. Ich ging auf den Fischer zu. Doch keine 30 Meter von dem Fischer entfernt gibt plötzlich das Eis unter mir nach. Langsam sinke ich ein. Mich am Eis festzuhalten ist nicht möglich, denn es ist glatt und bricht immer weiter ab. Die dicken Fellhosen stoßen das Wasser zwar erst einmal ab, werden dann aber sehr schnell schwer und ziehen mich langsam nach unten. Auch habe ich einen Handschuh verloren, das heißt, er schwimmt neben mir im Wasser, aber ich bin außerstande, ihn mit einer Hand alleine wieder anzuziehen. Im Geiste sehe ich schon mein Alaska-Abenteuer hier zu Ende gehen. Doch da kommt der Eskimo, der mich beobachtet hat, und holt mich aus dem Eisloch heraus. Es herrscht eine Kälte von mindestens 30 Grad. Erst am Abend erfahre ich, daß die Eskimos auf dem Eis, das sich über dem Meer am Rande des Ufers bildet, immer mit einer langen Holzstange gehen, an deren Ende ein spitzer Eisenhaken befestigt ist, mit dem sie prüfen, ob das Eis begehbar ist. Die Einheimischen erkennen außerdem schon von vornherein an der Farbe des Eises, wo es dicker und wo es dünner – und demnach gefährlich – ist. Das also war meine Eisbärenerfahrung. Seither schaue ich mir Eisbären in schönen Bildbänden an und danke immer wieder meinem lieben Eskimo-Fischer, der mir mein Leben neu geschenkt hat.

Ich blieb noch drei Tage nach diesem „erfrischenden" Bad in Point Barrow und durfte auch in der Eskimoschule am Unterricht und am übrigen Schulleben teilnehmen. Zu den Mahlzeiten gab ich Milch aus und spielte mit den Kindern und wurde auch gebeten, etwas von Kanada und Europa zu erzählen. Am letzten Tag holte ich mit einigen Eskimobuben auf einem Hundeschlitten Eisblöcke, die wir aus den unweit vom Ufer aufgetürmten Eisschollen heraussägten. Die Bewohner von Point Barrow haben nämlich kein Trinkwasser und müssen es daher in älteren Eisblöcken finden, in denen das Salz schon von der Oberfläche nach unten gesickert ist und die geschmolzen dann als Trinkwasser dienen. Die Eskimos erkennen auch hier an der Farbe, welches Eis noch salzig ist und welches nicht mehr salzig ist.

Am Abend photographierte ich außerhalb des Dorfes und begegnete zwei Wölfen. Den Menschen gehen sie eher aus dem Wege, solange sie sich nicht bedroht fühlen. Als sie mich sahen, stutzten sie, machten dann einen Bogen um mich und verschwanden langsam im Dämmerlicht.

Vor meinem Abschied von Alaska sah ich noch einmal diese Schnee- und Eislandschaften vor mir und im Geiste auch die russischen Pelztierjäger, die im 18. und 19. Jahrhundert im Winter von Rußland über die zugefrorene Bering-Straße[24] nach Alaska kamen und dort jagten, bis der amerikanische Präsident Andrew Johnson 1867 Alaska, das bis dahin zu Rußland gehörte, dem Zaren Alexander II. für 7,2 Millionen Dollar abkaufte, ein damals kaum richtig erfaßter politischer, strategischer und ökonomischer Schachzug, der heute weitgehend in Vergessenheit geraten ist. Auch weiß wohl kaum ein Europäer, daß er zu Fuß nach Amerika gelangen könnte, wenn er die Mühe auf sich nähme, im Winter von Asien über die 92 Kilometer breite zugefrorene Bering-Straße, die Asien von Amerika trennt, zu gehen.

---

24 Karte von Rußland und Alaska: siehe Seite 12.

Das Eis hielt

Ich verließ Point Barrow, die Eskimos, die Huskies und den arktischen Ozean wieder mit dem Flugzeug, holte mir in Fairbanks mein zurückgelassenes Gepäck und stellte mich an den Alcan-Highway, der in Fairbanks beginnt, in der Hoffnung, von einem Fahrzeug nach Vancouver mitgenommen zu werden. Erst nahm mich ein Straßenbau-Lastwagen mit, setzte mich bei einem kleinen Wirtshaus auf offener Straße ab und fuhr dann zu seinem drei Kilometer entfernten Depot in eine andere Richtung. Nach stundenlangem Warten im Schnee bis spät in die Nacht, frierend trotz der Fellhosen, blendeten mich plötzlich zwei Scheinwerfer. Auf mein Winken hielt ein schwarzer Buick an. Ein Herr stieg aus, musterte mich, fragte, wohin ich wolle, und ließ mich einsteigen. Im Auto saßen noch zwei Männer, etwas jünger als ich. Derjenige, der mich hatte einsteigen lassen, war ein hoher amerikanischer Offizier. Er hatte die jungen Männer, über die ich sonst nichts erfuhr, ebenfalls mitgenommen, wahrscheinlich um die 3326 Kilometer von Fairbanks nach Vancouver nicht allein fahren zu müssen. Wir fuhren die ganze Nacht hindurch. Der Offizier hatte es eilig. Wir sprachen wenig, und wenn, so nur, um wach zu bleiben. Die Straße war nicht ungefährlich. Überall Eis und Schnee. Der Offizier fragte mich nur nach meinen Qualifikationen. Als ich außer meinen Sprachen auch Stenographie und Maschinenschreiben erwähnte, schaute er mich an und fragte, ob ich für ihn arbeiten wolle. Er hatte einen Posten in aller Einsamkeit im Norden Alaskas und überwachte mit seinem Stab die Radarlinie zur militärischen Abschirmung gegen die Sowjetunion. Er bot mir ein sehr gutes Gehalt mit freiem Wohnen und freier Kost. Das war verführerisch. Doch für mich gab es jetzt nur noch ein Ziel: Albert Schweitzer.

Nicht lange nach dem Gespräch mit dem Offizier reichte der eine junge Mann dem anderen, der am Steuer saß, vom hinteren Sitz aus ein Vesperbrot über die Schulter. Der Fahrer drehte den Kopf leicht nach hinten, um nach dem Brot zu greifen. Aber mit der Kopfbewegung nach rechts machte auch der Arm am Steuerrad automatisch dieselbe Bewegung nach rechts, das Auto kam von der Fahrbahn ab, überschlug sich mehrere Male einen Hang hinunter und blieb schließlich mit den Rädern nach oben auf einem zugefrorenen See liegen. Wir hatten großes Glück. Der Schnee hatte die Stöße beim Überschlagen des Fahrzeugs abgefedert, der See war so hart gefroren, daß das Eis nicht nachgab, und die Türen hatten sich zum Glück nicht verklemmt, so daß wir herauskamen. Anderenfalls wäre es unser Tod gewesen, denn wir hatten minus 30-35° Celsius, und die Wahrscheinlichkeit, daß uns in der Nacht ein anderer Vorüberfahrender entdeckt hätte, war gering. Dann hätte uns auch nicht die Vorschrift genützt, nach der Autos Holz mitführen mußten, um bei Gefahr oder Unfall durch Feuer und Rauch auf sich aufmerksam zu machen. Wir konnten nach vielen Stunden eine Autostraßenbaustelle verständigen, die das Auto mit einem Kran wieder auf die Straße hob und instand setzte.

Das neue Rad

In Vancouver ging ich zuerst zum Bahnhof, um mein Fahrrad abzuholen, das von Toronto mit dem Zug nach Château Louise und von dort nach Vancouver mitgefahren war. Als der Beamte mich sah, fragte er mich, woher ich denn käme, das Fahrrad stehe schon an die sieben Monate bei ihm. Mit der Tagesgebühr, die ich jetzt für diese Zeit bezahlen müsse, könne ich gut ein neues kaufen. Als ich ihm erzählte, daß ich ursprünglich nur für ein oder zwei Wochen nach Alaska gewollt hatte und jetzt mit dem Fahrrad bis nach Buenos Aires fahren wolle, tat ich ihm leid. Er fügte hinzu, daß mein Fahrrad zu alt sei, mit dem dürfe ich nicht fahren, das sei zu gefährlich. Im übrigen werde er das Fahrrad als vom Besitzer nicht abgeholt melden, weil ich die Aufbewahrungsgebühr ohnehin nicht bezahlen könne. Der Gedanke, mein Fahrrad, mit dem ich über vier Jahre täglich durch Toronto gefahren war, der Bahn für eine Versteigerung zu überlassen, stimmte mich traurig. Da machte der Eisenbahnbeamte noch ein letztes Angebot: „Nehmen Sie das Fahrrad mit, vielleicht nimmt der Fahrradhändler es noch in Zahlung für ein neues. Ich schreibe Ihr altes als 'vermißt' ab. Es fragt ja bestimmt niemand mehr danach." Mit einem herzlichen Dank für seine Findigkeit und seine Starthilfe für meine lange Amerikareise verließ ich den Bahnhof. Immer wieder haben mir Menschen auf meinen Reisen geholfen, wenn ich in Schwierigkeiten war.

Mein nächster Weg war jetzt der zu einem Fahrradhändler, den der freundliche Beamte mir beim Abschied noch genannt hatte. Der Fahrradhändler, ein schon etwas älterer Mann, schaute sich das alte, aber gepflegte Rad ruhig an, und als ich ihm sagte, daß es mich ja eigentlich durch Amerika befördern sollte, lachte er: „With this bicycle? The asphalt road ends at the latest at the southern border of Mexico. And then, with these rims?"[25] Ich sah schnell ein, daß ein neues und robustes Fahrrad nötig war. Mein altes nahm er in Zahlung. Der Rest unseres Geschäftes ging jetzt schnell. Er zeigte mir seinen stabilsten Drahtesel, ein englisches Tourenrad mit doppelter Querstange, was mir sehr imponierte. Auf meine Frage, ob die Dreigangschaltung für die 4000 Meter hohen Anden genügen würde, oder ob wir nicht doch lieber eine Schaltung mit mehr Gängen einbauen sollten, riet er mir ab. „You have there mostly earth- and gravel road, there you must anyway push the bicycle uphill and especially with your luggage. The difference of temperature in the mountains is great. You must take warm clothes with you and often also food and water, since for days you may not come to a village. In addition

---

25 „Mit dem Rad? Die Asphaltstraße hört spätestens nach der südlichen Grenze von Mexiko auf. Und dann, mit den Felgen?"

it will be difficult to find in the Andes a bicycle store with spare parts for gear-change for sport bicycles. And then you get stuck. With this bicycle you get further and it is cheaper as far as repairs are concerned."[26] Ich sah seine Argumente auch sofort ein und staunte über seine gute Geschäftsmoral, daß er nicht in erster Linie an ein gutes Geschäft dachte, sondern darauf sah, mich möglichst ohne Panne so weit wie möglich kommen zu lassen. Ich ließ mir nur noch einen Spiegel montieren, der eigentlich für die Rück-Sicht gedacht war, sich aber bald als unentbehrlich für das Rasieren erwies. Die Idee mit dem Spiegel fand der Fahrradhändler sehr gut.

Am selben Tag ging es los. Von jetzt an gab es kein Bett, kein Dach über dem Kopf mehr. Damals waren noch keine Zelte aus leichtem Kunststoff gebräuchlich, sondern sie bestanden aus schwerem, solidem Zelttuch und wogen viele Kilo, für die ich auf meinem Fahrrad keinen Platz hatte. Lediglich ein großes Stück Zelttuch als Unterlage für meinen Daunenschlafsack aus einem Militärgeschäft in Alaska war auf dem Gepäckträger unterzubringen. In den beiden „Fahrradtaschen", genauer gesagt amerikanischen Munitionstaschen aus Zelttuch, aus Alaska stammend, befanden sich ein weißes Hemd, eine Krawatte, eine schwarze Hose, eine Kordjacke, schwarze Socken und schwarze Schuhe. Diese Ausstattung war für eventuelle Einladungen gedacht, für die ich gut angezogen sein wollte. In der anderen Tasche lagen ein Toilettenbeutel, Handtuch und Lebensmittelvorrat sowie ein kleiner Kochtopf.

Die Tour verlief auf Bundesstraßen, aber auch auf Autobahnen, die rechts einen breiten Schutzstreifen haben. In den USA hielt die Polizei mich mehrere Male an, verlangte, ich solle mich ausweisen, ließ mich aber dann weiterfahren. Man war damals wohl mit der Gesetzgebung noch nicht so weit, das Fahrradfahren auf der Autobahn zu verbieten. Möglicherweise sind die Verkehrsvorschriften auch von Bundesstaat zu Bundesstaat verschieden. Freilich war der Verkehr bei weitem nicht so dicht wie auf den deutschen und europäischen Autobahnen heute, und die Highways waren viel breiter als in Europa 1958. Zwischen den Autos und mir gab es reichlich Abstand. Die Polizisten waren immer sehr nett. Sie sahen zwar streng aus und verhielten sich auch so, wie gelegentlich zu beobachten war, aber beim Verabschieden glaubte ich sie manchmal sagen zu hören: „Ich würde auch gerne mit dem Fahrrad in die Welt fahren, wie Sie es machen."

---

26 „Sie haben dort zum größten Teil Erd- und Schotterstraße, da müssen Sie bergauf das Rad ohnehin schieben, und ganz besonders mit Ihrem Gepäck. Die Temperaturunterschiede sind im Gebirge groß. Sie müssen warmes Zeug mitnehmen, und oft auch noch Essen und Wasser, weil Sie vielleicht tagelang zu keinem Ort kommen. Dazu kommt, daß Sie in den Anden schwerlich ein Fahrradgeschäft finden mit Ersatzteilen für Sportgangschaltungen. Und dann sitzen Sie fest. Mit diesem Fahrrad kommen Sie weiter und fahren, was Reparaturen betrifft, billiger."

In den USA fuhr ich hauptsächlich auf den Highways 99 und 101, mehr oder weniger in Küstennähe. Ich hatte keinerlei Ehrgeiz, Kilometer zu fressen. Ich wollte zügig vorwärtskommen, aber zugleich so viel Schönes wie möglich mit den Augen einfangen und besonders auch wertvolle menschliche Kontakte wahrnehmen. Die ersten Tage spürte ich meinen Körper merklich, nicht nur wegen der ungewohnten Anstrengung des Fahrens, oft bergauf mit relativ schwerem Gepäck, sondern auch wegen des wenig komfortablen Schlafens auf dem Boden mit lediglich einem Stück Zelttuch unter mir, unter freiem Himmel bei unsicherem Wetter und schwankenden Temperaturen. So ist es in den USA, wo ich durchfuhr, im April und Mai. Ab Mexiko war es dann warm oder heiß und fast immer trocken. „Wieviele Kilometer fahren Sie am Tag?" fragte mich ein Herr auf der Straße in San Francisco. „Von Vancouver bis San Francisco sind es 1000 Meilen oder 1600 Kilometer. Vor genau zehn Tagen bin ich losgefahren", antwortete ich ihm. „Sehr gut", meinte der Herr und lud mich in die Industrieausstellung „World Trade Center" und zu einem Essen ein. Am Abend nahm er mich noch zum Übernachten in seine reizende Familie mit.

Nicht vergessen werde ich die 2,8 Kilometer lange Golden Gate Bridge an der Einfahrt in die Bucht von San Francisco, eine gigantische und schöne Brücke, die für mich mit einer kleinen Geschichte verbunden ist. Ich steuerte gerade auf den Fußgängerweg der Brücke zu, da hielt mich ein Polizist an. „Not for bicycles!"[27], sagte er streng. Nachdem er mich und mein Fahrrad kurz gemustert hatte, stoppte er einen Lastwagen und befahl dem Fahrer, daß er das Rad aufladen und mich auf die andere Seite mitnehmen solle. Im Führerhaus versicherte mir der Fahrer immer wieder, wie froh er sei, daß die Polizei ihn nicht kontrolliert habe. Ich glaube, daß die Polizei in den USA mehr gefürchtet ist als in Europa.

Die Pferde-Ranch

Nach dem Verlassen San Franciscos ging die Fahrt weiter entlang der Küste des Stillen Ozeans in Richtung Los Angeles. Kurz davor machte ich jedoch noch einen Abstecher nach Santa Barbara auf eine Pferdezuchtfarm, auf die Price-Ranch. Mrs. Price, eine sehr wohlhabende Dame, hatte ich während meines Studiums in Paris kennengelernt. Sie bewohnte eine Etage bei dem Grafen Costa de Beauregard, bei dem ich als Maître d'hôtel mein Zimmer hatte. Sie lud mich damals ein, sie zu Hause in Santa Barbara zu besuchen. Dort züchtete sie Rennpferde, die hauptsächlich zu Pferderennen nach Long Champ bei Paris geflogen wurden. So besuchte ich sie jetzt auf ihrer Ranch in einer zauberhaften Hügellandschaft und verbrachte dort einige Tage. Ich hatte großes Glück gehabt, daß ich sie antraf, denn sie pendelte mehrere Male im Jahr zwischen Santa

---

27 „Nicht für Fahrräder!"

Barbara und Paris hin und her. Sie vertraute mir auch das eine oder andere Pferd zur Pflege und zum Ausritt an. Ihr Jockey erzählte mir viel über Pferde und Pferderennen.

Nach diesem Abstecher besuchte ich für drei Tage Freunde in Los Angeles, fuhr aber dann weiter über Phoenix und El Paso nach Mexiko. In Phoenix hatte ich noch zwei ganz unerwartete Begegnungen.

Ich besuchte dort einen Freund, Dr. Eugene Hare, der in Freiburg Medizin studiert und bei uns gewohnt hatte. Er war jetzt Arzt in einem Krankenhaus. Beim Abendessen erzählte ich ihm die Geschichte vom „Salzkönig der USA". „Mr. Morton", rief er aus, „der wohnt unweit von hier. Du mußt ihn anrufen." Ich zögerte lange, mit der Begründung, daß Herr Morton die Einladung vor über einem halben Jahr ausgesprochen hatte und ich auch nicht wußte, wie ernst sie wirklich gemeint war. Aber mein Freund redete so lange auf mich ein, bis ich schließlich anrief. Kaum hatte ich am Telefon meinen Vornamen genannt, da hörte ich am anderen Ende der Telefonleitung: „Siegfried, where are you, where can I pick you up?"[28] Als er hörte, daß ich wirklich mit dem Fahrrad soeben angekommen war, lachte er herzlich. Wir trafen uns dann am nächsten Nachmittag auf halbem Wege, er mit seinem schönen Auto und ich mit meinem schönen Fahrrad. Sein Haus stand in einer malerischen Sandlandschaft mit Kakteen bis zu zwei Metern Höhe. Herr Morton gab mir eine Gästewohnung in seinem Haus und lud mich zu einem gemütlichen Nachmittag zusammen mit seiner Frau und einer Besucherin ein. Ihr gehörte ein Unternehmen, das einen großen Teil der Druckerschwärze in den USA herstellte, sie war vielfache Millionärin. Ich war in eine sehr vornehme Gesellschaft geraten.

Mr. Morton und Frank Lloyd Wright

Ich mußte von Alaska und vom Beginn meiner Radtour von Vancouver, Kanada, über Seattle, USA, Portland, San Francisco und Las Vegas bis Phoenix erzählen. Der Gastgeber hörte besonders interessiert zu. Wie ich später hörte, war ihm sein Reichtum nicht in die Wiege gelegt worden. Leider war ich damals nicht mutig genug, ihn nach seinem Leben zu fragen, was ich heute noch sehr bedauere, denn ich sah schon längst nicht mehr nur vordergründig den Millionär von Château Lake Louise vor mir, sondern eine sehr interessante und liebenswerte Persönlichkeit. Wie ich später hörte, soll er als ganz junger Mann in Salt Lake City in Utah gearbeitet, reiche Salzfelder entdeckt, für ein paar Dollar gekauft und dann ausgebeutet haben. Daß er die Wüste kannte und mit dem Leben in ihr vertraut war, war auch an seinen Ratschlägen für meine Fahrt durch trockene, steppenartige Zonen wie in Arizona zu erkennen. „Bevor du Deinen Schlaf-

---

28   „Siegfried, wo bist du, wo kann ich dich abholen?"

sack auf dem Boden ausbreitest, bau dir einen Kreis von Kakteen drum herum. Die Bauchseite der Schlangen ist empfindlich, sie können nicht über die Dornen der Kakteen kriechen. Findest du keine Kakteen, dann nimm Holz und zünde es an. Schlangen kriechen gewöhnlich auch nicht über verkohltes Holz oder warme Asche." Der Salzkönig stand auf, während er noch erzählte, und holte mir eine kleine Reiseapotheke, die speziell für die Behandlung von Schlangenbissen zusammengestellt war.

Am nächsten Morgen, als ich gerade unter der Dusche war, klopfte es an der Tür. „I am under the shower",[29] rief ich. Aber die Tür geht trotzdem auf, und Herr Morton bringt mir auf einem Silbertablett das Frühstück. Vertauschte Rollen. Der Millionär übernimmt den „Room Service", wie ich in Château Lake Louise. Ich kam aus meiner Verblüffung kaum wieder heraus. Bei meinem Besuch in seinem Haus waren übrigens mein weißes Hemd, schwarze Hose, schwarze Lederschuhe und Jacke samt Krawatte schon das erste Mal gut zu gebrauchen. Am nächsten Abend gingen Herr und Frau Morton zu einer Einladung und schlugen mir vor, daß ich meinen Freund, den Arzt, und seine Frau, ebenfalls Arzt, in ihr Haus einlade, wo wir uns einen gemütlichen Abend machen sollten. Er zeigte mir die Bar mit allen Getränken und die Bequemlichkeiten ringsherum. Wir setzten uns auf die Veranda, es war ein warmer Abend, und genossen die Kakteenlandschaft. Diese Großzügigkeit, das Vertrauen, die Liebe und Herzlichkeit von seiten dieser Amerikaner haben mir ebensoviel Kraft und Mut für meine weitere Reise gegeben wie ihre materielle Hilfe. Natürlich bekommt man auf diese Weise auch einen kleinen Einblick in das Leben von Multimillionären. Ruhig und sorglos ist ihr Leben bestimmt nicht. Wie oft klingelte das Telefon mit Anfragen von Privatpersonen um Geld und Spenden von Organisationen. Täglich muß entschieden werden: ob, wieviel und wem Geld zu geben sei.

Am Abend vor der Abreise wurden Herr Morton und ich von Frank Lloyd Wright zu einer Theateraufführung eingeladen, dargeboten von den Studenten seiner Architekturschulen. Frank Lloyd Wright war einer der größten und bekanntesten Architekten der USA des zwanzigsten Jahrhunderts. Unter vielen anderen bekannten Bauten errichtete er auch das Guggenheim-Museum in New York, dessen Direktorin Hilla von Rebay mir das Visum für die Einwanderung nach Kanada beschafft und die ich 1956 auf meiner Rückreise von Europa nach Kanada besucht hatte. Nun stand ich vor diesem stattlichen Herrn, durfte seine Architekturschule – das heißt eine seiner Architekturschulen – sehen und das Theaterstück anschauen. Er war 95 Jahre alt, stand kerzengerade vor mir und schüttelte mir herzlich die Hand. Ein unvergeßlicher Augenblick. Etwa ein halbes Jahr später erfuhr ich von seinem Tod.

---

29   „Ich bin unter der Dusche."

Alaska Point Barrow

Nordpolarmeer

Wölfe. Ruhig bleiben! Es ist unwahrscheinlich, daß sie angreifen, wenn sie sich nicht bedroht fühlen.

Mein Lebensretter. Wir stehen auf dem zugefrorenen Nördlichen Eismeer.

Eis für Trinkwasser

Ich warte auf ein Fahrzeug von Fairbanks nach Vancouver (3.326 km)

Eskimo kehrt vom Fischfang zurück

Meine Huskies mit Schlitten

Zugefrorener See. Das Eis hielt. Glück gehabt. 30 Grad minus

Spielparadies Las Vegas, Nevada, USA. Polizist kontrolliert mich und lädt mich ein, bei ihm zuhause zu übernachten.

Ich verdiene mir etwas Geld. Die kleine Tochter meines Arbeitgebers ist oft um mich herum. So macht das Geldverdienen wirklich Spaß! Wohnwagensiedlung in der Nähe von Arizona.

Strömender Regen. Nacht. Ich finde Einlass auf einer Farm. Das Töchterlein setzt sich auf meinen Schoß. Ich soll ihr ihren Brei geben. Glückliche Momente!

Auf der Pferde-Ranch von Mrs. Price, Santa Barbara, Californien

Eingeladen direkt von der Straße in den Salon von Mr. Morton, Salzkönig der USA, und seiner Frau (ganz links)

Architektenschule von Frank Lloyd Wright, Scottsdale, Arizona, USA

Am nächsten Morgen vor der Abfahrt fragte mich Herr Morton, ob ich ein kleines Radio habe. Es schien, als wollte er mir eines schenken, doch mein Interesse war gering, weil ich mir dann in Abständen neue Batterien hätte kaufen müssen, aber nicht das Geld dafür hatte. Er spürte mein Zögern, reichte mir einen Umschlag und fügte hinzu: „Dies ist vielleicht nützlicher." Im Umschlag war ein Scheck über hundert Dollar. Die Reise war wieder für einige tausend Kilometer gesichert.

Meine Nahrung kostete nicht viel. Sie bestand in den USA hauptsächlich aus Haferflocken, mit denen ich meistens einen Haferbrei machte, den englischen Porridge. Dazu kamen dann und wann Milch, ein bißchen Brot, immer mal wieder ein Stück Würfelzucker anstelle der zu teuren Schokolade, und Tee als Hauptgetränk. Milch war Luxus, und ab Mexiko war es ohnehin schwierig, welche zu bekommen. Von dort an gab es auch keine Butter mehr, weil sie in der Hitze zerflossen wäre. Statt dessen verwendet man in Mittel- und Südamerika Öl, aufs Brot geträufelt, und anstatt Marmelade streute man Zucker auf das Öl. Das gilt – glaube ich – hauptsächlich für die ärmeren Schichten der Bevölkerung. Mir jedenfalls stillte Brot mit Öl und Zucker den Hunger. Dieses Rezept war mir ja schon von Spanien her bekannt. Mein Speisezettel war sehr bescheiden, aber ich hielt immer Ausschau nach Früchten, die von den Bäumen fielen. Auch wurde ich sehr oft zu Mahlzeiten eingeladen. Viele Menschen sahen in mir den Sportler. Mein Fahrrad war immer ordentlich gepackt, der Fahrer rasiert und sauber gekleidet. Wenn etwas zu waschen war, geschah es am nächsten Bach, Fluß oder Meeresstrand, und die Sonne trocknete die Wäsche schnell. Problematisch war das Nächtigen bei Regen. Einmal – es war noch in Nordamerika – ging ich zu einer Farm, die abseits der Straße lag. Es war schon dunkel, und die Lichter zweier Fenster leuchteten sehr einladend. Meine Frage, ob es möglich sei, unter einem Dachvorsprung zu schlafen, wurde bejaht. Nachdem ich mich schon zum Schlafen hingelegt hatte, lud man mich ein, etwas zu essen. Am Küchentisch saßen die Frau, die mir den Schlafplatz gezeigt hatte, der Großvater, der blind war, und ein goldiges Mädchen von vielleicht drei Jahren. Ich mußte natürlich erzählen, woher ich kam und wohin ich fuhr. Das kleine Mädchen schaute mich die ganze Zeit groß an, rückte immer näher und setzte sich zuletzt auf meinen Schoß. Der Großvater und die Tochter, die sich gleichzeitig in der Küche noch zu schaffen machte, hörten aufmerksam zu und stellten immer wieder Fragen. Vor dem Schlafengehen sagte die Mutter des Kindes, ich könne auch in der Glasveranda im Haus schlafen. Am nächsten Morgen, nach einem gemeinsamen guten Frühstück – inzwischen war der Ehemann spät in der Nacht nach Hause gekommen – brachte seine Frau mir noch ein Vesper für unterwegs ans Fahrrad. Einige Stunden später entdeckte ich einen zum Vesper eingepackten Briefumschlag mit fünf Dollar, einem Gruß vom blinden Großvater.

Die Frösche und die Mäuse

Solche Übernachtungen mit so schönen Einladungen gab es natürlich nicht jeden Tag. Die nächste Nacht verlief ganz anders. Es regnete wieder. Dieses Mal fand ich keinen besseren Schutz vor dem Regen als eine Beton-Brücke, unter der ich eine vor dem Wind mehr oder weniger geschützte Stelle fand, um mein Nachtlager aufzuschlagen. Nicht lange nach dem Einschlafen wurde ich durch das Quaken eines Frosches geweckt. Ich versuchte weiterzuschlafen, aber das war nicht möglich. Innerhalb kürzester Zeit gesellten sich zu dieser einen Stimme noch unzählige weitere, die sich zu einem richtigen Froschkonzert verstärkten. An Schlafen war nicht mehr zu denken. Ich sah bald ein, daß die Frösche in der Übermacht waren, gegen die nichts auszurichten war, packte meine Sachen und war wieder auf der Landstraße.

Ich fuhr nicht sehr lange, da kam ich zu einer verlassenen Tankstelle, die wohl Pleite gemacht hatte, und richtete mich jetzt dort ein. Sie stand offensichtlich schon längere Zeit leer, wie die Spinnweben und heruntergefallener Verputz bewiesen. Irgendwann in der Nacht weckten mich Geräusche. Bald wurde mir klar, daß ich nicht der einzige Bewohner dieser Tankstelle war. Erst schüchtern, bald schon etwas frecher kroch die erste Maus über meinen Schlafsack. Ermutigt von der ersten, kam die zweite, und schließlich eine dritte. Und dann waren sie weg, kamen auch nicht wieder. Wollten sie mir zu verstehen geben, daß die Tankstelle ihr Revier sei und daß ich das Feld so schnell wie möglich räumen sollte?

Meine Radtour ging am Morgen zügig weiter mit einer durchschnittlichen Wegstrecke von 160 Kilometern am Tag. Das war das Tempo, das ich am Anfang meiner Fahrt von Vancouver nach San Francisco festgestellt habe. So viel mir daran lag, schnell weiterzukommen, so nahm ich mir doch immer die Zeit, die Schönheit der Natur zu bewundern, mit Menschen zu sprechen, Neues zu entdecken. Wichtig waren für mich Begegnungen mit Menschen, deren Sprache ich studiert hatte, um sie eines Tages als Lehrer in der höheren Schule zu unterrichten. Die Sprachpraxis sollte mein Studium noch etwas unterbauen und festigen, vor allem im Spanischen. Gleichzeitig behielt ich mein Ziel im Auge: Albert Schweitzer, das Spital Lambarene. Der Urwaldarzt, wie er so oft genannt wurde, war damals schon 84 Jahre alt. Eile war also geboten, und ich verzichtete auf so manchen interessanten Abstecher, wie zu den aztekischen Pyramiden nicht weit von Mexiko Stadt. In der Hauptstadt verbrachte ich einige Tage bei einem jungen Lehrer, dem ich unterwegs in den zauberhaften Montañas de mil picos[30] begegnet war. Er war mit einem größeren Auto unterwegs gewesen und hatte auch noch Freunde dabei gehabt. Er lud mich ein zu sich nach Hause und wollte, daß ich gleich mitkäme. Das Fahrrad verstaute er im Auto und nahm mich in seine elterliche Familie

---

30 Berge der 1000 Spitzen.

mit. Es war eine interessante Erfahrung, so ganz unerwartet in eine gutsituierte mexikanische Familie zu geraten. Der Vater war Hochschullehrer, und so erfuhr ich manches über das Schul- und Bildungssystem in Mexiko. Auch das Spanisch, das in dieser Familie gesprochen wurde, unterschied sich deutlich von dem Idiom, das man auf der Straße hörte.

Noch mit einer anderen mexikanischen Familie gab es eine Begegnung. Ich besuchte sie auf Empfehlung eines Freundes in Los Angeles, den ich drei Jahre zuvor während meines Studiums in Paris in der Oper kennengelernt hatte. Zu dieser ebenfalls wohlhabenden Familie, die ein schönes Haus in einer exklusiven Wohngegend in Mexiko Stadt besaß, gehörten zwei Kinder, ein sehr hübsches Mädchen, vielleicht 12 Jahre alt, und ein netter Junge, etwas älter als seine Schwester. Unvergeßlich bleibt mir der Augenblick meiner Ankunft. Ich stellte gerade mein Fahrrad gegen die Hauswand, als ein goldiges Kindergesicht oben über der Balkonbrüstung aufleuchtete. Dann rannte das Mädchen ins Haus und rief: „Don Sigfrido, llegó, llegó!"[31] Ein glücklicher Augenblick! Hier verbrachte ich auch ein paar Tage. An einem Abend ging der Vater zu seinem Club, in dem nur englisch gesprochen wurde. Er nahm mich mit, und ich mußte auf englisch von meiner Radtour erzählen.

Wie man einer Schlange entkommt

Nach drei Tagen ging es weiter, durch heiße Gegenden, wo die Sonne schonungslos brannte und man oft keinen Schutz vor ihr fand. Eines Tages – in der prallen Nachmittagssonne – wollte ich etwas Wasser trinken und einen Schutz gegen die Sonne suchen. Abseits der Straße befand sich eine große, ausgetrocknete Regenwasserabflußröhre, gerade hoch genug, daß man gebückt hineingehen konnte. Dort hatte ich wenigstens Schatten. Ich atmete auf. Ich ging in die Hocke und setzte gerade zum Trinken an, da sehe ich ein bis zwei Schritte von mir entfernt eine große braune Schlange, mindestens so dick wie ein starker Männerarm. Zusammengerollt nimmt sie die Fläche eines runden Tisches von vielleicht ein- bis eineinhalb Metern Durchmesser ein. Der Kopf beginnt gerade, sich ganz langsam emporzurecken. Sie hatte geschlafen und war durch mich aufgestört worden. Durch ihre ganz dem Boden angepaßte Tarnfarbe und infolge des grellen Sonnenlichts draußen hatte ich sie hier im Dunkeln nicht gesehen. Nun muß ich handeln, und zwar richtig. Da erinnere ich mich blitzartig an Herrn Morton. „Ruhig bleiben", hatte er gesagt, „die Schlange anschauen, ganz langsame, keine hastigen Bewegungen machen, der Schlange nicht den Rücken kehren." Und so schraube ich mich aus meiner Sitzstellung wieder langsam hoch, die Schlange gleichsam hypnotisierend, und gehe zentimeterweise rückwärts zum Ausgang des Aquädukts, indem ich im-

---

31   „Herr Siegfried ist gekommen, er ist angekommen!"

mer noch die Schlange fixiere, die unterdessen ihren Kopf immer höher reckt. Kaum bin ich aus dem Ausgang heraus, da gehe ich fast geräuschlos, aber zügig zu meinem Fahrrad und fahre schnell davon, ohne getrunken zu haben. Die Lust zum Trinken ist mir an diesem Ort vergangen.

Ein weiteres unangenehmes Erlebnis hatte ich drei Tage später mit Aasgeiern. Auf einem breiten Fußweg abseits der Landstraße drang mir das unheimliche Gekreische und Flügelschlagen von Aasgeiern ans Ohr. Dann sah ich, wie sich vielleicht ein Dutzend dieser scheußlichen Riesenvögel über ein kaum noch lebendes, offensichtlich großes Tier hermachten. Ich konnte nicht erkennen, zu welcher Gattung es gehörte, und machte mich schleunigst aus dem Staub. Ich kannte ja diese Totengräber schon längst, weil sie mich immer wieder über mir in der Luft begleiteten, aber dann plötzlich in eine andere Richtung abdrehten. Einmal war ich sehr müde und legte mich an einem Waldrand hin, bis mich plötzlich der Flügelschlag von Aasgeiern aufschreckte. Und siehe da, schon ein halbes Dutzend Vögel hockte auf dem Boden, spähte in meine Richtung und kam immer näher. Sie sahen in mir, da ich mich nicht bewegte, ihr nächstes Opfer. Und diese unheimlichen Vögel sind so groß und stark, daß man sich gegen sie mit den bloßen Händen nicht wehren kann, und besonders nicht gegen mehrere.

Ich fuhr schnell weiter, kam auch bald aus dieser Gegend heraus und hatte, bevor ich die mexikanische Grenze nach Guatemala überquerte, aber noch ein schönes Erlebnis. In einem typisch mexikanischen Dorf wurde abends musiziert, getanzt und gesungen. Ich setzte mich auf die Treppenstufe einer fast ebenerdigen Veranda und hörte und schaute zu. Das Haus war nicht beleuchtet und schien unbewohnt zu sein. Irgendwann wurde ich dann doch müde, stellte mein Fahrrad auf die Veranda, breitete mein Zelttuch auf den Boden aus, legte meinen Schlafsack darauf und wollte gerade einschlafen, als drei Mädchen, vielleicht zwölf bis vierzehn Jahre alt, die Verandatreppe heraufhuschten, sich neben meinen Schlafsack knieten und mich mit strahlenden Gesichtern baten, ihnen zu erzählen, woher ich käme und was ich alles unterwegs gesehen hätte. Die Freude und Begeisterung, mit der die Kinder mir zuhörten, und dazu auch ihre Fragen, waren für mich ein großes Glück, das ich nicht vergesse.

Nun kam ich nach Guatemala. Erstaunlich erscheint es mir noch heute, wie ich mir die Visa für all die Länder, die ich durchfuhr, beschafft habe, wie: Guatemala, El Salvador, Honduras, Nicaragua, Costa Rica, Panama, Kolumbien, Ecuador, Peru, Bolivien, Argentinien und Chile, ohne auch nur auf einem einzigen Konsulat oder auf einer einzigen Botschaft vorgesprochen zu haben. Ohnehin hätte mir das Geld für die jeweiligen Visa gefehlt. Oft konnte ich an der Grenze einfach ein Formular ausfüllen, und dann gab man mir einen Stempel in den Paß, ein Visum, mehr eine Art von Passiererlaubnis, die nur eine kurze Durchreise, aber keinen Aufenthalt im Land erlaubte. Die Gebühren

Vesperpause, Mexiko

Auf dem Dorfplatz wird noch getanzt. Diese Mädchen bitten mich vor meinem Schlafsack, daß ich ihnen erzähle, wo ich herkomme...und was ich alles gesehen habe

Wo immer zu Gast, zuerst wird gewaschen und gebügelt. Bei Ingenieur Kestler und Familie, Veracruz, Golf von Mexiko

Stierkämpfer und seine Familie, San Martin, Mexiko

Zuckerrohrernte

Zuckerrohr verarbeitende Fabrik

Bei einer mexikanischen Hochzeit

Eine Tasse Kaffee vor der Weiterfahrt, Mexiko

Kurze Rast in wenig Schatten

Kochendes Wasser für die Thermosflasche

Dorfschule in Guatemala

In den Anden, Mai 1958, zwischen 2500-4000 m.

Nicaraguasee mit zwei Vulkanen im Hintergrund

An der Grenze von Honduras und El Salvador, Tagesvisum für "Ein Mann, ein Wort" u. Händedruck

„bezahlte" ich meistens, indem ich den Grenzbeamten etwas von meiner Reise erzählte. Und da unter diesen Männern auch immer einer war, der selbst gerne solch eine Radtour gemacht hätte, begegneten mir Verständnis und Sympathie. Ohne die oft stille Begeisterung und Hilfsbereitschaft vieler Menschen wäre ich nie in Afrika angekommen. Natürlich hat mir das geläufige Spanisch immer sehr geholfen, die Probleme zu meistern.

Ritt mit einem Missionar in die Berge

Von Guatemala an waren die Straßen schlecht, meistens ungepflastert. Waren sie in gutem Zustand auch ohne Asphalt und nicht mit Steinen übersät, dann waren sie mir recht, fuhr man aber mehr auf Schottersteinen, dann bangte man um seine Reifen. Oft mußte ich mein Fahrrad lange Strecken schieben, um es und die Felgen zu schonen. In Nicaragua und in Honduras waren die Straßen nicht besser, hingegen in Costa Rica und Panama waren sie gut asphaltiert. In Panama lud mich auf der Strecke ein amerikanischer Missionar ein, zu Pferd mit ihm in den Bergen Indios zu besuchen. Das Fahrrad ließ ich solange auf der Missionsstation. Da und dort kamen wir auch zu Hütten, wo wir Kinder antrafen, die allein waren, weil die Eltern auf der Bananenplantage arbeiteten. Zuerst waren die Kinder sehr ängstlich, als wir aus dem Dschungel auftauchten, aber wir beruhigten sie dann, indem wir abstiegen und uns mit den Pferden beschäftigten und so taten, als würden wir sie nicht sehen. Dann kamen sie sogar etwas in unsere Nähe und betrachteten die Pferde aufmerksam. Am Abend zeigte mir der Missionar sein bescheidenes Haus und einige Einrichtungen ringsherum. Vor dem Schlafengehen erzählte er mir noch einiges über Skorpione – und daß sie auch gerne ins Haus kämen. Vor ein paar Tagen habe er einen von ihnen an der Schwelle der Haustür gefunden. Inzwischen war der Eindringling im Glas konserviert.

Nach dem Besuch bei dem Missionar kam ich bald nach Panama City. Hier hörte der Pan-American Highway auf. Auf der gegenüberliegenden Seite des Kanals gab es keine Straße mehr, nur noch Urwald und die Urbevölkerung. Die Indios hatten früher die ersten Weißen mit ihren Pfeilen getötet, Menschen, die das Gebiet für den Bau einer Straße erforschen sollten.

Hier muß ich bekennen, daß ich vor Antritt meiner Radtour die Reise weder systematisch geplant noch etwas über das Wetter, wie Regenzeiten, extreme Hitze, Straßenverhältnisse und dergleichen, gelesen hatte. Dasselbe gilt auch für Alaska und später für Afrika. Hätte ich mich in Vancouver hingesetzt, lange nachgelesen, wo es wann regnet, wo es keine Straßen gibt und ausgerechnet, wie weit ich mit meinen 100 Dollar für Essen, Fahrrad-Reparaturen und Visa kommen würde – ich hätte nicht den Mut gehabt, loszufahren. Statt dessen riskierte ich alles und hatte das Gottvertrauen, daß mir der Himmel helfen werde, wenn ich mir selbst nicht mehr helfen könne. Bestimmt wäre meine Radtour um viele Erlebnisse ärmer geworden, hätte ich die Taschen voller Geld gehabt. So aber war ich dem Volk und den armen Indios viel näher. Nicht nur einmal saß ich am Feuer mit Eingeborenen und habe mit ihnen ihr oder mein Essen geteilt. In Mexiko in der Ebene las ich einmal köstliche Mangos unter den Bäumen an der Straße auf, aß einen Teil und schenkte in den Bergen den Rest den Indios, die mich umgekehrt mit Mais versorgten.

Der Panamakanal

Staunend verfolgte ich am Panamakanal, wie die Schiffe durchgeschleust wurden. Dabei sann ich darüber nach, wie ich auf ein solches Schiff kommen könne, um zum nächsten südlichen Hafen mit Straßenanschluß mitgenommen zu werden. In zwei Schiffsagenturen gab man mir zu verstehen, daß der Kanal keinen Hafen habe, um zuzusteigen, die Schiffe vielmehr den Kanal nur durchführen. Beim Verlassen der zweiten Agentur stand ein Herr vor meinem Fahrrad und sah es sich interessiert an. Auf den Taschen waren aus Stoff die Wappen der bisher durchfahrenen Länder aufgenäht. Das schien dem Herrn zu gefallen, denn er fragte mich nach dem Woher und Wohin. Der interessierte Fremde, ein amerikanischer Offizier, wie sich bald herausstellte, lud mich zu einem Bier in ein kleines Restaurant ein. Ich mußte erzählen. Als ich ihm sagte, daß ich immer im Schlafsack übernachtete, lud er mich ein, bei ihm zu nächtigen, bis er eine Möglichkeit für einen Anschluß an eine Straße jenseits des Panamakanals finden würde. Seine Familie war sehr nett und nahm mich gleich an. Ich konnte mich wirklich wieder einmal ausruhen, in einem frischen, weichen Bett schlafen, mich an den Tisch setzen, mal wieder Butter aufs Brot streichen, sogar Wurst und Käse nach Herzenslust essen und Milch trinken, die mir längst zu teuer und erst wieder viel später in Argentinien erschwinglich wurde.

Mein Gastgeber kam am ersten und zweiten Tag enttäuscht nach Hause, da er keinen Weg für meine Weiterfahrt fand. Aber am dritten Tag setzte er sich fröhlich mit mir an den Tisch, holte seine Brieftasche heraus und legte mit Schwung ein Flugbillett auf den Tisch mit der Flugeintragung Colombo, Panama, Barranquilla, Kolumbien. Abflug am nächsten Tag vormittags um acht Uhr. Ich war so verblüfft, daß ich nicht einmal an den Transport meines Fahrrades mit dem Flugzeug dachte. Ich stand auf, dankte und umarmte ihn. Er erzählte mir, daß er am Abend zuvor in seinem Offiziers-Club von meiner Radtour erzählt habe und daß ich jetzt in Panama City steckengeblieben sei. Eine kurze Weile dachten die Kameraden über eine Lösung nach, bis einer der Offiziere zehn Dollar auf den Tisch legte. Ein zweiter und dritter Schein folgte, bis das Geld für ein Flugbillett ausreichte. Daß mehrere Menschen, es waren etwa zwölf Offiziere, meine Situation so gut verstanden und mir so spontan geholfen haben, beeindruckte mich tief.

Diese schöne Geste gab mir auch auf meiner Weiterfahrt Mut, wenn ich in schwierige Situationen geriet, Hunger hatte oder sehr müde war. Sie bestätigte mich auch wieder in meiner anfänglichen Idee, mit dem Fahrrad zu fahren. Ich wollte unabhängig sein und keinesfalls trampen, wollte alles, soweit möglich, selbst machen und keine fremde Hilfe in Anspruch nehmen, auch niemals betteln müssen. Sehr dankbar aber nahm ich, wenn es nicht anders ging, Hilfe an.

Auf der Strecke zum Flughafen muß ich mich, was die Kilometerzahl dorthin betraf, geirrt haben, geriet in Zeitnot, kam mit hängender Zunge an der Flughalle an und hörte schon von weiten: „Mr. Neukirch, last call, plane is leaving!"[32] Dann sprach mich auch noch eine Dame an und fragte, ob ich auch nach Santiago de Chile käme. Wenn ja, solle ich doch ihren Mann besuchen und ihm sagen, daß es ihr gut gehe. Sie steckte mir schnell noch die Adresse zu. Inzwischen rief man mich auf, durch die Sperre zu gehen. Als ich das Fahrrad durch die Halle schob, verschlossen sich die Gesichter der Angestellten. Erst als ich ihnen sagte, daß ich von Alaska komme und daß wir – mein Fahrrad und ich – untrennbar seien, hellten die Gesichter sich wieder auf, und man konnte da und dort auch etwas Bewunderung und Sympathie sehen, für das Fahrrad und für mich. Ein junger Angestellter rannte zum Flugzeug und fragte, ob noch Platz für das Fahrrad sei, kam zurückgerannt und rief: „Si, si, rápido, rápido!"[33] Aber nun kam noch das Problem mit dem Visum. Ich hatte natürlich keines, auch nicht daran gedacht. Nun, in meinem Paß waren schon viele Stempel. Auch hob ich hervor, die Länder nur durchfahren zu wollen und mich dort nicht aufzuhalten. Die Uhr lief, das Flugzeug mußte fliegen, und die Paßkontrolle war beendet. Der Flug dauerte zwei bis drei Stunden, und ich war glücklich, als wir gelandet waren und mein Fahrrad wieder in der geöffneten Luke des Gepäckraumes erschien. Ich begrüßte es wie einen guten alten Freund, winkte noch einmal zum Flugzeug, wo mir zwei Stewardessen und ein Pilot fröhlich zurückwinkten.

Jiu-Jitsu in Kolumbien

Ich schwang mich aufs Rad und sah nur noch die Straße und immer wieder neue schöne und faszinierende Landschaftsbilder. Man hätte mir ein Auto schenken können, ich hätte dankend „nein" gesagt. Vom Fahrrad aus sieht man viel mehr als vom Auto aus, riecht die Blumen, die Gräser und die Bäume, ist mit seinem ganzen Leib und seiner ganzen Seele in der Natur. Man kann sich trotz aller Anstrengungen erholen und sich ständig an den Bildern erfreuen. Auch werde ich auf dem Fahrrad weniger müde als im Auto. Mir taten in Gedanken immer wieder die Radrennfahrer wie zum Beispiel in Europa leid, die Hunderte und Tausende von Kilometern Straße „fressen", in einer völ-

---

32 „Herr Neukirch, letzter Aufruf, das Flugzeug fliegt ab!"
33 „Ja, ja, schnell, schnell!"

lig unnatürlichen gekrümmten Haltung, das Gesicht auf den Asphalt gerichtet, fiebernd um jeden Kilometer, die um jede Sekunde kämpfen und dabei ihre Gesundheit oft völlig vergessen und sich um einiger Sekunden Vorsprung willen auch noch selbst dopen. Ich hatte nie den Ehrgeiz, Radrennfahrer zu sein.

Und doch wurde ich nicht nur einmal in dem einen oder dem anderen Dorf irrtümlich als der erste, als der Gewinner einer Radrenn-Equipe gefeiert. In einem Dorf in den Anden zum Beispiel saßen die Männer in Festtagsstimmung beisammen. Kaum sahen sie mich von weitem, standen sie auf, klatschten in die Hände und beglückwünschten mich als den ersten, der ins „Ziel" ging. Sie fanden sogar eine Flasche Wein anstelle des eigenen Getränks, stießen mit mir an und freuten sich, daß ich mit ihnen feierte. Die Herzlichkeit, die ich so oft unterwegs erfuhr, war für mich ein steter Kraftquell.

Kolumbien war schon damals, 1958, ein gefährliches Land: Drogenanbau, Partisanenkämpfe, politisches Chaos. Auf der Straße fuhr ich immer wieder an Militärposten mit aufgepflanztem Bajonett vorbei, und etwas weiter entfernt lag regelmäßig ein Militärlager. Das war nicht sehr einladend für das Land, aber nur diese eine Straße führte direkt weiter nach Ecuador und nach Peru. Eine spanische, kreolische Familie, die auf einer Finca lebte und mich zum Übernachten einlud, erzählte, daß Banditen immer wieder nachts und selbst am Tag vor abgelegenen Häusern mit einem Lastwagen vorfahren, alle guten Möbel aufladen und verschwinden würden. Die Leute unternehmen nichts gegen die Banditen, sondern sind froh, wenn sie mit heiler Haut davonkommen. Weiter hörte ich, daß vor kurzem ein Omnibus von Partisanen überfallen worden sei, und alle Passagiere umgebracht worden seien.

Einmal wollte ich in einem Dorf in einem kleinen Wächterhäuschen, das auf dem Dorfplatz stand, übernachten. Ein Soldat, der dort offensichtlich den Tag über Wache gehalten hatte, war jetzt im Begriff wegzugehen. Auf die Frage, ob ich in dem Häuschen schlafen dürfe, nickte er bejahend. Inzwischen hatte sich eine Traube von Neugierigen um mich gesammelt. Jemand fragte, ob ich keine Angst habe, in dem Wächterhaus allein zu schlafen. Ohne Antwort holte ich mir einen handfesten Burschen aus der Menge, bat die Umstehenden um etwas Platz, so daß wir in einem kleinen Kreis standen, und gab ihm mein Fahrtenmesser in die Hand mit der Aufforderung, auf mich zuzugehen. Kaum tat er den ersten Schritt mit erhobener Hand, sprang ich zur Seite und schlug ihm mit einem auf die Handwurzel gezielten Handkantenschlag das Messer aus der Hand, genau nach den Anweisungen und dem Training mit meinem Jiu-Jitsu-Lehrer, Herrn Kirchenbauer, in Freiburg. Es gab Applaus, und ich klopfte dem „Angreifer" anerkennend auf die Schulter. Aus Übermut, weil meine Vorführung so gut geklappt hatte, veranstaltete ich mit einem anderen Jungen einen Schulterwurf, der wieder großen Eindruck machte. Zuletzt fragte jemand, wie ich mich denn im Schlaf ver-

Endlich Wasser nach einer langen Durststrecke

Kurze Rast bei Kaffeebauern. Eine Stärkung, und dann geht es weiter. Nicaragua

Abschied von den Insassen des Gefängnisses „Golfito", das ich besucht habe. Costa Rica

Mit einem Missionar zu Pferd bei den Indios in den Bergen von Panama

Harte Burschen, aber mit Herz. El Salvador

Straße wegen Bauarbeiten nicht passierbar. Aber es gibt ja noch einen Bananenzug. Costa Rica

Panamakanal

Kolumbien

Ich muss meinen letzten Tropfen Trinkwasser opfern, um das Loch im Schlauch zu finden

In den Anden, Ecuador

Es werden Bananen auf ein Schiff nach Europa verladen, Hafenstadt Guayaquil, Ecuador

hielte. „Yo duermo siempre con un ojo abierto."[34] Die erste Reaktion war etwas Verwunderung, einige glaubten es mir nach dem Handkantenschlag und dem Schulterwurf, andere sicher nicht. Aber ich schlief auf alle Fälle gut. Frühmorgens kamen einige, die sehen wollten, ob ich noch am Leben sei, und lachten, als sie mich wiedersahen.

Sie erzählten mir von Mord und Totschlag und warnten mich vor den Partisanen und Banditen. Ihre Warnungen nahm ich ernst und fuhr nicht nach Bogotá, wie geplant, weil auf den Straßen zur kolumbianischen Hauptstadt besonders viele Überfälle von Partisanen verübt wurden. Oft trugen sie selbsthergestellte Polizeiuniformen, die von denen der staatlichen Polizei nicht zu unterscheiden waren. Ich fuhr daher auf einer Umgehungsstraße weiter, die landschaftlich sogar noch schöner war als die ursprünglich geplante Straße über Bogotá.

Nach vielleicht zwei Wochen kam ich in Quito an, das 2850 Meter hoch im Anden-Gebirge Ecuadors liegt. Lange Strecken mußte ich das Rad bergauf schieben. In Quito lud mich die dortige Missionsstation für einige Tage ein, und ich mußte von meiner Reise berichten. Der Pfarrer seinerseits erzählte mir von seiner Arbeit mit den Indios in den Bergdörfern und in Quito. An einem Tag fuhr ich mit dem Fahrrad in die Stadt. Als ich aus einem Geschäft mit wunderschönen Kunstgegenständen, die Eingeborene hergestellt hatten, herauskam, betrachtete ein junger Mann meine Fahrradtaschen. Auch ohne ein deutsches Wappen darauf erriet er sehr schnell, daß der Besitzer nur ein Deutscher sein könne. Er schaute mich an und fing herzlich an zu lachen. Er war ein Schulkamerad meines ältesten Bruders und erkannte mich schneller als ich ihn. Er erzählte, daß er als Journalist in Quito arbeite, und gab mir seine Adresse. Als ich meinem Missionar am Abend von der Begegnung erzählte, bat er mich spontan, mit dem Journalisten, er hieß Klaus Poppen, eine Sendung im Radio „Stimme der Anden" zu machen und mich von ihm über mein Studium, die Reise und mein Ziel Lambarene interviewen zu lassen. Eigentlich war ich zu dem Zeitpunkt nicht auf eine Radiosendung eingestellt, aber ich wollte den lieben Missionar, der ebenfalls für diesen Radiosender arbeitete, nicht enttäuschen, und wir stellten eine Sendung zusammen, die am nächsten Morgen aufgenommen wurde. Die Aufnahme lief schließlich unter dem Titel: „Wanderlust".

Machu Picchu

In Peru erlebte ich das Leben der Indios, der Urbevölkerung, so ursprünglich wie kaum zuvor und kaum danach. Getreide droschen sie noch auf dem Boden mit einem hölzernen Dreschflegel oder mit einem Ochsengespann und trennten die Körner von der Spreu

---

34 „Ich schlafe immer mit einem Auge offen."

mit Hilfe des Windes. Sie weideten ihre wenigen Schafe und Lamas auf der Hochebene und spannen dort die Wolle. Sie färbten sie auch und webten an einem primitiven Holzrahmen, der mit Pflöcken in der Erde befestigt war. Ein Bild des Friedens, der Gottesnähe. Ich saugte diese Bilder buchstäblich in mich auf. Einmal bekam ich auch einen Einblick in das häusliche Leben eines Großgrundbesitzers. Er hatte mich bei der Bitte um Wasser eingeladen, über Nacht zu bleiben, teilte das Essen mit mir und gab mir ein Zimmer zum Schlafen. Beim Anblick des „Bettchens" konnte ich nicht umhin zu schmunzeln. Auch mein Gastgeber sah schnell ein, nachdem er mich zuvor noch einmal der Länge nach gemustert hatte, daß nur knapp die Hälfte von mir in das Bett, das noch ringsherum einen erhöhten Holzrahmen hatte, hineingepaßt hätte. Mit Hilfe seiner Hausangestellten wurde schnell eine Verlängerung gezimmert, und ich schlief schließlich wie ein König darin. Weiter ging die Fahrt, viele Tage und viele Kilometer, bis ich Machu Picchu erreichte, die alte Inka-Stadt hoch in den Anden. Sie war vor 45 Jahren noch keine Touristen-Stätte. Als ich in dem Dorf Ollantitambo am Fuß von Machu Picchu ankam, überreichten mir zwei junge Indios weiße Rosen. Machu Picchu ist die am besten erhaltene Inka-Ruinenstadt, die von den Spaniern nie betreten worden ist. Sie umfaßt Tempel, Opferstätten, eine Sonnenwarte, Behausungen für etwa 10.000 Menschen und umfangreiche Feldbauterrassen in schwindelnder Höhe. Ebenso interessant und faszinierend wie die Ruinen war für mich das Gebirgs-Panorama ringsherum. Atemberaubend! In der Inka-Stadt Cuzco hielt ich mich nicht weiter auf, sondern strebte zügig in stundenlanger Bergabfahrt der Hauptstadt Lima zu, die wunderschön unweit vom Meer liegt. Die Erdstraßen der Anden steigen bis zu viertausend Metern. Die oft abgrundtiefen Ränder der Straße waren durch keine Befestigungen oder Leitplanken abgesichert, und so sah ich sehr oft ein, zwei, drei und mehr Kreuze an Stellen, wo Fahrzeuge in die Tiefe gestürzt waren. Das war für mich immer wieder ein erschütternder Eindruck, besonders, da die Kreuze mit den einfachsten Mitteln hergestellt waren, aus ein paar Stöcken und Ästen. Sie drückten zugleich die Armut der Angehörigen aus.

In Lima auf der Fahrt zum Kanadischen Konsulat überholte mich ein Opel, und der Fahrer gab mir ein Zeichen, rechts heranzufahren. Er musterte mein Fahrrad und mich, fragte mich auf Deutsch, woher ich komme und wohin ich wolle. Auf meine Antwort „Ich komme von Alaska und fahre nach Lambarene zu Dr. Schweitzer" lud er mich ein, mit zu ihm nach Hause zu kommen. Das Ziel Lambarene war oft eine gute Empfehlung und zog manche spontane Einladung nach sich. Der Herr, nicht viel älter als ich, wartete, bis ich mich auf dem Konsulat ausgewiesen und einen Brief von meiner Mutter und meiner Tante abgeholt hatte. Ich war damals so naiv und gab meiner Mutter, bevor ich mich in Vancouver mit meinem Rad auf den Weg gemacht hatte, als Postadresse verschiedene kanadische Botschaften oder Konsulate an. Ich hatte zu dem Zeitpunkt bereits die kanadische Staatsangehörigkeit. Die Konsulatsangestellten wollten jetzt alle

Ich werde als Sieger der „Ein-Mann-Radtour-'Equipe'" durch Amerika gefeiert

Stolze Lamas

Peru

Dieser Schnappschuss war ein Glückstreffer und schon gar nicht selbstverständlich

Auch ich musste meine Schuhe ausziehen und mein Fahrrad und Gepäck tragen, und nicht nur einmal auf der Tour

Es kam mir wunderschöne Flötenmusik entgegen

Hier auf der Hochebene werden die Schafe gehütet und zugleich wird die Wolle auch gesponnen

Machu-Picchu, Peru

Alte Inca-Stätte Cuzco

Da gibt es viel zu gucken für den Jungen

Er zeigt mir sein schönes Land

Wir verstehen uns gut!

Der Wind trennt die Körner von der Spreu

Auf dem Weg zum Markt

Titicacasee, 3812 m. über dem Meeresspiegel

Unterwegs in den Anden, Bolivien

Wie hoch der Wasserstand des Flusses auch immer war, man musste sein Gepäck trocken auf die andere Seite bringen

Altiplano in Bolivien. Hochebene, 3000-4000 m. über dem Meeresspiegel. Hier habe ich wieder trockene Füße!

Wieder ein herzlicher Empfang in einem Dorf in der Nähe des Titicacasees, August 1958

Hier wird das Getreide mit einem Ochsengespann gedroschen

den „Herrn Neukirch" sehen, der sich Post einfach ins Konsulat schicken ließ, Post, die sie monatelang aufbewahren sollten. Als sie mich dann mit meinen kurzen beigen Hosen, weißem sauberem Hemd und Tennisschuhen braungebrannt in ihren heiligen Hallen stehen sahen, lachten sie und verziehen mir mein Selbstbewußtsein, ihre Anschrift als meine Postadresse angegeben zu haben. Als ich aus beiden Briefen jeweils strahlend einen Geldschein herausholte, haben sie geklatscht. In den südlichen Ländern wird die Büroarbeit lockerer gehandhabt als im Norden, und es gibt immer noch ein bißchen Zeit zum Lachen und zum Fröhlichsein.

Der Unbekannte mit dem Opel

Der Herr stellte sich als Herr Clouth vor, Leiter der Hoechstwerke in Lima. Er gab mir ein schönes Zimmer in seiner Wohnung und meinte, ich sähe müde und angestrengt aus und müsse mich ein paar Tage ausruhen. Die erste Nacht bei meinem Gastgeber war so erholsam, daß ich mich am nächsten Morgen schon wieder frisch genug fühlte, ein Tennis-Match-Angebot anzunehmen. Wir spielten etwa gleich gut, so daß keiner dem anderen einen Sieg zu neiden brauchte.

Herr Clouth bot mir gleich das „Du" an und lud mich für den nächsten Morgen zu einem neuen Match ein. Wir spielten nun jeden Morgen schon in aller Frühe Tennis, bevor er zur Arbeit ging. Hatte der Hoechst-Manager Zeit, dann nahm er mich in seinem Auto mit in die Berge und lud mich dort in gute und urige Restaurants ein. Aber nach etwa zwei Wochen zog es mich wieder auf die Straße, meinem Ziel entgegen. Wieder ging es in die Anden bis zu einer Höhe von dreitausend und mehr Metern. Einen großen Teil der Strecke mußte das Rad geschoben werden. Erst auf dem Plateau konnte man streckenweise wieder fahren. Es gab auch Straßen, die nur während der Trockenzeit befahrbar waren, weil ein Teil der Straße durch ein ausgetrocknetes Flußbett führte. Auch hier mußte man das Rad wieder schieben.

Ich kam jetzt nach Bolivien. Den größten Eindruck in diesem Land machten auf mich der Titicacasee mit den wunderschönen, aus Schilf hergestellten Booten, und etwas später auch La Paz, 3.700 Meter hoch gelegen, die höchste Hauptstadt der Welt. Auch dort wurde ich wieder herzlich eingeladen. Ein älteres Ehepaar sprach mich in La Paz an und fragte, woher ich komme. Auf meine Antwort folgte eine Einladung, die nicht wohlwollender hätte sein können. Es war eine jüdische Familie. Aber so gut und schön diese Aufenthalte waren, so mußte ich doch immer bald wieder weiter, zumal ich ja noch viele Tausend Kilometer vor mir hatte. Hier muß ich noch erwähnen, daß man mir oft nach so lieben Einladungen beim Abschied jeden freien Zentimeter in meinen Taschen mit herrlichen frischen und auch haltbaren Lebensmitteln füllte. Vom Anfang meiner Reise an erfuhr ich immer wieder diese stille Fürsorge, für die ich unterwegs sehr dankbar war. Schade, daß diese Menschen, die sozusagen über Nacht für mich Freunde geworden waren, mich nicht in den Anden am Straßenrand sitzen sehen konnten, wie ich mit Staunen und Freude das Essen aus den Taschen herausholte und mit einem Glücksgefühl verzehrte. Nach diesen fetten Tagen kamen oft bald auch wieder die mageren.

Nach einigen Wochen erreichte ich die Grenze zu Argentinien; wo genau sie verlief, war unklar: kein Schlagbaum, kein Grenzposten. So gelangte ich ohne Visum, ohne irgendeinen Stempel ins Land. Ich fuhr einige Tage und kam an einem Nachmittag in die Stadt Tucuman, wo ich mir in einem kleinen Lebensmittelgeschäft etwas Verpflegung einkaufte. Im Laden stand ein etwas älterer Herr, vielleicht sechzig Jahre alt, der wohlwollend beobachtete, wie ich mir ziemlich lange alle Lebensmittel, die es da so gab, anschaute, aber am Ende nur etwas Brot, Zucker und Tee kaufte. Der Herr ging vor mir aus dem Laden und stand jetzt vor meinem Fahrrad. Als ich auf das Fahrrad zuging, trat er zur Seite. „Ich habe mir gedacht, daß das Fahrrad Ihnen gehört", sagte er auf deutsch. „Woher kommen Sie, wohin fahren Sie?", fragte Herr Schmidt, so hieß der Herr – übrigens einer der wenigen Namen, an die ich mich heute noch gut erinnern kann. Viele Notizen und Adressen, insbesondere von Begegnungen mit Menschen, auch großen Persönlichkeiten, sind leider auf der Fahrt verlorengegangen. Herr Schmidt lud mich ein, mit ihm nach Hause zu kommen und mit ihm zu Abend zu essen. Unterwegs erfuhr ich von ihm, daß er schon als 15jähriger Junge nach Argentinien kam, daß er schwer gearbeitet habe, auch auf den Fincas als Gaucho,[35] daß ein böser Fincabesitzer ihm einmal, als er Arbeit bei ihm suchte, die Hunde nachjagte. Herr Schmidt hat sich aber mit seinem starken Willen und seinen Fähigkeiten und auch mit Glück zum Hotelier hochgearbeitet und führt jetzt zwei Kur-Pensionen, eine im Norden von Argentinien, wo ich eben angekommen war, und eine im Süden, in Mar del Plata,[36] das mit seinem Spielcasino und berühmten Badestrand als Ferienort für die Hautevolée in Argentinien bekannt ist. In der warmen Zeit im Norden betrieb er seine Pension in Tucuman, wurde es aber kalt, dann leitete er das Hotel in Mar del Plata.

Vor dem Abendessen bereitete Frau Schmidt, die mich herzlich begrüßte, ein herrliches heißes Bad, während er, wie ich nachher beim Essen erfuhr, das Abendbrot richtete. Und das waren keine schnell belegten Brote. Das war ein volles, warmes Festessen. Es war einfach unglaublich. Es war deutsche Küche. Und das Eßzimmer war mit sehr schönen alten Möbeln eingerichtet. Herr Schmidt erklärte mir auch, woher manche der Stücke kamen, so auch eine schöne Wanduhr mit Glas und gedrechseltem Rahmen aus Mahagoni. Es fiel mir sehr schwer, aber ich mußte mich am nächsten Morgen auch

---
35 Berittener südamerikanischer Viehhirt.
36 Silbermeer.

von diesem Ort wieder losreißen, um meinen Zeitplan einigermaßen einzuhalten. Zum Abschied gab Herr Schmidt mir seine Visitenkarte von seinem Hotel in Mar del Plata. Ich steckte sie sorgfältig ein und verabschiedete mich von ihm und seiner Frau.

Meine Fahrt ging weiter in Richtung Süden. Als ich die Grenze von Argentinien nach Chile, 200 Kilometer nördlich von Santiago de Chile, überschritt, schob ich mein Fahrrad auf einem teilweise schneebedeckten Erdweg entlang, am Fuß des Aconcagua, der mit 6.958 Metern der höchste Berg Amerikas ist. Der Aconcagua wurde erstmals 1897 von dem Schweizer Bergführer Matthias Zurbriggen bestiegen. So nahe dem gewaltigsten Gebirgsmassiv Amerikas zu sein, war ein großes Erlebnis. In Chiles Hauptstadt Santiago fuhr ich zum kanadischen Konsulat und freute mich über drei Briefe, die auf mich warteten. Vor dem Haus hatte sich eine Traube von Menschen um das Fahrrad versammelt und wartete auf den dazugehörigen Radfahrer. Die auf den Taschen aufgenähten Ländernamen hatten die Passanten offensichtlich neugierig gemacht. Zufällig war auch ein Pressefotograf dabei, der einige Bilder machte und mich bat, ihm von meiner Radtour zu berichten. Journalisten begegnete ich nicht nur einmal auf meiner Radtour. Oft gaben sie mit unterschiedlicher Genauigkeit wieder, was ich ihnen erzählt hatte. Einer zum Beispiel konnte sich Alaska im März-April so wenig vorstellen, daß er schrieb, ich sei durch Alaska mit dem Fahrrad gefahren. Die Temperaturen lagen aber noch bei 20 bis 40 Grad unter dem Gefrierpunkt, gar nicht zu reden von Eis und Schnee auf den Straßen. Erst ab Vancouver bin ich mit dem Fahrrad gefahren.

Vor dem Konsulat sprach mich eine junge Frau, eine Sportlerin, an und lud mich in ihren Sportclub ein. Diese Einladung kam mir sehr gelegen, da es immer schwierig ist, in Städten im Schlafsack zu übernachten. Ohne diese Einladung wäre ich aus Santiago de Chile herausgefahren und hätte mir ein Nachtlager wie gewöhnlich im Freien gesucht. Im Club der jungen Sportlerin nahm man mich sehr gut auf, lud mich zu allen Mahlzeiten, zum Wohnen und ebenso zum Schwimmen ein. Sehr glücklich war ich über die Bekanntschaft mit einem Hobby-Fotografen, der mir meine Filme entwickelte und Abzüge machte. Ich durfte auch im Labor dabei sein und meine Wünsche äußern. Auch wurde ich noch sehr nett zu einer Übernachtung von dem Mann der Dame eingeladen, die mich in Panama am Flughafen angesprochen und Grüße an ihren Mann in Santiago de Chile mitgegeben hatte. Es war ein stattlicher Herr, ein Offizier, der mich am Abend zu einem herrlichen Essen in den Offiziersclub einlud, wo der Kellner für mich die 5. Sinfonie von Beethoven auflegte.

In Puerto Montt aufs Schiff

Nach drei Tagen ging die Fahrt weiter, Richtung Puerto Montt. In dieser Hafenstadt am Pazifischen Ozean hörte die Straße nach dem Süden Amerikas auf. Danach gab es nur noch Niemandsland bis Punta Arenas an der Magellanstraße, meinem nächsten Ziel. Die Gegend bis Puerto Montt war sehr einsam und kaum bewohnt. An der Ortseinfahrt stand ein Herr, der anscheinend auf jemanden wartete. Er fragte mich, ob ich von Alaska käme. Im Radio sei durchgegeben worden, daß ein junger Mann mit dem Fahrrad komme, der von Alaska nach Afrika unterwegs sei, um Albert Schweitzer in Lambarene zu helfen. Man solle mir Hilfestellung geben, wo nötig. Dieser schon ältere Herr, ein Jurist, nahm mich zu sich nach Hause, machte mir gleich einen heißen Tee und etwas zu essen. Mein Gastgeber kam nach vielem Erzählen auf meine Weiterreise zu sprechen. Er erklärte, daß hier kaum ausländische Handelsschiffe anlegten, sondern vorwiegend Schiffe, die für den chilenischen Staat fuhren. Das sah nicht gut aus für mich.

Aber jetzt wurde mein lieber Gastgeber aktiv. Er setzte alle Hebel in Bewegung und nutzte seine Beziehungen, um die Bürokratie zu bewegen, mich als Privatperson und auch als Nicht-Chilenen auf einem Schiff mit chilenischer Flagge mitzunehmen. Ich weiß nicht mehr, in wieviele Büros er mich mitnahm, damit ich mich dort vorstellen sollte. Auf alle Fälle war ich froh, daß ich allein schon für diese Musterungen vom Scheitel bis zur Sohle mein weißes Hemd, Krawatte, schwarze Hose, schwarze Schuhe, Socken und die Jacke in der Fahrradtasche mitgenommen hatte. Mit meinen kurzen Khaki-Hosen und T-Shirt wäre ich bei diesen Behörden glatt durchgefallen. Der Tag kam, an dem mein Jurist mich zum Unterschreiben mitnahm. Nun mußte ich eine ganze Reihe von Formularen ausfüllen und unterschreiben. Erst als ich auf dem Schiff war, konnte ich glauben, daß meine Reise wirklich weiterging.

Auf der „Fina", so hieß das Schiff, wies man mir einen Platz für das Fahrrad an, das natürlich festgebunden wurde, und ich konnte mir einen Platz auf dem Deck aussuchen. Ich war glücklich und genoß am späten Nachmittag noch etwas Sonnenschein. Aber dann kam Wind auf, und die ersten Wasserspritzer schwappten aufs Deck, wo ich im Schlafsack lag. Der Ingenieur, ein Deutsch-Chilene, band das Fahrrad los, brachte es unter Deck und nahm mich mit in seine Kajüte. Von diesem Tag an spielten wir jeden Tag Schach, das einzige Spiel, das ich spiele. Wir verstanden uns sehr gut, und ich habe von ihm viel über das Leben und die Politik in Chile erfahren. Wir fuhren vielleicht fünf Tage, da das Schiff einige Male an Inseln und am Festland anlegte.

Feuerland

Als das Schiff in Punta Arenas an der Straße von Magellan ankam, nahm der Ingenieur mich zum Übernachten mit zu einem ehemaligen deutschen Kapitän, der mit seiner Tochter nicht allzuweit weg wohnte. Dieser erzählte, daß er sein Schiff, die „Dresden", im Ersten Weltkrieg gegen Ende des Krieges noch durch alle Gefahren und Hindernisse nach Punta Arenas gebracht habe. Man konnte das Schiff noch im Hafen liegen sehen.

Der Kapitän Alberto Pagels und seine Tochter empfingen mich, als wäre es das Natürlichste von der Welt, daß ein Deutscher bei ihnen übernachtete. Wir aßen in einer urigen, ländlichen Küche. Es war gemütlich hier, mit dem bärtigen Kapitän auf der Ofenbank und der Tochter an seiner Seite, sofern sie sich nicht in der Küche zu schaffen machte. An der Magellanstraße angelangt zu sein war schön, aber ich wollte noch bis zur südlichsten Spitze von Südamerika gelangen, bis nach Feuerland. Es gab dorthin keine Straße. Aber ich hatte Glück. Ein Flugzeugpilot eines kleineren Flugzeugs nahm mich samt dem Fahrrad nach Ushuaia mit, das im Süden von Feuerland liegt. Aber schon unterwegs im Flugzeug meinte der Pilot, daß die Chancen, auf ein Schiff nach Afrika zu kommen, sehr gering seien, weil die Schiffe am Kap Hoorn selten anlegten, und es meist nur umfahren würden. Auf alle Fälle müsse ich Monate warten, bis mich vielleicht eines mitnehmen würde. Ich wurde daraufhin etwas unsicher und nahm das Angebot des Piloten, mich wieder nach Punta Arenas zurückzunehmen, gerne an. Mein Traum, Feuerland zu sehen, war erfüllt.

Von Punta Arenas ging es mit dem Rad weiter entlang der Straße von Magellan in Richtung der südlichsten Ostküste von Argentinien durch Feuerland, auf der Suche nach einem Schiff. Die andere Möglichkeit, die ich fest im Auge hatte, nämlich mit dem Fahrrad durch die Wüste von Patagonien nach Buenos Aires zu fahren, von wo aus Schiffe nach Afrika abgingen, konnte ich nicht mehr riskieren, da das Rad bereits zu kränkeln anfing und Ersatzteile weit und breit nicht zu finden waren. Im Hafen lag kein einziges Schiff. Jetzt wurde die Situation kritisch, denn auch Autos oder Lastwagen waren nirgends zu sehen. Doch abseits der Hafengegend gab es nach ein paar Kilometern noch eine etwas versteckt liegende Straße, in die ich einbog. Und was sehe ich nach vielleicht einem halben Kilometer? Ein großes, flaches, gelbes Backsteingebäude mit einer Veranda davor und einem Piloten, der gerade Kaffee trinkt. Links im Hintergrund wird ein Flugzeug zum Start vorbereitet. Ich frage ihn, wohin das Flugzeug fliege. „To Buenos Aires", sagt er. Und: „Where do you come from?"[37] Auf meine kurze Beschreibung hin, denn er hatte es offensichtlich eilig, antwortet er ebenso knapp, mit einem Fingerzeig auf mein Fahrrad: „Let's put it on."[38] Der Pilot, ein Amerikaner, will mich nach Buenos Aires mitnehmen, worauf ich einwende, daß es völlig genüge, mich in Bahia Blanca, dem nächsten Flughafen mit einer größeren Stadt, wo er, wie er sagte, zwischenlanden wird, abzusetzen. Dort könne ich das Rad in Ordnung bringen lassen. Daraufhin läßt er für mich ein Flugbillett nach Bahia Blanca ausstellen, das er mit Dennis R.Y. Harvey unterschreibt. Gleichzeitig verschwindet das Rad in der Ladeluke des Flugzeuges. Erleichtert steige ich ein. Dort empfängt mich eine sehr nette Stewardeß, die mir auch bald ein Essen serviert. Ich muß sehr hungrig und abgemagert ausge-

---

37 „Wo kommen Sie her?"
38 „Schnell aufgeben!"

sehen haben, denn es folgt gleich noch eine zweite Portion. Anschließend bietet sie Süßigkeiten an. Ich genieße diese wie kaum je zuvor. Nach einer ganzen Weile kommt sie noch einmal zurück, bleibt mit einem strahlenden und verschmitzten Lachen vor mir stehen und schüttet die ganze Schale in meinen Schoß, zwinkert mir zu und geht weiter ihrer Arbeit nach. In Bahia Blanca danke ich dem Piloten noch einmal für die „Rettung" und der Stewardeß für die gute Einschätzung eines hungrigen Passagiers. Sie lacht wieder.

Noch einmal Glück gehabt

Da es von Bahia Blanca nach Mar del Plata, wo mein lieber Freund und Hotelier von Tucuman wohnte, nur ungefähr 700 Kilometer waren, reparierte ich das Fahrrad noch einmal notdürftig und fuhr nach Mar del Plata. Bei meiner Ankunft fing es an zu regnen. Der Regen wurde immer heftiger, und es wurde dunkel. Ich wollte natürlich Herrn Schmidt besuchen, war aber nicht sicher, ob er schon in Mar del Plata sei oder noch in seinem Hotel im Norden des Landes. Durfte man um 10 Uhr abends noch stören? Schließlich faßte ich mir ein Herz und klingelte. Mein Freund von Tucuman erschien im Türrahmen und umarmte mich, obwohl ich klitschnaß war. Da hatte ich wirklich das Gefühl, nach Hause gekommen zu sein, wurde auch wieder sehr verwöhnt. Am nächsten Tag gingen wir als erstes zum Fahrradhändler, der das Rad auch wieder gut in Ordnung brachte. Mein Gastgeber übernahm die Kosten der Reparatur. Am übernächsten Tag zeigte er mir den wunderschönen Strand von Mar del Plata und ging mit mir ins Spielcasino. Ich sollte auch diese „Welt" einmal kennenlernen, meinte Herr Schmidt. In das Leben eines solchen Spielcasinos hineinzuschauen, ebenso wie zuvor in Las Vegas, war für mich interessant, aber nur für kurze Dauer. Am folgenden Tag nahm ich Abschied von meinem väterlichen Freund.

Mein nächstes Ziel war Buenos Aires. Ich hatte meine letzten fünfhundert Kilometer vor mir und war auch guter Dinge und voller Hoffnung, dort ein Schiff nach Afrika zu finden. Man konnte zügig fahren auf einer breiten, asphaltierten Straße. Am zweiten Tag brauste hinter mir ein lautes Fahrzeug heran. Ich wich instinktiv so weit nach rechts aus wie möglich, obwohl die Straße breit war und in diesem Augenblick auch ohne Gegenverkehr. Der Lastwagen, beladen mit Rundeisen, überholte mich. Von der Ladung hatte sich jedoch eine Stange verschoben und ragte von der Ladefläche einen Meter weit nach rechts auf die Fahrbahn, genau in Kopfhöhe in meine Fahrradspur. Wäre ich nicht so weit nach rechts gefahren, dann hätte meine Radtour hier ihr Ende gefunden. Ich setzte mich vor Schreck erst einmal hin, trank einen Schluck Tee und fand auch noch eine feine Stärkung in meiner Fahrradtasche, die mir Herr Schmidt mitgegeben hatte. Dann folgte die letzte Etappe meiner Amerikatour von insgesamt etwa 21.000 Kilometern in guten sieben Monaten.

Die Kapitäne im Hafen von Buenos Aires hatten nicht gerade auf mich gewartet. Es gab Schiffe, auf denen das Arbeiten von Nicht-Matrosen an Bord von den Gewerkschaften verboten war. Am zweiten Tag nach meiner Ankunft, bei erneuter Ausschau nach einem Schiff, überholte mich ein Auto im Schrittempo, und eine Stimme rief in Deutsch: „Wo kommen Sie denn her?" Ein älteres Ehepaar stieg aus und lud mich nach einigen Erkundigungen ein, bei ihm zu übernachten. Meine Gastgeber waren Juden und zur Hitler-Zeit ausgewandert. Es war rührend, wie herzlich sie mich aufnahmen. Die Ehefrau bereitete gleich ein gutes Abendbrot und fragte, ob ich gerne eine Schallplatte hören wolle. Auf meinen Wunsch legte ihr Mann das Adagio aus der 9. Sinfonie von Beethoven auf. Da kamen mir die Tränen. – Am nächsten Tag suchte ich weiter, aber ohne Erfolg. Aber am Abend überbrachte mir mein lieber Gastgeber eine unerwartete gute Nachricht, nämlich daß sein Sohn, ein Zahnarzt, meine Zähne nachsehen wolle. Er hatte einiges an meinen Zähnen auszubessern und entließ mich nach der Behandlung mit den besten Wünschen für meine Weiterreise.

Ich fand schließlich ein deutsches Schiff, auf dem ich als Hilfsmatrose mitfahren durfte. Angeheuert hatte mich ein ehemaliger Kapitän in der deutschen Schiffsagentur Wörmann. Eigentlich durfte er mich nicht mitnehmen, aber meine Radtour durch Amerika interessierte ihn sehr, und er verehrte Albert Schweitzer. Er sagte auch, daß die Schiffsagentur für irgendwelche Fehltritte meinerseits, wie z.B. das Verpassen des Schiffes nach dem Anlegen in einem Hafen, verantwortlich sei. Käme ich nicht rechtzeitig auf das Schiff, wie es mir beinahe in Rio de Janeiro passiert wäre, dann müsse die Reederei den Flug nach Deutschland, dem Sitz der Reederei, bezahlen. Der fremde Staat weise den Gestrandeten sofort aus und hole sich das Geld für den Flug bei der Reederei.

Das Frachtschiff, die „Cap Norte", war schon bereit zur Abfahrt, ich stand stolz und glücklich auf dem Deck, als meine Gastgeber noch mit dem Auto ankamen und mir ein herrliches Essenspaket brachten, das auch einige Tafeln Schokolade enthielt. Ich war überwältigt auch von dieser Geste. Lange noch stand ich auf dem Deck des Schiffes und staunte über meine Begegnungen in Buenos Aires. Das Ehepaar hat später meine Mutter in Freiburg besucht, als ich schon in Lambarene war.

Schreck auf dem Zuckerhut

Wir liefen Montevideo an und machten dort für einen Tag fest. Es war ein wunderschönes Gefühl, einmal kurz in das Leben dieser schönen Hafenstadt einzutauchen und ihren Badestrand zu genießen. Die Zeit lief ab, und wir stachen wieder in See. Ich gab mir Mühe, ein guter Hilfsmatrose zu sein, und kam auch sehr gut mit der ganzen Mannschaft aus. Wir putzten und wuschen den ganzen Tag, entfernten Rost, überstrichen schadhafte Stellen mit Farbe und gossen Teer in die Fugen der hölzernen Planken, wo der Teer herausgebröckelt war.

Der nächste Hafen war Porto Alegre. Hatte die „Cap Norte" in Buenos Aires hauptsächlich Rindfleisch geladen – Argentinien ist eines der größten und bedeutendsten Rindfleisch exportierenden Länder der Welt –, so luden wir jetzt Kaffee. Nach Porto Alegre legten wir in Santos an. Dort hat es mich „erwischt". Die Matrosen gingen alle in die Stadt, während ich die Schiffswand mit einer Bürste an einem drei bis vier Meter langen Stiel bei 40 Grad Hitze abwaschen mußte. Aber es war ein großartiges Gefühl, einmal auf einem Schiff neben und mit Seeleuten zusammen zu arbeiten und auch gleichzeitig etwas von ihnen zu lernen. Auch hebt es das Selbstgefühl, wenn man im Laufe der etwa fünf Wochen, die ich auf dem Schiff war, von der Matrosenmannschaft fast wie gleichwertig aufgenommen wird.

Wir liefen als letzten Hafen noch Rio de Janeiro an, und ich bekam zu meinem großen Erstaunen sechs Stunden Ausgang bis zum Abend. Mein erster Weg führte natürlich auf den Zuckerhut. Der Blick von dort oben auf die Stadt, auf den Badestrand, auf die vorgelagerten Inseln war zauberhaft. Ich konnte mich an diesem Panorama nicht satt sehen, mußte aber schon wieder an den Weg zurück zum Schiff denken. Doch als ich zum Aufzug kam, der mich wieder nach unten bringen sollte, standen dort schon unzählige Menschen, die ebenfalls warteten. Treppen gab es nicht, und es wurde auch schon langsam dunkel. Jetzt wurde ich nervös. Bei dem Schneckentempo, mit dem der Aufzug die Leute vor mir beförderte, war das Schiff nicht mehr rechtzeitig zu erreichen. Da faßte ich meinen ganzen Mut zusammen und bat mit lauter Stimme auf Spanisch, ob die Anstehenden mich, einen Matrosen eines deutschen Frachtschiffes, der nur ein paar Stunden Ausgang hatte und sich auf dem Zuckerhut vollständig in der Zeit vertan habe, in den nächsten Aufzug lassen würden. Die Brasilianer, die portugiesisch sprechen, verstehen im allgemeinen spanisch, und schon klatschten einige der Wartenden als Zusage, und bevor ich mich versah, tat sich vor mir eine schmale Lücke auf, durch die ich zum nächsten Lift kam, der mich schnell nach unten brachte. Beim Einsteigen in den Fahrstuhl dankte ich der Menge noch einmal mit lauter Stimme. Noch einmal Gelächter von Seiten der Wartenden und Zurufe wie: „Gute Reise", „Alles Gute."

Bis zum Schiff war es noch weit, aber ich lief streckenweise im Dauerlauf und erreichte die „Cap Norte" zur rechten Zeit. Nun ging die Fahrt weiter Richtung Deutschland. Nur in Las Palmas legte das Schiff noch einmal zum Bunkern an und lud Apfelsinen. Dort stand mir der Abschied von meinem kurzen Matrosenleben bevor. Nun, die Seemannswelt ist eine ganz andere Welt als die gewohnte bürgerliche, manchmal etwas rauher, aber keineswegs weniger herzlich.

Als wir Las Palmas erreichten, hängte mir der Koch das „Deutsche Bundesverdienstkreuz" aus Lebkuchen um den Hals. Er hatte sich am meisten für mein Fahrrad und die damit verbundene Amerikatour interessiert.

In Las Palmas wird die Besenkammer zum Gästezimmer

Der Kapitän bot mir hier auf den Kanarischen Inseln noch einmal an, mich bis nach Deutschland mitzunehmen, aber ich wollte keine Zeit verlieren und direkt mit einem anderen Schiff nach Dakar, Senegal, fahren. Ein sehr netter deutscher Konsulatsvertreter kam an Bord mit zwei Sekretärinnen und nahm sich meiner an, was meinen Paß und andere Formalitäten betraf. Ich hatte natürlich kein Visum für Spanien und durfte daher gar nicht an Land. Er nahm meinen Paß an sich und wollte die Angelegenheit mit den Behörden regeln. Seine nächste Frage war: „Wo schlafen Sie in Las Palmas?" – „In meinem Schlafsack." Er mußte lachen. Mein Konsulatsbeamter fragte seine beiden Sekretärinnen, die zusammen wohnten, ob sie mich bis zum nächsten Schiff nach Dakar – er sprach von etwa einer Woche – beherbergen könnten. Die beiden sehr jungen Mädchen wohnten selbst nur zur Untermiete bei einer schwedischen Familie. Als wir zu dritt dort ankamen, beteuerte die Schwedin mit großem Bedauern, daß sie kein weiteres freies Zimmer habe. Ich wendete ein, daß ich eigentlich nur ein kleines Plätzchen brauche, um meinen Schlafsack unterzubringen. Wir standen neben dem Besenraum. Die Schwedin öffnete die Tür und fragte lachend: „Hier?" Meine Antwort kam sofort und ohne Zögern: „Vielen Dank, ausgezeichnet." Im Handumdrehen war die Besenkammer ausgeräumt. Ich kehrte meine neue Behausung aus, wischte den Boden naß auf und zog ein. Wie oft hätte ich gern auf meiner Amerikatour, wenn es regnete und kalt war, in einer so schönen Kammer geschlafen. Die vorigen Bewohner, die Besen, hatte ich schnell vergessen.

Kaum war das Zimmerproblem gelöst, da mußte ich mich um ein Schiff nach Dakar kümmern. Als Hilfsmatrose zu arbeiten kam nicht mehr in Frage, wie die Paßstelle mich wissen ließ. Mein Paß werde einbehalten, bis ich eine Schiffskarte vorzeigen würde. Auf mein Telegramm nach Hause, daß ich ohne Schiffskarte nicht weiterkäme, wurde geantwortet: „Das nötige Geld kommt." Nun mußte ich geduldig warten. Am dritten Tag sagte mir die Schwedin, daß die Hauswirtin angerufen und gefragt habe, ob sie wisse, wer der junge Mann sei, der seit einigen Tagen im Haus ein- und ausgehe. Die Schwedin erteilte ihr alle Auskünfte, aber die Hausbesitzerin wollte mich doch sehen. Ich zog also wieder mein weißes Hemd, Krawatte, dunkle Hose und Jacke an und fuhr mit dem Fahrrad zu ihrer Wohnung, die in einem anderen Teil von Las Palmas lag; als sie die Tür öffnete, schaute sie für einen Augenblick kritisch und streng drein. Dann aber klärte sich das Gesicht auf, sie wurde sehr freundlich und ließ sich von meiner Reise erzählen. Als ich mich verabschiedete, wünschte sie mir noch alles Gute und ließ die Schwedin grüßen. Diese Schlacht war also auch geschlagen. Freude bereitete mir eine Einladung des Konsulatsvertreters zu Kaffee und Kuchen. Er lud auch die beiden Sekretärinnen ein, und ich mußte ihm noch ausführlicher von einigen Ländern in Mittel- und Südamerika, die ihn besonders interessierten, berichten. Und dann noch eine Überraschung: Er entwickelte meine Filme und machte mir Abzüge. Als Hobbyfotograf machte er das alles selbst in seinem Labor. Am folgenden Tag spielte ich mit einer der Sekretärinnen Tennis, ging schwimmen und wurde am Abend von der Schwedin zusammen mit den Sekretärinnen zum Tanzen eingeladen. Ein schöner Abschluß, denn am nächsten Morgen erhielt ich die Nachricht, daß mein Geld angekommen sei und daß das Fährschiff noch am selben Nachmittag abgehen werde.

Nach knapp zwei Tagen kam es in Dakar an. Auf dem Schiff lernte ich einen Mitreisenden kennen, der mich mitnahm zur katholischen Mission, die mich gerne beherbergte. Ursprünglich hatte ich vor, mit dem Fahrrad nach Lambarene weiterzufahren. Davon aber riet mir ein Missionar ebenso ab wie zwei Holzfäller, die ich auf dem Schiff kennengelernt hatte. Sie empfahlen mir, mit dem nächsten Schiff nach Port Gentil und von dort auf dem Ogowe nach Lambarene zu fahren. In Afrika könne ich mir unterwegs Krankheiten holen, die mich möglicherweise monatelang aufhielten. Auch seien die Straßen größtenteils ungepflastert, und nach einem Gewitter, während dessen sie sich augenblicklich in Schlamm verwandeln, könne man nicht fahren. Es dauere viele Stunden, bis die Straßen wieder in der Sonne etwas getrocknet seien. Dem Rat dieser Afrikakenner folgte ich und schaute mich nach einem Schiff um. Aber auch hier war es nicht möglich, als Hilfsmatrose anzuheuern, zumal es genug billige schwarze Arbeitskräfte gab. Ich mußte noch einmal nach Hause telegrafieren und Geld für eine Fahrt nach Port Gentil erbitten. Zum Glück beherbergte mich die Mission weiterhin. Ich half da und dort, wenn es etwas zu tun gab, war aber sonst frei. Kein Tag verging, an dem ich nicht eingeladen wurde. Eine Lehrerin nahm mich in ihren Club zum Tennisspielen mit und reichte mich gleich weiter an eine Arztfamilie, deren neunzehnjährige Tochter ebenfalls Tennis spielte. Wir spielten etwa gleich gut, was immer Spaß macht. Am nächsten Tag holte mich die Mutter mit ihrer Tochter und deren Freundin von der Missionsstation zum Baden ganz in der Nähe von Dakar ab. Wir hatten einen goldgelben Sandstrand vor uns, wie ich ihn noch kaum zuvor gesehen hatte, außer vielleicht in Acapulco, Mexiko.

Westlich dieses schönen Badestrandes liegt die geschichtsreiche Insel Gorée, die Sklaveninsel, die eine maßgebliche Rolle im Sklavenhandel der europäischen Kolonialmächte im 17. und 18. Jahrhundert gespielt hat. Von hier aus wurden die von Sklavenhändlern eingefangenen Eingeborenen nach Süd- und Nordamerika und auf die Karibischen Inseln verschifft und dort als Bergbau- und Landarbeiter verkauft. Erst gegen Ende des 18. Jahrhunderts wurde der Sklavenhandel von einzelnen Staaten verboten. 1787 wurde Freetown an der Westküste Afrikas von der britischen Gesellschaft gegen Sklaverei als erste Siedlung für Freigelassene gegründet. 1849 folgte Libreville, heute Hauptstadt von Gabun, als Siedlung für 46 Afrikaner, die von einem Sklavenschiff befreit worden waren.

Ich spielte noch einmal mit dieser bildhübschen blonden Französin aus Paris Tennis, war bei ihr zu Hause eingeladen, aber dann kam das Geld für die Schiffskarte, und meine Reise ging weiter. Gut, daß mein festes Ziel vor mir lag. Ich weiß nicht, ob ich sonst so schnell hätte Abschied nehmen können.

Kleider machen Leute

Mein Platz auf dem Schiff war nach diesen schönen Tagen etwas ernüchternd. Ich hatte nur das Geld für eine Schiffskarte für die 4. Klasse, die billigste, die es auf einem Schiff gibt. Da gab es keine Kabine; man war mit schwarzen Hafenarbeitern zusammen, die von Hafen zu Hafen Gelegenheitsarbeiten suchten oder auch schon einen Arbeitsvertrag in der Tasche hatten. Auch fuhr in dieser Klasse schwarzes Militär, von der französischen Regierung besoldet. 1958 waren noch die meisten westafrikanischen Länder französisches Kolonialgebiet. Erst auf dem Schiff merkte ich, daß im Fahrpreis keine Mahlzeiten eingeschlossen waren. Die Hafenarbeiter hatten ihr Essen mitgebracht und saßen gemütlich da und aßen, die Soldaten wurden von einer Küche neben dem Eß- und Aufenthaltsraum versorgt. Ich drückte mich etwas verlegen herum, doch da sah mich der Koch und winkte mich zu sich. Ihm war natürlich der einzige Weiße in der 4. Klasse aufgefallen. Er gab mir, nachdem die Soldaten ihre Essensrationen empfangen hatten, einen Schlag Gulaschsuppe, ein Stück Baguette und ein Glas Rotwein. Ich genoß dieses deftige Essen ebenso wie das gute Essen, das ich auf der Missionsstation bekommen hatte. Und die Gulaschsuppe war wirklich sehr gut.

Auf dem Passagierschiff gab es eigentlich nur drei Klassen. Eine vierte war für Afrikaner reserviert. Bei mir hatte man eine Ausnahme gemacht, bestimmt auch nur, weil ich in Lambarene arbeiten wollte. Albert Schweitzer war an der Westküste Afrikas auf den französischen Schiffen wohl der bekannteste Passagier, da er von Europa nach Lambarene und zurück immer mit dem Schiff gereist war, nie mit dem Flugzeug. Die Überfahrt auf dem Schiff nutzte er, um Briefe zu schreiben, seiner schriftstellerischen Arbeit nachzugehen und neue schöpferische Gedanken zu fassen.

Während der Fahrt erinnerte ich mich wehmütig an Reisen auf anderen Passagierschiffen, wo ich stolzer Passagier in der Touristenklasse war. So zog ich jetzt meine guten Sachen an und schlug mich bis zur ersten Klasse durch. Das Sprichwort: „Kleider machen Leute" hat sich auch hier bewährt, obwohl es natürlich Passagiere gab, die besser gekleidet waren als ich. Aber ich „kam durch" mit meinem bewährtem weißen Hemd, das ich in der Mission wieder gewaschen und gebügelt hatte, der Krawatte, schwarzen Hose, Jacke und schwarzen Schuhen. Ich spielte in der ersten Klasse Schach, las gemütlich Zeitschriften, spielte auch mal mit Kindern und unterhielt mich mit Passagieren. Aber ständig mußte ich aufpassen, nicht als blinder Passagier in der ersten Klasse erkannt zu werden. Schwierig wurde es immer, wenn Passagiere, mit denen ich ins Gespräch kam, mich nach meiner Kajütennummer fragten, damit man sich wieder treffen könne. „Am ehesten treffen Sie mich beim Tischtennis oder in der Bibliothek an; in der Kajüte bin ich nur selten", war gewöhnlich meine Antwort. Zuletzt hielt ich mich nur noch in der dritten Klasse auf. In der ersten Klasse war mir der Boden bald zu heiß geworden, da ich dort auch oft französischen Offizieren aus den französischen Kolonien begegnete, die mich etwas kritischer betrachteten als die übrigen Passagiere. Das wichtigste für mich war aber immer, daß ich jeden Tag von meinem lieben Koch, der mir weiterhin gut gesonnen war, einen Schlag Essen bekam. Und wenn noch ein Stück Baguette und ein Glas Rotwein dabei war, freute ich mich noch mehr. Ich hatte noch nie Rotwein für mich gekauft, aber hier auf dem Schiff und zum Essen schmeckte er herrlich.

Das Schiff legte noch in Abidjan, an der Elfenbeinküste, an. Von dort fuhren wir direkt nach Port Gentil. Wir waren noch nicht ganz in den Hafen eingelaufen, da ließ mich der Kapitän von der Kommandobrücke aus durch einen Matrosen fragen, ob ich nicht nach Lambarene wolle. Kurz darauf gab der Kapitän ein Sirenensignal und nahm mit Hilfe eines Sprachrohrs Kontakt mit einem Schleppboot auf, das auf den Ogowe zusteuerte. Er fragte an, ob das Boot mich nach Lambarene mitnehmen würde. Die Antwort war: „Ja, sofort." Das Boot änderte seinen Kurs und steuerte auf die Schiffsseite zu. Der Kapitän ließ die Treppe an der Steuerbordseite herunter. Mit meinem Fahrrad kam ich mir vor wie ein Seiltänzer, da die Treppe sehr eng und meine Fahrradtaschen sehr ausladend waren und die Treppe durch das Gehen in starke Schwingungen geriet. Die Passagiere beugten sich regelrecht über die Brüstungen, um nichts von dieser außergewöhnlichen Aktion zu verpassen. Aber solche Improvisationen auf nahezu offenem Meer gehören einfach zu Afrika, wo ganz andere Gesetze gelten als in Europa. Am Ende der Leiter streckten sich mir – ich weiß nicht wie viele – schwarze Arme entgegen, die mein Fahrrad und mich auffingen. Vom Schiff oben ertönte noch ein kräftiger Beifall, und ich schickte dem Kapitän und der Schiffsmannschaft und besonders dem Koch ein Zeichen des Dankes zu. Hätte der Kapitän nicht so geistesgegenwärtig gehandelt, dann hätte ich eine Woche auf das nächste Boot warten müssen.

Der Kapitän des Flußbootes nahm mich gerne mit. Gibt es doch kaum einen Gabuner, der nicht schon einmal bei Albert Schweitzer war, sei es, daß er sich behandeln ließ oder daß er ein Familienmitglied ins Spital begleitet hat. Das Schleppboot

Gauchos, die Cowboys von Argentinien

Am Fuße des Aconcagua, 7013 m, Anden, höchster Berg Amerikas, Argentinien

Ankunft in Santiago de Chile, Hauptstadt von Chile, September 1958

Lajas-Wasserfälle, Chile

Auf dem Schiff „Fina" des chilenischen Staates in Richtung Punta Arenas an der Magellanstraße

Feuerland, Argentinien

Als Hilfsmatrose auf der „Cap Norte" von Buenos Aires nach Las Palmas, Kanarische Inseln. Fracht hier: Kaffee. Porto Alegre, Brasilien

Die Wartezeit in Dakar, Senegal, auf ein Schiff nach Port Gentil, Gabun, geht mit Tennisspielen und Schwimmen im Meer an der Westküste von Afrika schnell herum

schlug wieder den Ogowe-Kurs ein und ließ das Meer hinter sich. Jetzt engte der Urwald links und rechts des Flusses das Flußbett schon etwas ein. Man hörte Affen und Vögel schreien und kreischen. Es war dieselbe Stimmung, wie Dr. Schweitzer sie im zweiten Kapitel seines Buches „Zwischen Wasser und Urwald" eingefangen und bewahrt hat. Mit einbrechender Dunkelheit wurden die Schreie noch unheimlicher. Die Nacht war trotz aller Urwald-Romantik nicht schön, weil die Moskitos mich die ganze Zeit plagten. Ich hatte kein Moskitonetz, aber hätte auf dem Boot auch keines aufspannen können. Der Morgen war jedoch wieder erholsam, und ich konnte das Leben und Treiben in den vielen kleinen Dörfern entlang dem Ogowe beobachten. Die Männer bearbeiteten einen Stamm, der auf dem Boden lag, um daraus einen Einbaum zu machen, sie hackten Holz für die Kochstelle, sie flickten Fischernetze, sie machten aus Ölpalmblättern Blätterziegel, sie bauten eine neue Hütte. Die Frauen wuschen Wäsche am Fluß, kochten vor der Hütte das Essen, kümmerten sich um die Kinder, frisierten sich gegenseitig und arbeiteten in der Bananenplantage, die gewöhnlich vom Dorf etwas abgelegen war. Das großartigste Erlebnis auf dieser Fahrt auf dem Ogowe war für mich, daß ich dieselbe Stelle passierte, an der Albert Schweitzer 44 Jahre zuvor seinen bahnbrechenden Gedanken von der Ehrfurcht vor dem Leben konzipierte, als er bei Sonnenuntergang durch eine Herde Nilpferde hindurchfuhr.

II. Lambarene

Meine Ankunft

Kaum hatte ich am 27. Januar 1959 das Spitalgelände betreten – es war am späten Vormittag –, sah ich Albert Schweitzer mit einem kleinen Papierbündel unter dem Arm von der Pharmazie hinauf zu seinem Zimmer gehen. Als er mich sah, kam er auf mich zu, beäugte mein Fahrrad, das ihm mit seiner Ausrüstung offensichtlich gefiel und fragte mich, woher ich komme. „Aus Kanada" war meine Antwort – und daß ich ihm bei seiner Arbeit helfen wolle. Ich sei zwar kein Arzt, hätte aber in seinen Berichten gelesen, daß es im Spital viele praktische Arbeiten gebe. Außerdem wäre ich gern bei der Auslandskorrespondenz behilflich. Auf das letzte Angebot hin bemerkte er nur, daß das eine Sache für Frauen sei, während er meine Bereitwilligkeit, bei praktischen Arbeiten zu helfen, gern annahm. Er operierte nicht mehr; er war 84 Jahre alt und begann jetzt noch einmal zu bauen, und – wie ich den Eindruck hatte – gerne. Als er 1913 nach Lambarene kam, war er ständig zwischen zwei Pflichten, seiner ärztlichen Tätigkeit und der Notwendigkeit, seinen Kranken ein „Dach über dem Kopf" zu schaffen, hin- und hergerissen, was ihn oft bedrückte. Ich solle mich am nächsten Morgen nach dem Frühstück auf der Veranda vor seinem Zimmer zum „Appell" für die Arbeiter einstellen. Dann rief er die Haushälterin herbei und sagte ihr, sie solle mir ein Zimmer geben. Es war das letzte, das gerade noch frei war, und es war ein schönes Zimmer im Haus „Sans souci".

Später wurde mir bewußt, daß ich mehr als Glück gehabt hatte, von Albert Schweitzer so reibungslos und unkompliziert aufgenommen zu werden. Das europäische Personal mußte vor der Reise nach Lambarene einige Vorstellungsgespräche und Eignungsuntersuchungen im Heimatland durchlaufen, mußte einen Visumsantrag stellen und sich – ich weiß nicht wie vielen – Impfungen unterziehen. Und schließlich das Schwierigste: Es mußte ein Zimmer für den festangestellten Mitarbeiter gefunden werden. Ich war all diese Sorgen mit meiner Begrüßung los. Albert Schweitzer gab die nötigen Anweisungen, und ich konnte mich in meinem Zimmer einrichten. Es war ein Glücksgefühl, jetzt für jede Nacht und auf Dauer ein Dach über dem Kopf zu haben – besonders wenn es draußen regnete –, jeden Tag mit Albert Schweitzer an einem Tisch zu sitzen, für ihn und mit ihm arbeiten zu dürfen.

Ich hatte von Vancouver und von unterwegs aus nie nach Lambarene geschrieben, um meine Ankunft dort anzumelden, da ich ja nicht wußte, wann und ob ich überhaupt jemals ankommen würde, aber ich hatte das feste Gottvertrauen, daß ich dort nach meinen Sprachstudien und meinen praktischen Erfahrungen helfen könne. Meine Tante Helene Siehr sah das jedoch anders: Schon bevor ich in Vancouver losgefahren war, schrieb sie nach Lambarene, daß ich mit dem Fahrrad von Vancouver über Feuerland und Afrika zum Spital nach Lambarene unterwegs sei. Nun, sie hatte einen persönlichen Bezug zu Albert Schweitzer, denn Helene Breßlau, die spätere Frau von Albert Schweitzer, war eine Schulfreundin meiner Tante. Frau Siehr hatte in Straßburg gewohnt, bevor sie nach Freiburg kam. Aber an den Brief, der meine Ankunft in Lambarene ankündigen sollte, erinnerte man sich dort nach zehn Monaten nicht mehr, da doch dort täglich die Post säckeweise ankam.

Am folgenden Morgen ging Herr Schweitzer nach dem Appell – der immer der Arbeitseinteilung diente – mit mir und zwölf schwarzen Arbeitern zur Sandbank am Ogowe. Von einigen ließ er Sand für Beton an die Baustelle bringen, andere mußten das Gelände säubern und Wege ausbessern. Er wies mich in die Tätigkeit ein, ließ mich aber dann mit den Arbeitern allein und ging seiner Beschäftigung im Spital nach. Nach etwa zwei Stunden kam er wieder und beobachtete mich schon von weitem, um zu sehen, ob ich mit den Arbeitern zurechtkam und in angemessenem Ton und Verhalten mit ihnen umging. Er überflog deren Anzahl, um zu sehen, ob auch niemand weggelaufen war, und freute sich, daß sie noch alle da waren. Man merkte bald, daß von seiner Seite ein Gleichmaß von Liebe, Gerechtigkeit und Strenge die Voraussetzung für gutes gemeinsames Schaffen war. Auch im Spital hatte jeder seinen Beitrag nach seinen Kräften zu leisten, vom Chefarzt bis zum leistungsfähigen Patienten; und nur durch willigen Einsatz jedes Einzelnen konnte der Spitalbetrieb funktionieren.

Herr Schweitzer vertraute mir seine Schutzbefohlenen, soweit sie einsetzbar waren, immer mehr an. Ich merkte schnell, daß er seine Leute nicht aus den Händen gab, ohne sich vorher vergewissert zu haben, daß sie in seinem Sinn angeleitet und geführt wurden. Selbst für die kleinsten Verrichtungen fühlte er sich verantwortlich, und er trug oft schwer an diesem Auftrag. Er schob nichts von sich, um es sich leichter zu machen, und verlangte nichts von anderen, was er nicht schon oft zuvor selbst geleistet hatte. Ich kam einmal zufällig hinzu, wie er mit drei schwarzen Helfern die Möglichkeit für den Bau eines Abwasserkanals für die Toiletten der weißen Mitarbeiter des Spitals prüfte. Meiner Bitte, mir die Arbeit zu überlassen, entsprach er gern. Er gab uns allen ein hervorragendes Beispiel, sich für nichts zu gut zu dünken, und das hat auf mich einen tiefen Eindruck gemacht.

Die Einheimischen, Gesunde und Kranke, sahen in ihm ein Vorbild und einen Menschen der Tat, einen, der sich für sie bis zu seinem letzten Atemzug einsetzte. Sie nannten ihn nicht Chef, sondern „notre père" oder „le grand docteur". Wer von Europa kam und noch nie gelernt hatte zu sparen, der konnte das von ihm lernen. Selbst aus einem leeren Briefumschlag wurden noch Notizzettel geschnitten. Wir lernten schnell von ihm. Geschenkpapier von Geburtstagen wurde mehrere Male benutzt, bis es schließlich auseinanderfiel. Albert Schweitzer sparte bei den kleinsten Ausgaben, soweit es möglich war. So ließ er auch krumme und oft rostige Nägel wieder gerade schlagen. Einmal stand ich in der grellen Hitze auf der Leiter und schlug einen Nagel krumm. Herr Schweitzer, am Fuß der Leiter, hatte es gesehen und warf mir einen vorwurfsvollen Blick zu. Der Urwald und die harten Jahre der Not haben jeden, der dort wirkte, zum Sparen erzogen. Und auch mit Geld konnte man im Kolonialwarengeschäft auf der anderen Seite des Ogowe nicht alles kaufen. So schickte mir Dr. Schweitzer einmal ein Telegramm nach Libreville, 240 Kilometer entfernt, wo ich gerade unter anderem Zement einkaufte, ich solle bitte noch Eisenteile für die Türen der neuen Garage mitbringen.

Etwa vier Monate nach meiner Ankunft in Lambarene fragte mich Herr Schweitzer auf dem Bauplatz, wie lange ich wohl bleiben würde. Meine Antwort: 'so lange er mich brauche'. Er schien mit dieser Auskunft zufrieden zu sein und sagte mir, daß er für einige Monate nach Europa fahren werde und daß das die letzte Reise sein werde. Wie immer fuhr er mit dem Schiff.

Der Bananeneinkauf

Bald danach bekam ich den Auftrag, den Bananen-Einkauf für das Spital zu übernehmen. Es handelt sich hier nicht um Bananen, wie wir sie in Europa kennen, sondern um Kochbananen, die wesentlich größer sind und bevorzugt mit Fisch oder Krokodilfleisch gegessen werden. Die Kochbanane schmeckt anders als die süße Banane und ist ungekocht nicht genießbar. Sie bildete zu jener Zeit die Grundnahrung für die Eingeborenen. Das Spital hatte einen wöchentlichen Bedarf von vier bis sechs Tonnen für das Eingeborenen-Personal, die Kranken und deren Begleitpersonen. Da ein großer Teil der Kranken nicht allein zur Behandlung kommen konnte, sondern aus weit entfernten Dörfern meist mit dem Einbaum auf dem Ogowe von Familienangehörigen gebracht wurde, konnten diese Kranken auch nicht mit Lebensmitteln aus ihrem Dorf versorgt werden. Daher mußten die Patienten nicht nur medizinisch betreut, sondern auch ernährt werden. Aber als Gegenleistung für die tägliche Essensration arbeiteten die Begleitpersonen und arbeitsfähigen Leichtkranken oder Gesunden für das Spital. Diese Kräfte waren für Doktor Schweitzer unentbehrlich.

Nun war die regelmäßige Beschaffung einer solchen Menge von Bananen sehr schwierig. Wir besaßen kein Transportmittel und waren daher mit einem gabunischen Lastwagenbesitzer, der in der Nähe in einem kleinen Dorf wohnte, übereingekommen, jede Woche zusammen mit einer unserer weißen Mitarbeiterinnen oder einem der Mitarbeiter in den umliegenden Dörfern Bananen zu kaufen und sie ins Spital zu befördern. Es passierte aber immer wieder, daß die Bananen weder zeitlich noch der Menge nach richtig geliefert wurden. Entweder hatten die Dörfer entlang einer Strecke von 20 Kilometern und mehr die Bananen nicht rechtzeitig geschnitten, oder Elefanten hatten die Plantage verwüstet, oder die Dorfbewohner hatten die Bananen zu einem höheren Preis einem anderen Händler schon verkauft, bevor der Lastwagen eintraf. Es kam auch nicht selten vor, daß der Lastwagen die Bananen gar nicht abholen konnte, weil etwas am Fahrzeug kaputt war und der Besitzer erst Ersatzteile in Libreville besorgen mußte. Das Spital hatte jedoch für solche Notfälle fast immer Reis in Reserve, aber die Abhängigkeit von unzuverlässigen Lieferanten war auf die Dauer untragbar.

Ich suchte also nach einer Lösung. Wir hatten, wie gesagt, kein Auto, um in die Dörfer zu fahren und neue zuverlässige Abmachungen mit den Dorfbewohnern zu treffen. So holte ich mein treues Fahrrad, das mich von Kanada bis nach Lambarene begleitet hatte, wieder aus dem Schuppen, fuhr die Dörfer mit dem Fahrrad ab, sprach mit dem jeweiligen Chef des Dorfes und den Bewohnern und zuletzt auch noch mit dem Lastwagenbesitzer. Die Gespräche mit den Dorfbewohnern verliefen zufriedenstellend, nicht jedoch mit dem Lastwagenbesitzer. Er zeigte kein großes Interesse für unsere Bananenfahrten, weil er anscheinend mit anderen Fahrten bessere Geschäfte machte. Aber kurz darauf wurde das Transportproblem zu unserer großen Freude gelöst: Dr. Schweitzer bekam von der Firma Daimler-Benz einen Fünftonner-Mercedes-Lastwagen mit Vierradantrieb geschenkt.

Der neue Daimler-Benz-Lastwagen

Jetzt konnte ich eine feste Route planen und den jeweiligen Dörfern einen bestimmten Tag nennen, um die Bananen abzuholen. Die Einkaufsfahrt wurde um 9.00 Uhr morgens vorbereitet. Meine beiden „Boy-Chauffeure"[39] Banza und Bakua – die Lastwagen-Begleiter – mußten beim Wiegen und Aufladen helfen, während ich das Laden kontrollierte und bezahlte. Rasch entdeckten die Eingeborenen den Lastwagen als ein ideales und billiges Transportmittel, um in ihre Dörfer zurückzukehren oder um ihre Familie wiederzusehen und vielleicht Bananen aus ihrer eigenen Plantage zu holen, oder um ein Huhn als Geschenk, beziehungsweise für ein eigenes gutes Essen mitzubringen oder schließlich auch, um Geld zu besorgen. Die geheilten Kranken nahm ich meistens mit, sofern die Fahrt auf den oft schlechten Straßen nicht zu strapaziös war, aber den „Ausflüglern" mußte ich die Rückfahrt abschlagen, denn oft waren außer den Bananen neue Kranke aus den Dörfern entlang der Straße mitzunehmen.

---

39 Ein Boy-Chauffeur ist ein Begleiter des Fahrers, der in Notfällen im Dschungel aus dem nächsten Dorf, vielleicht viele Kilometer entfernt, Hilfe herbeiholt, und der bei Pannen wie Radwechsel Hand anlegt. Der Fahrer selbst verläßt sein Fahrzeug nicht.

Beim Transport von Personen gab es immer einen doppelten Konflikt: Zum einen wegen der Verantwortung für die Passagiere im Fall eines Verkehrsunfalls, der nicht ausgeschlossen werden konnte, zumal die offene Ladefläche mit nur niedrigen Seitenwänden den Passagieren keinerlei Schutz bot, und zum anderen machte ich mir Feinde unter einigen der gabunischen Busfahrer, die die gleiche Strecke fuhren und meine Passagiere gern befördert hätten. Aber trotz meiner wiederholten Erklärungen, daß ich nicht alle mitnehmen könne, geschah es häufig, daß selbst Kranke, die kaum laufen konnten, in der Zeit, in der ich ins Führerhaus stieg und losfuhr, doch noch irgendwie auf den Lastwagen kletterten und beim nächsten Anhalten, wenn sie entdeckt wurden, nicht mehr zum Heruntersteigen zu bewegen waren. Es passierte sogar, daß während der Fahrt auf der offenen Ladefläche Palmwein getrunken wurde und auch einmal ein handgreiflicher Streit entstand. In solchen Situationen stießen meine Nerven an die Grenze ihrer Belastbarkeit. Aber Gott sei Dank verliefen die meisten Fahrten ruhig, und viele Passagiere waren auch dankbar, wenn sie mit dem Lastwagen mitgenommen wurden, denn die wenigsten hatten das Geld für eine Fahrt mit dem Bus.

Bei der Ankunft in den Dörfern saßen die Frauen mit ihren Bananen und auch Maniok schon an der Straße und warteten auf uns. Der Verkauf war Sache der Frauen. Die Männer roden den Urwald und legen die Plantage an. Die Frauen aber verrichten die regelmäßige Arbeit in der Pflanzung und verkaufen auch die Ernte. Wenn der Boden ausgelaugt ist und nichts mehr hergibt, wird wieder Urwald gerodet und eine neue Plantage angelegt.

Die Bananen werden an einer Vorrichtung gewogen, die aus zwei in die Erde gerammten Gabelstöcken mit einem Querstock besteht. An dem Querstock hängt die Waage, an der die Bananen zum Wiegen aufgehängt werden. Den Preis bezahlte ich den Dorfbewohnern immer auf die Hand. Oft mußten wir noch Kranke auf der Rückfahrt mitnehmen. Sie mußten dann auf den Bananenstauden noch irgendwie Platz finden. Von Sicherheit war hier keine Rede mehr, und ich habe so manche Ängste deswegen ausgestanden.

Auch mit anderen Überraschungen war zu rechnen. Einmal kamen mir auf der Hinfahrt die Bewohner eines Dorfes mit erhobenen Armen und sehr aufgeregt entgegen und baten mich, eine schwangere Frau auf dem Rückweg mitzunehmen. Das war gerade das, was ich schon immer befürchtete: unterwegs, und überhaupt in die Lage zu kommen, eine Entbindung durchzuführen oder bei einer Entbindung beistehen zu müssen. Dafür bin ich nicht geschaffen. Während der Weiterfahrt beschäftigte mich dementsprechend die Frage, was zu tun wäre, wenn die Frau ihr Kind in der Lastwagenkabine bekommen sollte, zumal ich für eine solche Situation keine medizinischen Kenntnisse hatte. Dazu kommt, daß ich kein Blut sehen kann. Aber als ich auf dem Rückweg an das Dorf heranfuhr, kamen mir die Bewohner wieder mit erhobenen Armen entgegen und riefen von weitem: „Ça allait bien."[40] Ich atmete auf.

Wenn der Lastwagen am Nachmittag im Spital ankam, wurde die Ladung in einen Vorratsraum gebracht, wobei oft Kranke und Gesunde, die gerade nichts zu tun hatten, mithalfen. Vom Vorratsraum aus wurden täglich die Rationen für die Spitalangestellten, die Kranken und deren Begleiter ausgeteilt.

Große Dienste leistete uns der Lastwagen auch für den Transport der Fässer mit Dieselöl, Benzin und Kerosin für die vielen Lampen in den Zimmern, den Arbeitsräumen und im Eßsaal. Elektrisches Licht, das mit einem Motor erzeugt wurde, gab es nur im Operationssaal. Weiterhin mußte Sand vom Ufer des Ogowe, mußten Steine aus einem in der Nähe gelegenen Steinbruch und Zement aus Libreville herbeigeschafft werden. Auch war es erforderlich, ständig Brennholz für die Küche und für das Abkochen von aufgefangenem Regenwasser für Trinkwasser in unser Krankendorf zu transportieren.

Wenn ich das Wort „Zement" erwähne, muß ich wieder an meinen ersten Zement-Einkauf in Libreville denken. Libreville liegt am Meer, und als ich zum Verkaufslager kam, lagerten riesige Mengen von Zementsäcken direkt am Kai unter freiem Himmel ohne jegliche Überdachung. Sprachlos vor diesem Zementberg, fragte ich mich: „Was wird aus diesem Zement, wenn es regnet?" Zwar geschieht dies in der Trockenzeit von Mai bis September nach landläufiger Auffassung nie, aber daß man sich so fest auf diese Regel verließ, war mir unbegreiflich, zumal es schon Mitte August war, als ich nach Libreville kam. Man muß einmal Regengüsse im Urwald erlebt haben, um meine Bedenken zu verstehen. In den folgenden Jahren habe ich natürlich das Phänomen dieser strengen Abgrenzung zwischen Regenzeit und Trockenzeit aufmerksam verfolgt und kam wirklich zu dem Schluß, daß die Regel stimmt.

Mein „Boy-Chauffeur" staunte beim Zementkauf über ein für ihn noch viel wichtigeres Phänomen. Als er das Meer erblickte, das er noch nie zuvor gesehen hatte, stand er staunend davor und sagte nach einer Weile, indem er mit ausgestrecktem Arm und Zeigefinger auf den Horizont zeigte: „Il y a encore des hommes là-bas derrière l'eau?"[41] Für ihn hörte die Welt hinter dem vielen Wasser, dem Horizont, auf.

Einen sehr weisen Ausspruch machte einmal mein lieber Banza, ein tüchtiger und zeitweise auch fröhlicher Arbeiter vom Lepradorf. Nachdem ich ihn verschiedene Male an eine wichtige Sache erinnern mußte, sagte ich schließlich ungehalten: „Mais Dieu t'a

---

40 „Alles ist gut gegangen."
41 „Gibt es noch Menschen dort hinter dem Wasser?"

donné la tête pour penser",[42] worauf er mir treuherzig antwortete: „Mais il a donné la tête aussi pour oublier."[43]

Ein unschöner Vorfall

Mit meinen Arbeitern kam ich gut aus, bis ich eines Tages am Abend die Essensration ausgeben mußte. Unter den Empfängern war auch ein Arbeiter, den ich noch nicht kannte und der aus einem entfernten Dorf zu uns gekommen war. Die Ration bestand aus Bananen, die von zwei Arbeitern auf dem Hof in Portionen von etwa fünf Bananen auf dem Boden ausgelegt wurden. Nun weiß jeder, daß Bananen nicht alle gleich groß sind und daß man sich mühen muß, sie gleichmäßig zu verteilen. Ich rief die Namen der Empfänger in alphabetischer Reihenfolge auf, und die Ausgabe der Ration lief auch gut an, bis die Reihe an den „Neuen" kam. „C'est trop petit",[44] sagt er und beginnt, mit mir über die angeblich zu kleine Ration zu diskutieren. Ich biete ihm an, am nächsten Tag die Bananen zu verteilen, mit der Bemerkung, daß er vielleicht mehr Glück hätte, wenn er selbst verteilte, aber er dürfe nicht vergessen, daß es wieder nach dem Alphabet und nicht nach Wunsch gehe. Darauf wird er zornig und spuckt mir vor die Füße. Das ist mir noch nie passiert. Daß sich dieses Schauspiel im Hof neben der Veranda von Dr. Schweitzers Zimmer abspielte, dort, wo auch immer weißes und schwarzes Personal anwesend ist, machte die Situation besonders unangenehm und schwierig. Zwei weiße Mitarbeiter, die zugegen sind, raten mir nachzugeben. Das kann ich aber nicht, denn dann hätte ich meine Autorität bei den Schwarzen für immer verloren und nach Hause fahren können. Jetzt holt der Mann ein Messer aus seiner Tasche und richtet es herausfordernd auf mich. Darauf greife ich nach meinem Taschenmesser in der Hosentasche und zeige ihm, daß ich bereit bin, seine Herausforderung anzunehmen, füge aber hinzu: nicht hier im Spital, sondern im Dschungel, wo wir allein sein werden. Jetzt zögert er. Er wird unsicher. Dann dreht er sich um und geht mit hastigen Schritten durch den Kreis der Arbeiter und der Umherstehenden, verläßt das Spital und wird nie wieder gesehen. Das war das einzige unangenehme Erlebnis, das ich je mit einem Arbeiter hatte.

Albert Schweitzer besucht meine Mutter

Während Albert Schweitzer in Europa war, erhielt ich eines Tages einen Brief von meiner Mutter, in dem sie schrieb, daß er sie besucht habe. Sie war völlig überrascht gewesen, als sie auf ein Klingelzeichen hin die Tür geöffnet hatte und Herr Schweitzer vor

---

42 „Aber der Herrgott hat dir doch einen Kopf zum Denken gegeben."
43 „Aber er hat den Kopf auch zum Vergessen gegeben."
44 „Das ist zu wenig."

ihr stand, von dem sie natürlich glaubte, daß er in Afrika sei. Das Telegramm, das er vorausgeschickt hatte, lag friedlich im Briefkasten ohne irgendeinen Hinweis von der Post. Er fragte auch nach meiner Tante Helene Siehr, der früheren Schulfreundin seiner Frau aus Straßburg, die damals Albert Schweitzer meine Ankunft angekündigt hatte. Als er von meiner Mutter hörte, daß Frau Siehr im Krankenhaus liege, fuhr er kurzerhand dort hin und besuchte sie. Die Freude über diesen unerwarteten Besuch war groß. Meine Tante schrieb mir später, daß – kurz nachdem der Besucher das Krankenzimmer verlassen hatte – eine Schwester ganz aufgeregt in das Zimmer der Patientin gekommen sei und gesagt habe, daß eben ein Mann aus dem Zimmer herausgekommen sei, der genauso ausgesehen habe wie Albert Schweitzer... „Er war es!", erwiderte sie ihr.

Die Geburtstagsrede

Ende des Jahres 1959 kehrte der Urwalddoktor aus Europa zurück. Er sah es nie wieder. Eine große Erleichterung war für ihn, daß wir jetzt den Lastwagen hatten und die große Sorge um den Bananentransport mit fremden Fahrzeugen entfiel. Welche Aufmerksamkeit und Wertschätzung er dem neuen Fahrzeug entgegenbrachte, zitiere ich aus einer Geburtstagsrede, die im 22. Rundbrief des deutschen Freundeskreises 1963 abgedruckt ist. Richard Kik, der damalige Herausgeber der Rundbriefe, schrieb einleitend:

„Die traditionellen Tischreden, die er (Albert Schweitzer) für jedes Geburtstagskind hält, sind voller Frische und Humor, aber auch voller Dankbarkeit für geleistete Mitarbeit. Wir haben einige Geburtstage miterlebt, an denen an den Morgen vor den Türen der Geburtstagskinder das Lied: ‚Harre meine Seele' gesungen wird, und am Mittag hält der Doktor die Dankrede an den Jubilar. Eine solche ist uns besonders in Erinnerung geblieben. Siegfried, dessen Mutter in Freiburg lebt, konnte schon seinen 4. Geburtstag im Spital feiern. Der Doktor hielt folgende Ansprache, die aber nur aus dem Gedächtnis wiedergegeben werden kann: ‚Wenn ich heute, lieber Siegfried, zu deinem Jahrestag gebührend danken sollte, müßte ich auf Stelzen steigen und dir in geschraubten, hochtönenden Worten über deine Verdienste an dem Spital reden. Ich weiß, du hättest das nicht gern, ebensowenig wie ich es liebe, also steig ich von den Stelzen und sag dir in schlichten Worten tausend Dank für alles, was du für das Spital leistest. Du machst alles richtig, wie es dem Geist des Spitals entspricht. Du fragst mich, wie ich es haben will, und machst es dann nach meinem Willen, dafür danke ich dir besonders.

Heute morgen ging ich an deinem Lastwagen vorbei, und er bat mich, auch von ihm dir zu danken, daß du ihn immer so gut mit Öl versorgst und so gut pflegst, weil er sich in deiner Hut trotz vieler weiter Fahrten wohlfühlt. Das soll ich dir von ihm sagen, und nun stoßen wir alle auf dein Wohl an!'"

Die Termiten

Eine neue Erfahrung machte ich mit meinem ersten Einkauf von Bauholz. Auf dem Rückweg von Libreville nach Lambarene fiel mir auf, wie ein Lastwagen mit schönem Bauholz aus einer Waldstraße herausfuhr. Nun, Herr Schweitzer benötigte dringend Balken und Bretter für neue Bauten. Die letzten Jahre leitete er noch eine richtige Bauphase ein, weil immer mehr Kranke kamen und auch viel mehr Besucher als zuvor. Ich hatte keine Ladung, bog deshalb in die Waldstraße ein und gelangte zu einer Sägerei. Deren Leiter war sehr nett, ging auf meine Wünsche ein und ließ den Lastwagen mit Balken beladen.

Bei meiner Ankunft spät abends in Lambarene saß der Doktor noch an seinem Schreibtisch und schrieb. Einen Auftrag, Bauholz zu kaufen, hatte ich nicht, wußte nur, daß er sehr genau mit seinen Anweisungen war und auch darauf sah, daß sie befolgt wurden. Aber ich kannte die Maße, die verwendet wurden, weil ich an „freien" Tagen, an denen ich nicht mit dem Lastwagen unterwegs war, auch auf dem Bauplatz arbeitete, oft mit ihm zusammen. Doktor Schweitzer ging sofort mit mir zum Lastwagen, um das Holz zu begutachten. Er hielt die Petroleumlaterne dicht an das Holz, um die Qualität prüfen zu können, und schien offensichtlich sehr zufrieden zu sein. Aber das sagte er nicht gleich, sondern schaute mich erst einmal schelmisch an und sagte: „Und wer soll das bezahlen?" Am nächsten Morgen wurden die Balken in einem Schuppen im Lepradorf gelagert. Und da ruhten sie monatelang. Als sie schließlich für den Bau eines neuen Hauses benötigt wurden, stellten wir fest, daß zwei oder drei der Balken von Termiten befallen waren. Herr Schweitzer machte mir keine Vorwürfe, schlecht eingekauft zu haben, sondern erklärte fachmännisch: Wenn an dem Hartholz – z.B. Bilinga, das so hart ist, daß man nur mit Müh und Not einen Nagel einschlagen kann – an den Kanten nach dem Sägen noch etwas Rinde sei, fräßen sich die Termiten erst in die weiche Rinde ein und dann auch in den harten Teil des Holzes.

Meinem ersten Holzeinkauf folgten noch viele weitere, wobei ich mich aber seither immer neben die Ladefläche des Lastwagens stellte, um jeden Balken und jedes Brett vor dem Aufladen einzeln zu überprüfen. So ist mir kein Fehlgriff mehr passiert.

Außer vom Sägewerk bekamen wir auch gelegentlich Balken von den Eingeborenen, die die Balken noch von Hand nach alter Tradition sägten. Sie hoben einen Schacht im Boden aus, in dem ein Mann bequem stehen konnte. Über dem Boden errichteten sie ein Holzgerüst, auf dem ein zweiter stehen konnte. Der Teil eines Baumstammes, der zu Brettern oder Balken zersägt werden sollte, lag auf dem Schacht, und dann wurde mit einer Baumsäge von oben nach unten und zurück gesägt. Eine schwere Arbeit.

Wichtig war auch das Ausbessern der Straße auf dem Spitalterrain bis zur Hauptstraße, die zum Ort Lambarene auf der anderen Seite des Ogowe und nach Libreville führt. Nach der Regenzeit, die die Erdstraße immer wieder stark aufweicht, hinterließen die Räder der Fahrzeuge tiefe Furchen und Löcher. Diese mußten mit Schotter ausgebessert werden. Die Steine für den Schotter holten wir in Steinbrüchen etwa 10 Kilometer entfernt. Dort fanden wir auch Laterit, der die Form von Kies und eine schöne rötliche Farbe hat. Dieser Laterit wurde dann auf die mit Schotter reparierte Straßendecke gestreut und gab der Straße die nötige Festigkeit für die Fahrzeuge. Während der Regenzeit mied ich die 240 Kilometer lange Fahrt nach Libreville, weil die Räder nach starken und andauernden Regengüssen stellenweise bis zu 35 Zentimeter in der aufgeweichten Erde versanken. Dann war kein Weiterfahren mehr möglich, und man mußte viele Stunden warten, bis die Sonne die Straße wieder antrocknete und befahrbar machte.

Ein großes Ereignis war der Bau einer Brücke auf dem Spitalgebiet. Die alte Holzbrücke, die über einen Wasserlauf führte, der sich in den Ogowe ergoß, war baufällig geworden und drohte einzustürzen. Nach reiflichem Überlegen entschloß sich Albert Schweitzer, eine neue zu bauen, aber nicht aus Holz, sondern aus Beton. Er ließ sich fachmännisch gut beraten, die Bauleitung übernahm er selbst. Täglich ging er zum Bauplatz und blieb oft stundenlang dort. Wir mußten viele Steine, Sand, Zement und Laterit heranfahren. Der Brückenbau war für ihn ein großes Unternehmen, aber auch ein schöner Erfolg, der ihn sehr bewegte.

Praktizierte Ehrfurcht vor dem Leben

So wichtig ihm alle Bauarbeiten waren, so wenig vergaß er darüber die kleinen Lebewesen auf den Bauplätzen. So ließ er einmal aus einem tiefen, engen Loch, das für einen Pfahl ausgehoben worden war, einen Frosch, der hineingefallen war, mit Mühe und nicht geringem Zeitaufwand wieder herausholen. Die ganze Arbeit mußte ruhen, bis der Frosch gerettet war.

Einmal fuhren wir beide mit dem Lastwagen ins Lepradorf, um Baumaterial zu holen. Plötzlich sagte er: „Halt! Siehst du die Ameisenstraße?" Wir stiegen aus. Es waren große, dunkle „Kriegerameisen", die quer über unseren Weg zogen, ein ganzes Heer, das höchst diszipliniert eine vielleicht sieben Zentimeter breite Straße bildete. Doktor Schweitzer ließ aus dem Spital zwei dicke, lange Bretter holen, legte sie so, daß die Ameisen, vor den Rädern des Lastwagens geschützt, weiterziehen konnten. Erst nachdem ich glücklich über die notdürftige „Bretterbrücke" gefahren war, stieg er zufrieden wieder ein, und wir konnten weiterfahren.

Ich las viel von seinem Gesicht ab – Mein Alltag mit Albert Schweitzer

Oft bin ich wortlos mit Albert Schweitzer Seite an Seite einhergegangen. Viele meiner Fragen blieben unausgesprochen. Ich wollte ihn in seinen Gedanken nicht stören. Obwohl schon müde, machte er auf dem Weg von einer Baustelle zum Spital gelegentlich noch einen Abstecher zu einem anderen Arbeitsplatz, um sich zu vergewissern, dass die Arbeiten richtig und in seinem Sinn ausgeführt wurden. Denn er trug ja die volle Verantwortung für alles, was in seinem Spital geschah, und schob keine Mühe von sich, nur um es sich leichter zu machen. Er lehrte ohne viele Worte durch sein Vorbild, und er war sehr dankbar, wenn wir seine Wünsche, die Wünsche eines über Achtzigjährigen, die auf jahrzehntelanger Erfahrung gründeten, ohne Besserwissenwollen so ausführten, wie er es erwartete und verlangte. Ich versuchte immer alles so zu tun, manchmal wohl auch, ohne die Gründe ganz zu verstehen. Aber im nachhinein konnte ich schließlich doch feststellen, daß er recht hatte. Ich war dann im stillen beschämt, daß ich mir zuvor eingebildet hatte, es besser zu wissen, nur weil die jugendliche, selbstbewußte Stärke mit mir durchging.

In Lambarene war jeder Tag, jeder Arbeitstag an Albert Schweitzers Seite, ein Lernen, ja auch ein Lernen zu schweigen, nachzudenken und das Gedachte erst einmal still in sich aufzubewahren. Ich habe es immer wieder erlebt, wenn ich bei Gesprächen von Besuchern mit dem „Docteur" zugegen war, wie er von manchen mit Fragen überhäuft wurde, gelegentlich ohne Rücksicht auf das Alter und die Müdigkeit des Gastgebers nach einem langen Arbeitstag in tropischer Hitze. Da wäre es dann angebracht gewesen, einen Augenblick stillzuhalten, ihn, seine Augen, seine Gesichtszüge, seine Bewegungen zu beobachten, um zu sehen, wann der Bauherr der Heilstätte – und das war er wieder ganz besonders während der letzten sieben Jahre seines Lebens – bereit war, auf Fragen einzugehen.

Durch die Zusammenarbeit mit ihm las ich viel von seinem Gesicht ab, was er gar nicht erst auszusprechen brauchte. Er redete nicht viel bei der Arbeit, und wenn man sich das, was er einmal gesagt hatte, gut merkte, dann brauchte man nicht mehr viel nachzufragen. Man kannte seine Denkweise und Arbeitsmethode und durfte nach bestem Wissen in seinem Sinne frei handeln und arbeiten. Ich habe mich immer ungebunden in meiner Arbeit gefühlt und manche Entscheidung ohne seinen Beistand fällen müssen, ihn aber dann in Gedanken vor mir gesehen und mich im stillen erst einmal gefragt: Wie würde er diese Frage lösen oder jene Entscheidung treffen? Soweit ich mich entsinnen kann, habe ich in meinem Innern immer eine Antwort gefunden.

Gedenken an eine bedeutende Frau

Viele Besucher kamen nach Lambarene, solche mit Rang und Würden, Nobelpreisträger, Politiker in hohen Stellungen, Wissenschaftler, Ärzte, Musiker, Schriftsteller, Theologen, Philosophen, Menschen aus allen Berufen, auch solche, die zu Hause in ihrer freien Zeit ihre Kraft dem Werk von Albert Schweitzer oder einer anderen humanitären Einrichtung widmeten.

Ich möchte hier gern besonders eines Menschen gedenken, den ich in Lambarene kennengelernt habe und dem ich bis zu seinem Tod herzlich verbunden blieb. Es ist Frau Dr. Elsie Kühn-Leitz, Juristin, Enkelin von Ernst Leitz, dem Gründer der Leitz-Werke von optischen Gläsern und Geräten in Wetzlar.

Ich war noch nicht lange in Lambarene, da besuchte Frau Kühn-Leitz Albert Schweitzer. Zwischen beiden bestand schon eine langjährige Freundschaft und ebenso ein gemeinsames Interesse am Wohl und an der Zukunft Afrikas. Die bevorstehende Unabhängigkeit der damaligen Kolonien Kongo-Leopoldville (belgisch) und Kongo-Brazzaville (französisch) stand zu jener Zeit im Mittelpunkt der politischen Geschehnisse in Äquatorialafrika, und viele bangten um einen friedlichen Übergang zur Selbständigkeit. Doch während Elsie Kühn-Leitz in Lambarene von ihren friedenspolitischen Gedanken ganz erfüllt war, sah sie gleichzeitig die Not des täglichen Lebens um sich herum und zeigte die Bereitschaft und den Wunsch zu helfen, praktisch mitzuarbeiten, wo sie gebraucht wurde.

Für Besucher auf kurze Zeit war es nicht leicht, sich von einem Tag auf den anderen in den Spitalbetrieb hineinzufinden. Für die einfachen Arbeiten waren gewöhnlich genügend schwarze Hände da, während für speziellere Tätigkeiten meistens Vorkenntnisse und Erfahrung notwendig waren. Sie aber war nicht der Mensch, mit Geduld zu warten, bis etwas Passendes gefunden wäre. Ohne weitere Fragen holte sie sich kurzerhand die nächsten verschmutzten und schlecht angezogenen Kinder aus dem Spitalgelände in ihr Zimmer, darunter auch Kinder aus dem Lepradorf, wusch sie in ihrer eigenen Waschschüssel und kleidete sie in neue Kleider, die sie vorher in Lambarene-Stadt gekauft hatte. Dieser stille Beweis der Liebe zu den Menschen, dieser Mut, der schon an Leichtsinn grenzte, was das Waschen der Kinder aus dem Lepradorf betrifft, beeindruckte mich tief. Wir wurden Freunde.

Ich erinnere mich nicht mehr, wie viele Tage Frau Kühn-Leitz bei uns war, aber es kam der Tag des Abschieds, und Herr Schweitzer bat mich, sie zum Flugplatz zu bringen. Während der Fahrt auf dem Ogowe im Ruderboot mit sieben Ruderern fragte sie mich noch dies und jenes, und auch, was für Sport wir jungen Leute denn trieben. Meine Antwort war kurz: keinen. Warum? Nun, wenn wir Herrn Schweitzer fragten, so sagte er immer „Wenn ihr nicht genug Arbeit habt und noch mehr tun wollt, so gebe ich euch noch mehr." Das sagte er stets mit einem Zwinkern im Auge und einem schelmischen Schmunzeln. Nicht, daß er uns kein Vergnügen gegönnt hätte, aber sein Spital war für ihn eben ein Arbeitsfeld und kein Vergnügungspark oder Sportplatz. Auch stellten die Neulinge alle bald fest, daß die Kräfte und der Übermut zu sportlichen Taten in dem heiß-feuchten Klima ziemlich schnell nachließen, und die Frage nach sportlicher Betätigung erübrigte sich oft von selbst. Ich erzählte der Abreisenden natürlich, wie gern ich Tennis spielte, aber daß wir in Lambarene zuviel Arbeit hätten und an Tennis nicht zu denken sei.

Sie fragte auch nach unseren musikalischen Interessen und Möglichkeiten, Musik zu hören. Bald waren wir am Flughafen angekommen, und sie flog ihrem nächsten Ziel entgegen: Leopoldville, dem heutigen Kinshasa, der Hauptstadt von Kongo – vormals Zaire – wo sie sich mit Tschombé traf, dem damaligen Regierungschef der Provinz Katanga.

Etwa zwei Wochen danach kam ein Telegramm von ihr aus Johannesburg mit der Bitte, mich an einem bestimmten Tag am Flughafen von Lambarene einzufinden. Das Flugzeug landete, die Flugzeugtür ging auf, Elsie Kühn-Leitz erschien in der Tür, bepackt mit einem Tennisschläger, zwei Schachteln und einem schweren Köfferchen, das sich bald als ein Plattenspieler entpuppte. Sie überreichte mir den Tennisschläger, Tennisschuhe, Tennisbälle, den Plattenspieler und Schallplatten und ihre alte Leica, die aus den Leitz-Werken stammte und dank derer ich fast sieben Jahre lang Bilder als Dokumentation für das Spital machen konnte. Kaum hatten wir ein paar Worte gewechselt, da mußte die Maschine schon wieder zurück nach Libreville, von wo aus Frau Dr. Leitz mit dem nächsten Linienflugzeug nach Deutschland zurückflog. Sie hatte den Abstecher von Libreville nach Lambarene eigens gemacht, um diese Kostbarkeiten selbst zu überbringen und um sicher zu sein, daß sie ankommen. Ich freute mich natürlich unmäßig, daß ich nun Tennis spielen konnte, nicht auf dem Spitalterrain, sondern auf dem etwas in Verfall geratenen Tennisplatz des Air France Hotels in Lambarene-Stadt. Auch hatte Albert Schweitzer nichts dagegen, daß ich dort spielte, solange sein Spital nicht zum Sportfeld wurde.

Ja, und der Schallplattenspieler ermöglichte es mir, von jetzt an jeden Samstagabend ein kleines Abendkonzert für alle im Eßsaal zu geben. Die Platten waren nur der Anfang einer Sammlung von Platten, die bald durch weitere Geschenke aus Europa zusammenkamen. Und weil infolge der hohen Luftfeuchtigkeit alle empfindlichen Apparate rosten und auch bald nicht mehr funktionieren, schenkte uns Elsie Kühn-Leitz fast jedes Jahr einen neuen Apparat; denn Reparaturen, verbunden mit dem Zurückschicken des Apparates nach Europa, waren teurer als ein neues Gerät.

Unsere Gönnerin besuchte Albert Schweitzer noch zweimal und traf sich zugunsten ihrer Friedensziele auch mit dem Ministerpräsidenten des Kongo, Lumumba, und später auch mit Adoula und Mobutu. Bei diesen Reisen ging sie mit ihren Kräften stets bis zu ihren äußersten Grenzen und schonte ihre Gesundheit nicht. Während ihres letzten Besuches zog sie sich eine schwere Bilharziose zu, an der sie lange litt. Sie mußte sich im Tropeninstitut in Hamburg und anderen Kliniken behandeln lassen und brauchte lange zur Genesung. Und da bewunderte ich wieder ihre tapferen Briefe. Sie klagte nicht, sondern schrieb mir, wie sie durch Fasten die Entdeckung machte, daß sie gerade dann am besten denken könne, die klarsten und besten Eingebungen und Ideen habe.

Nach meiner Rückkehr nach Europa, nach dem Tod von Albert Schweitzer, trafen wir uns immer wieder. Ich war in Wetzlar wie zu Hause. Ich fuhr Frau Kühn-Leitz auf kulturellen und Geschäftsreisen durch Frankreich, Spanien, Schweden und Finnland und machte immer wieder Beobachtungen, die mich stark beeindruckten und die für mein Leben wertvoll wurden. Trotz ihres Wohlstandes konnte man von ihr das Sparen lernen, aber auch das Schenken. Sie lebte, um zu schenken, wollte dadurch Freude machen, Not lindern. Wir gingen an keinem Bettler vorbei, solange er vertrauenswürdig und nicht zudringlich war. Sie hatte ein gutes Auge für den wirklich bedürftigen, den bescheidenen, den vergessenen Menschen, den sonst niemand entdeckte.

Besucher und das Round-Table-Gespräch

Immer wieder hatte ich das Glück, bedeutenden Menschen zu begegnen, die mich oft allein durch ihr Verhalten, ihre Gesten und Aufmerksamkeiten beeindruckten. Durch den Umgang und gelegentliche kurze Gespräche mit ihnen lernte ich ständig und wuchs an ihnen: So wurde eines Abends im Eßsaal ein Round-Table-Gespräch geführt, an dem Linus Pauling, zweifacher Nobelpreisträger, teilnahm, ebenso Martin Niemöller, einer der sechs Präsidenten des Weltrats der Kirchen, und ferner der jüdische Religionsphilosoph Martin Buber. Ich war tief beeindruckt von der geistigen Kraft und Ausstrahlung dieser Männer. Während des Gesprächs flüsterte Frau Pauling mit halblauter Stimme ihrem Mann zu, daß sie sich schon einmal auf ihr Zimmer zurückziehe. Ich saß neben Frau Pauling, hatte das gehört und bot Herrn Pauling an, seine Frau auf ihr Zimmer zu begleiten. „Thank you so much, Siegfried, that's very kind of you, but I think I will accompany my wife myself."[45] Ja, er war ein echter Gentleman der alten Schule. Ich bin ihm 1990 während des zweitägigen Colloquiums zum 25. Todestag Albert Schweitzers in den United Nations in New York noch einmal

---

45 „Vielen Dank, Siegfried, das ist sehr lieb von dir, aber ich glaube, ich werde meine Frau selbst begleiten."

begegnet. Linus Pauling hielt in der Vortragsreihe „Arms Reduction and the Nuclear Threat"[46] den Vortrag: „We must work to end war."[47] Er war schon fast 90 Jahre alt.

Martin Niemöller kannte ich schon zuvor durch einen Brief, den er mir aufgrund der Rettung der 23-jährigen Jüdin aus der Seine während meines Studiums in Paris geschrieben hatte. Martin Buber hingegen habe ich nur flüchtig kennengelernt.

Abbé Pierre, französischer Friedensnobelpreisträger, der in Paris die Clochards von der Straße geholt und sie angeleitet hat, durch das Sammeln von Lumpen sich selbst zu helfen, besuchte Lambarene und hielt dort auch einen Gottesdienst im Lepradorf. Er hat die „Internationale Bewegung Emmaus" gegründet.

Vielen Besuchern für einen Tag oder nur für Stunden bin ich gar nicht oder nur flüchtig begegnet, weil ich gerade mit dem Lastwagen unterwegs war, manchmal tagelang, um in Libreville einzukaufen. Für diese Strecke benötigt man einen halben oder einen ganzen Tag, je nach Wetterlage.

Tausend Kilometer im Jeep zum Konzert

Eines Tages aber hatte ich einen Gast als Mitfahrer für eine längere Strecke. Gerade von einer Libreville-Fahrt zurückgekommen, mußte ich vom Lastwagen auf unseren Jeep umsteigen zu einer erinnerungswürdigen Fahrt in eine ganz andere Richtung, nämlich nach Süden, nach Brazzaville im französischen Kongo. Siegfried Behrend aus Berlin, bekannter Interpret klassischer italienischer Zupfinstrumental-Musik, eng befreundet mit Segovia, hatte Albert Schweitzer besucht und am Abend im Speisesaal noch ein wunderschönes Gitarrenkonzert mit Werken von Vivaldi, Telemann, Carulli und Giuliani gegeben. Nach dem Konzert rief Albert Schweitzer mich zu sich und teilte mir mit, daß das Flugzeug, das unseren Gast nach Brazzaville zum nächsten Konzert auf seiner Afrikatour bringen sollte, ausfalle. Ich schlug vor, Siegfried Behrend mit einem Sportflugzeug des französischen Flugzeugclubs von Lambarene-Stadt aus nach Brazzaville zu bringen.

Ich hatte ein Jahr zuvor in Libreville den Pilotenschein für einmotorige Flugzeuge erworben. Doch als wir mit unserem Jeep im Club ankamen, war keine Maschine verfügbar. Wir fuhren zusammen mit einem Boy-Chauffeur weiter zum nächsten Flugzeugclub etwa 100 Kilometer südlich von Lambarene. Aber auch dort konnten wir kein Flugzeug bekommen. Wir entschlossen uns kurzerhand, die annähernd 1000 Kilometer nach Brazzaville mit dem Auto zu fahren. Die Fahrt führte durch den Dschungel. Ich

---

46 Abrüstung und die nukleare Bedrohung
47 „Wir müssen daran arbeiten, den Krieg zu beenden."

kannte die Straße nicht. Sie war zum Teil gut, zum Teil schlecht. Warnschilder gab es keine. Wir mußten schnell fahren, hatten wenig Zeit. Es war bereits dunkel. Da sah ich plötzlich eine durch kein Geländer markierte schmale Holzbrücke. Die Auffahrt zu ihr stieg leicht an. Der Jeep machte einen kurzen Höhenflug, setzte aber mit allen vier Rädern wieder auf festem Boden auf. Wir hatten Glück gehabt. Bei einer Holzfällerei bekamen wir zu später Nachtzeit noch etwas Warmes zu essen. Siegfried Behrend bedankte sich mit einem kleinen Konzert auf seiner Gitarre für die Bewirtung, und wir konnten dort ein paar Stunden schlafen.

Am frühen Morgen erreichten wir eine gefällige Hügellandschaft, stießen auf Menschen und Hütten und konnten Benzin für die restliche Fahrt tanken. Kurze Zeit zuvor hatte ein angezweifelter Schiedsspruch in einem Fußballspiel zwischen Gabun und Kongo-Brazzaville zu blutigen Auseinandersetzungen verschiedener Stämme geführt. Wir kamen gerade noch in diese schwierige Zeit hinein. Kaum nämlich hatte ich das Benzin bezahlt, da sah und hörte ich, daß einige Männer, es waren Kongolesen, die dort herumstanden, einen Streit mit meinem Boy-Chauffeur anfingen und ihn aus dem Auto zerren wollten, obwohl er mit den Vorgängen des Fußballspiels nicht das geringste zu tun hatte. Ich erinnerte mich sofort an das unheilvolle Ereignis, machte einen Sprung in den Jeep, gab Gas und war zurück auf der Landstraße. Hätten sie den Jungen, der vom „feindlichen" Stamm war, in ihre Gewalt bekommen, ich hätte um sein Leben bangen müssen.

Die Freude beim Veranstalter des Konzerts war groß. Ein Telegramm, daß wir mit dem Jeep unterwegs seien, hatte ihn erst einige Stunden vor dem Konzertbeginn erreicht. Als er in seiner Vorrede verkündete, daß der Künstler nach dem Ausfall seines Flugzeugs in einer nächtlichen Fahrt im Jeep durch den Urwald von Lambarene nach Brazzaville gekommen sei und daß Albert Schweitzers „Privatchauffeur" ihn gefahren habe, gab es ebenso großen Applaus wie später nach dem Konzert – und der war lang.

Viele Gäste des Spitals lernte ich auf meinen Bananenfahrten ein wenig kennen. Wenn sie sich für Land und Leute im Umkreis von Lambarene interessierten, meldeten sie sich für eine Bananenfahrt an. Das war für sie eine der wenigen Möglichkeiten, zu sehen, wie die Eingeborenen lebten, wie sie in ihren Bananenplantagen oder auf ihren Maniokfeldern arbeiteten, wie sie den Urwald rodeten, um neue Plantagen anzulegen oder ein neues Dorf zu bauen. Allein in den Urwald zu gehen ist für Fremde nicht ratsam. Die Wege im tropischen Regenwald, sofern es überhaupt welche gibt, können sumpfig sein, man kann ganz unerwartet tief einsinken, ohne vorher die Gefahr bemerkt zu haben. Es gibt giftige Pflanzen, viele Insekten, die man vielleicht nicht gleich spürt und sieht, aber deren Spuren man spätestens am Abend zu Hause auf dem Körper entdeckt. Auch findet ein Besucher leichter in den Wald hinein als wieder heraus. Die

Pflanzenpracht ist faszinierend. Wichtig auch zu wissen, daß der Eindringling trotz der Fülle von Wasser verdursten kann, wenn er sich verirrt. Das Wasser ist schmutzig, Quellwasser gibt es nicht. Aber die Schöpfung hat uns eine Liane geschenkt, aus der, wenn sie erkannt und angeschnitten wird – im Urwald ist immer ein Buschmesser vonnöten –, köstliches Trinkwasser fließt. Ich habe selbst von diesem Wasser getrunken.

Ein weiterer Grund, nicht allein in den Urwald zu gehen, sind Schlangen. Nicht selten bin ich einer begegnet. Einmal auf einem Pfad reckte plötzlich eine grüne Schlange ihren Kopf nach oben. Wegen ihrer Tarnfarbe war sie erst spät zu erkennen, keine zwei Meter entfernt. Ich blieb ruhig stehen, das ist das erste Gebot. Sie verharrte in ihrer Stellung. Erst nach einer Weile ging ich schrittweise rückwärts und schaute sie dabei die ganze Zeit an, das ist das zweite Gebot, so wie ich es auch in Mexiko gemacht hatte. Die Schlange verfolgte mich nicht.

Eine andere Begegnung mit einem Reptil war schon gefährlicher. Ich holte mit meinen Arbeitern Laterit zur Ausbesserung der Spitalstraße. Die Arbeiter machten Mittagspause. Ich ruhte mich in einer alten, verlassenen Hütte mit löchrigem Blätterdach auf einer Pritsche aus, diesmal nicht im Dschungel, sondern auf offenem Feld. Kaum eingeschlafen, weckte mich ein Schlag auf meinen Tropenhelm, den ich wegen dem schlechten Dach auch in der Hütte aufbehielt. Erster Gedanke: ein Stück Holz, das vom brüchigen Dach heruntergefallen war. Doch beim Griff nach dem braunen lianenartigen „Stück Holz" bewegte es sich. Ein Schwarzer, der vor der offenen Hütte im Schatten saß, hatte das Fallen der Schlange und meine hastigen Bewegungen in der Hütte gehört, stürzte mit seinem Buschmesser in die Hütte, schubste mich nach draußen und erlegte den Störenfried.

Solchen Situationen waren Besucher, die mit mir auf eine Bananenfahrt fuhren, natürlich nicht ausgesetzt. Wir kauften ja die Bananen in den Dörfern, die an der Straße lagen. Zu den vielen Besuchern, die mich begleitet haben, gehörten auch Paul Freyer, Direktor der Dresdner Oper und Schriftsteller, und Herr Götting, Vorsitzender der CDU in der DDR. Als Götting, Stellvertreter Ulbrichts, in Lambarene war, wurde gerade die Mauer in Berlin errichtet, was den ganzen Westen erschütterte. Privat war er sehr nett und aufgeschlossen. Er riet mir auch, zu meinem Bachelor of Arts noch einen Master Degree in Berlin an der Humboldt-Universität zu erwerben. Die Regierung würde für alle Unterhaltskosten aufkommen. Ich dankte für das freundliche Angebot, habe es aber nicht angenommen, da ich für die Zeit nach Lambarene schon ähnliche Pläne für Cambridge hatte. Eine hochwillkommene Begleitung auf einer längeren Strecke war das Ehepaar Woytt aus Straßburg. Marie Woytt hatte in den frühen dreißiger Jahren, als sie noch Secretan hieß, in Lambarene gearbeitet und den wunderschönen Bildband „Albert

Lambarene, Gabun

Das Albert-Schweitzer-Spital

Mein Traum schon als Schüler ist in Erfüllung gegangen. Ankunft in Lambarene am 27.1.1959

Das Haus von Albert Schweitzer

Ogowe, Spitalufer. Hier kommen Kranke mit ihrem Einbaum aus Entfernungen von 200 Kilometern und weiter an

Albert Schweitzer mit Mathilde Kottmann

Blick ins Spital

Die ersten Briefe nach Hause und an Freunde

Beim Musizieren im Eßsaal

Eßsaal mit Kerosinlampen für das Abendessen

Ankunft in Lambarene von Tochter Rhena und Enkeltöchtern Christiane und Catherine

Ein gewohntes Bild am Spitalufer. Ankunft und Abschied von Besuchern und Mitarbeitern

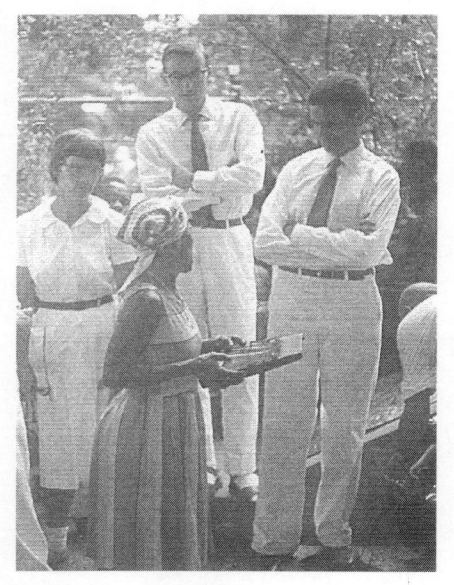

Jo, Dr. Ritz, Dr. Müller

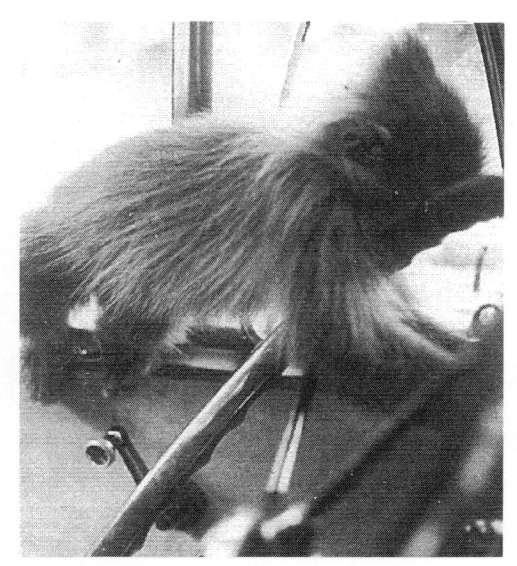

Vorsicht! Wo der Anlasser ist, weiß er schon

Papaya

Brotbaum-Frucht

Kokosnußpalme

Urwald-Lianen

Aufgeweichte Erdstraße nach einem kurzen Platzregen

Bananenkauf, etwa fünf Tonnen die Woche

Das Fällen von Bäumen

So wurden Balken und Bretter gesägt

In der Grube sind nur zwei Arme zu sehen

Orchidee im Urwald

Ogowe-Fluß

Geburtstag - Singen vor der Tür am Morgen vor dem Frühstück

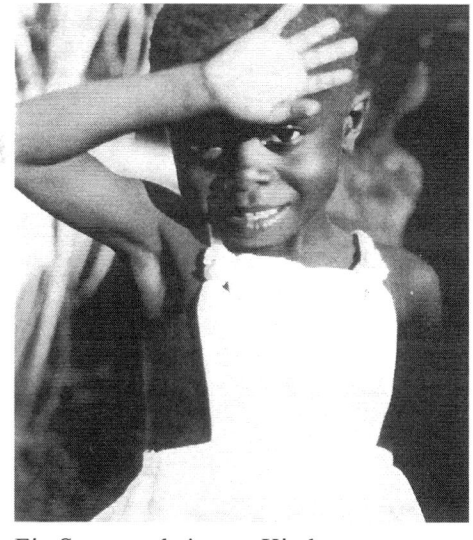

Ein Sonnenschein von Kind

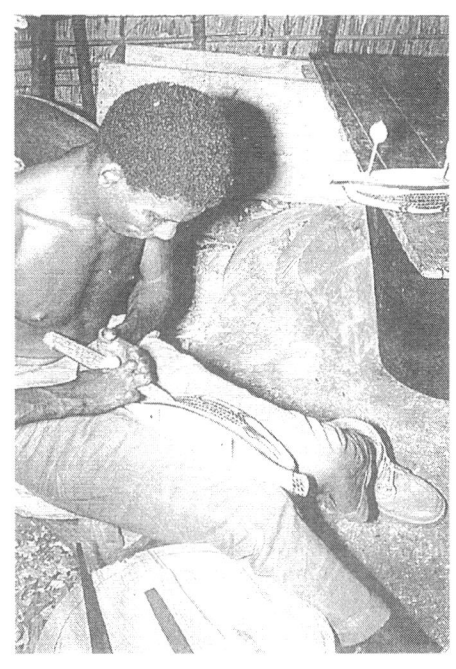

Victor, Leprakranker, schnitzt

Das Lepradorf des Albert-Schweitzer-Spitals

Musizieren mit Dr. Takahashi

Die Kranken essen nur das, was ihre Familienangehörigen ihnen kochen

Oft viele Kilometer unterwegs zum Spital

Pocken

Kinderklinik

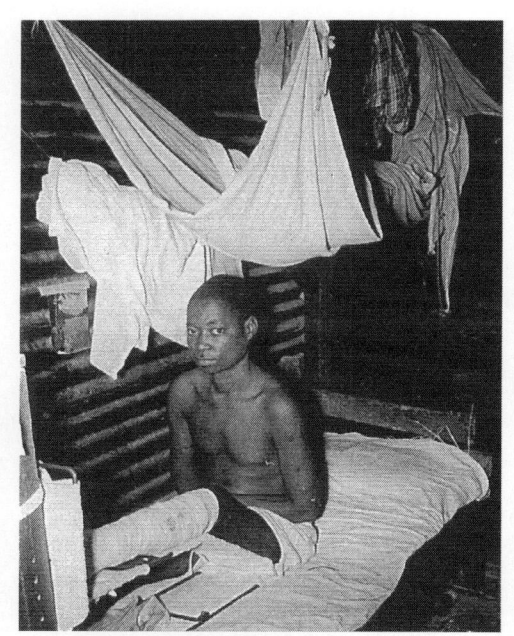

Frisch operierter Patient

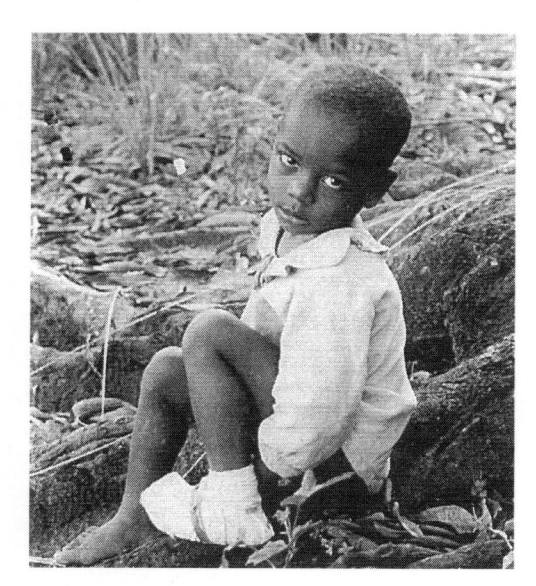

Ein einsamer Patient

Krankenpfleger

Die weiße „Lambarene-Mannschaft", ca. 1960

Bakua, mein Boychauffeur

Banza, mein Boychauffeur

Massouéma Gabriel, Künstler, schnitzte in Ebenholz und Elfenbein

Dorfchef eines meiner „Bananendörfer". Als er starb, überreichte mir das Dorf seine wunderschöne Trommel mit den Worten: „Der Chef hat gesagt, die ist für dich, du bist sein Freund."

Patient, war in eine Falle geraten

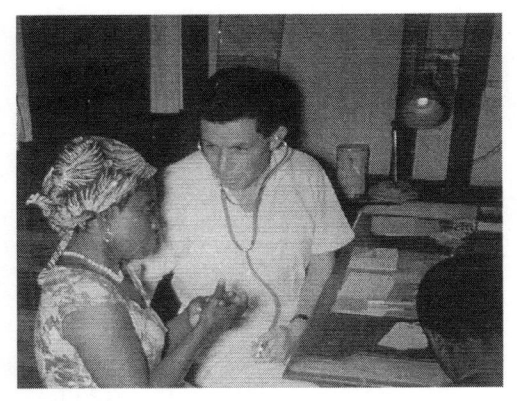

Walter Munz, später Nachfolger von Albert Schweitzer, im Gespräch mit Patientin

Der 88-Jährige an der Arbeit

Die Geisteskranken gehen mit ihrem Pfleger zur Gartenarbeit

Hier der Rohbau

Pilotenexamen bestanden, Libreville, Februar 1963

Albert Schweitzer über seiner nie endenden Korrespondenz. Wenn alle Lichter im Spital ausgegangen sind, brennt das Licht in seinem Zimmer immer noch

Dr. Linus Carl Pauling, Chemienobelpreis und Friedensnobelpreis

Eine kranke Frau auf der Bahre

Hugo Stinnes, Reeder, langjähriger Freund von Albert Schweitzer und großer Gönner des Spitals

Abbè Pierre, französischer Friedensnobelpreisträger aus Paris

Christiane, Enkeltochter von Albert Schweitzer

Links die alte Brücke. Planung einer neuen Brücke

Immer vor Ort. Albert Schweitzer überlässt nichts dem Zufall

Die neue Brücke

Hurra, sie hält den neuen Lastwagen!

Kapok-Baum

Urwaldpracht

Auch Albert Schweitzer steigt mit Ali Silver zum Richtfest auf das Dach von einem neuen Haus

Albert Schweitzer an seinem 90. Geburtstag mit dem gabunischen Staatspräsidenten Leon Mba

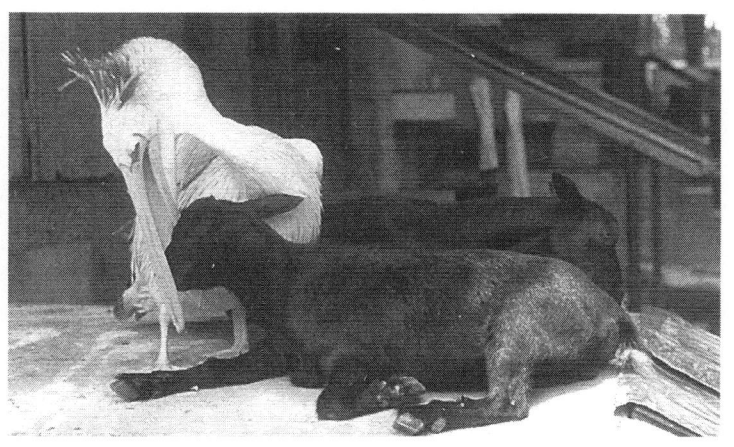

Zärtlichkeiten zwischen dem Pelikan und einer Ziege

Frisches Brot

„Nähstube"

Frische Wäsche

Spitalufer

Abschied von Lambarene Mitte November 1965. Mehr Wasser als
Straße

Afrika noch etwas erleben! Moskitonetz ist unentbehrlich

Masken

Afrikahaus Sebnitz, Masken aus der Region Lambarene, Spital Albert Schweitzer, Gabun. Aus meiner Sammlung 1959-1965

West- und Äquatorialafrika

Ausschnitt

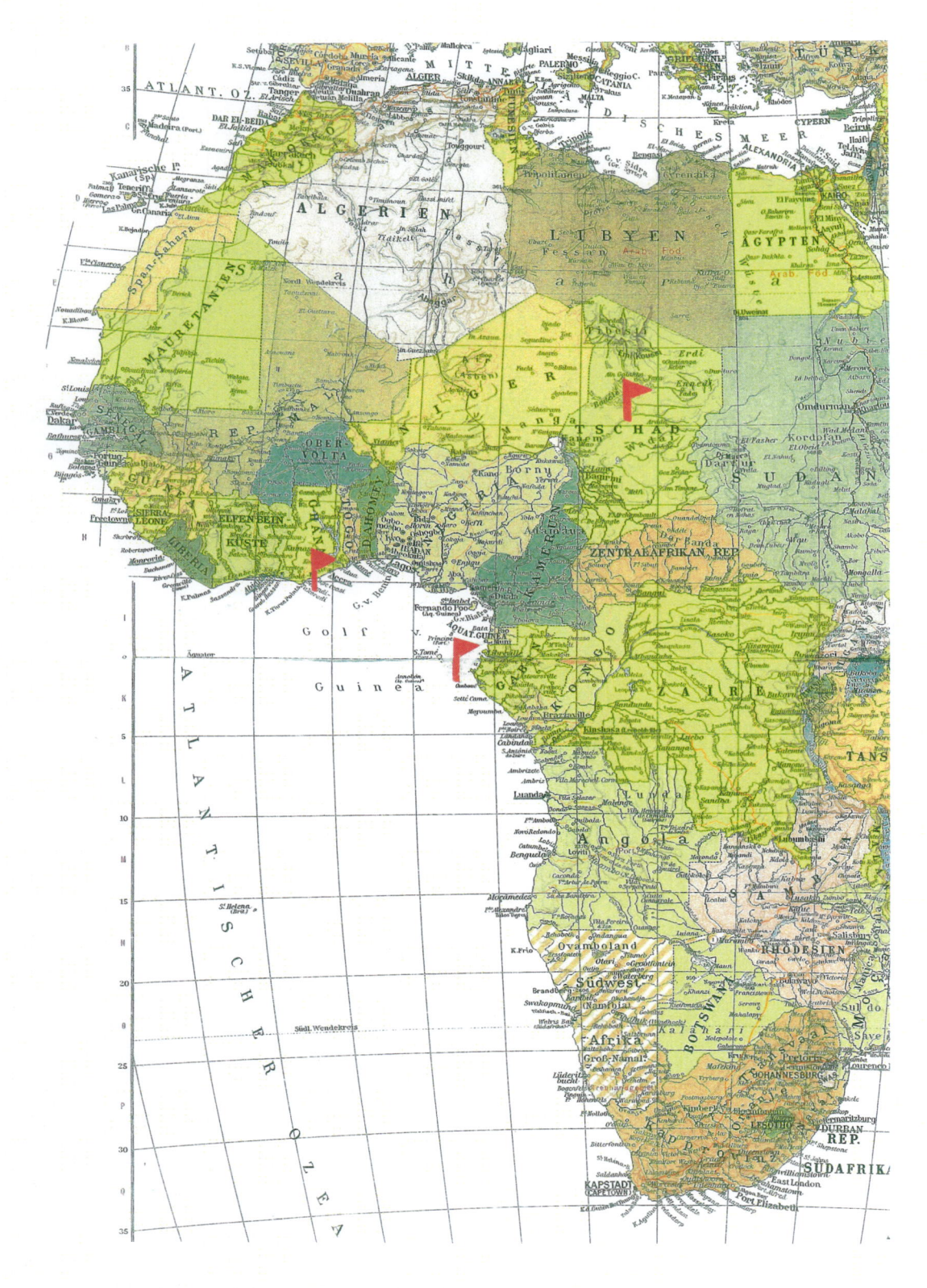

Goldmann Atlas, Wilhelm Goldmann Verlag, 12. Aufl. 1973, München, S. 66-67

Schweitzer baut Lambarene" verfaßt. Gustav Woytt war Professor an einem Gymnasium in Straßburg und hat das geistige Werk des Onkels vor allem durch die forschende Erschließung der Jahre vor Lambarene unterstützt. Sie waren beide sehr sympathisch, jeder auf seine Art. Marie Woytt konnte gelegentlich energisch sein, eher als ihr friedfertiger Ehemann. Von ihr konnte ich noch viel über das alte Lambarene der Pionierzeit erfahren, während Doktor Schweitzers Neffe mir von seiner Arbeit am geistigen Werk des Urwalddoktors erzählte.

Sehr schön und für viele auch der Höhepunkt des Tages war das gemeinsame Abendessen, dem immer das Gebet von Albert Schweitzer vorausging: „Danket dem Herrn, denn er ist freundlich, und seine Güte währet ewiglich", und nach dem Essen das gemeinsame Singen eines Chorals aus dem evangelischen Gesangbuch für Elsaß-Lothringen, den er auf dem Klavier begleitete, und die anschließende Auslegung eines Bibeltextes, den er vorher vorlas. Diese allabendliche Bibellese unter der Beleuchtung von kerosingespeisten Tischlampen war für uns alle eine geistige Erholung. Zwei Jahre lang stenographierte ich diese Bibellese mit. Die Bibelauslegungen, Abend für Abend nach einem schweren Arbeitstag, und die Lieder, die er unter anderen auswählte: „Abend ist es, Herr, die Stunde", „Im Frieden dein, o Herre mein", „Nun ruhen alle Wälder", „Herr Jesu Christ, dich zu uns wend", „Befiehl du deine Wege", „Wer nur den lieben Gott läßt walten" – all dies sprach für den tiefen Glauben und die schlichte Frömmigkeit des fast Neunzigjährigen.

Albert Schweitzers letzte Tage – Abschied von Lambarene

In den ersten Septembertagen des Jahres 1965 wurde es plötzlich sehr still in dem sonst so belebten Spital. Man sprach leise, Leute setzten sich schweigend auf den Boden vor Schweitzers Zimmer. Es kamen sowohl Leute vom Spital wie von umliegenden Dörfern, nachdem sie erfahren hatten, daß der Grand Docteur in seinem Zimmer schlafe und wohl nicht mehr aufstehen werde. Jeden Tag kamen Menschen hinzu. Sorge und Traurigkeit standen in ihren Gesichtern. Einmal erwachte er noch, ging mit schwachen Schritten, wohlgeführt von Walter Munz, seinem Nachfolger, und von Ali Silver, durch das Spital, freute sich an seinem gelungenen Werk und legte sich danach wieder hin. In der Nacht vom 4. auf den 5. September 1965 starb Albert Schweitzer. Alte treue schwarze Spitalmitarbeiter durften in sein Zimmer kommen und an seinem Sterbebett Abschied nehmen. Einige wollten gar nicht von seinem Bett weichen. Was ich, neben dem Bett stehend, in den Stunden des Abschieds an Seelenschmerz und tiefer Trauer unter der gabunischen Bevölkerung erlebt habe, kann ich nicht beschreiben. Ja, Albert Schweitzer war für sie wirklich der „Grand Docteur", ihr Vater. Als wir ihn zu Grabe trugen, sah ich noch einmal den großen Denker vor mir, der zugleich immer mit beiden

Händen schaffend auf dem Boden der Wirklichkeit gestanden hatte. Er lebte seine christliche Philosophie der Liebe und die Gedanken seiner Ethik „Ehrfurcht vor dem Leben" in seinem täglichen Leben.

Nachdem wir Albert Schweitzer an der Seite seiner Frau Helene auf dem kleinen Friedhof dicht neben seinem Haus begraben hatten, kamen noch wochen- und monatelang Bewohner aus dem Urwald Tagesreisen entfernt zu Fuß oder per Einbaum zum Spital, um ihrem Docteur noch am Grabe die letzte Ehre zu erweisen. Sie sangen und weinten, sie beteten und tanzten ihre Tänze, in denen sie Trauer, Liebe und Dank ausdrückten.

Wenn ich auf meine Zeit in Lambarene zurückblicke – fast sieben Jahre –, bin ich erfüllt von Dank, daß ich eine Zeitlang so leben durfte, wie ich es mir als Fünfzehnjähriger erträumt hatte; es war eine Berufung, der ich folgen durfte. Es war mir geschenkt, viel zu lernen und viel zu erleben. Auch denke ich an meine treuen Helfer in der gabunischen Bevölkerung, die mit mir oft harte Arbeit teilten und dabei ihren Frohsinn und ihre Herzlichkeit behielten. Bakua und Banza Maurice, meine beiden Boy-Chauffeure, und Gabriel Massouema, der wunderschöne Figuren aus Elfenbein und Ebenholz schnitzte, die heute mein Arbeitszimmer schmücken, habe ich immer noch lebhaft im Gedächtnis. Während meiner Zeit in Lambarene habe ich neben diesen Figuren auch seltene gabunische Masken gesammelt, die jetzt im Afrika-Museum in Sebnitz ausgestellt sind.[48]

Achtung: Ameisen!

Mitte November 1965, zehn Wochen nach Albert Schweitzers Tod, verließ ich Lambarene. Herr Hans Baumann, ein Freund von Dr. Munz, kam mit seiner Familie nach Lambarene und übernahm meine Arbeit. Ich wollte jetzt aber nicht nach Hause zurückkehren, ohne noch etwas von Afrika gesehen zu haben, packte also mein Fahrrad und fuhr Richtung Norden nach Kamerun.[49] Nachts konnte man nur unter dem Moskitonetz schlafen. Aber trotzdem schafften es gelegentlich kleine schwarze Fliegen, durch die Maschen zu kommen. Dann hieß es aufstehen und eine bessere Schlafstelle suchen. Dabei war es besonders wichtig, darauf zu achten, daß es auf der neuen unbekannten, in der Nacht gefundenen Schlafstelle keine Ameisen gab. Diese fürchtete ich mehr als die Tiere im Wald und in der Steppe. Wenn sie in der Nacht in den Schlafsack kriechen und sich dann im Fleisch ihres Opfers festgebissen haben, kann man sie nicht einfach entfernen. Versucht man, sie wegzureißen, bleibt der Kopf mit der Zange im Fleisch. Wenn sich diese Bißstelle entzündet, kann sich auch Eiter bilden. Und es kriecht gewöhnlich

---

48 Masken aus Gabun: Abbildung siehe Seite 103.
49 Landkarte von West- und Äquatorialafrika siehe Seite 104.

nicht nur eine einzige Ameise in den Schlafsack, sondern viele. Außerdem kommt man nicht so schnell aus dem Schlafsack und den Kleidern heraus und verliert Zeit. Um mich dieser oft großen Kriegerameisen zu erwehren, mußte ich daher immer noch bei Tageslicht einen möglichst ameisenfreien Platz zum Schlafen suchen.

Das Großwild fürchtete ich weniger. Eines Nachts wachte ich im Urwald vom Krachen und Knacken von Ästen auf. Elefanten bahnten sich einen Weg durch den Wald. Sie waren unruhig geworden, weil ein Gewitter drohte. Schon prasselte der Regen herunter. Ich nahm schnell den Schlafsack vom Boden, packte ihn aufs Fahrrad und umging die Elefanten, die sich um mich gar nicht kümmerten. Ich hatte auf meiner ganzen Radtour immer das Gefühl, daß auch die Tiere spüren, ob ihr Gegenüber ihnen gut oder feindlich gesinnt ist. Im allgemeinen nehmen sie dem Fremden gegenüber eher eine abwartende Haltung ein.

Schlimmer als die Flucht vor den Elefanten war der Gewitterregen, der mich fast bis auf die Haut durchnäßte. Nur das Stück Zeltplane, die Unterlage des Schlafsacks, schützte etwas gegen den Regen. Mich noch einmal hinzulegen war zwecklos. Es galt vielmehr, eine Eingeborenenhütte zu finden, um meine nasse Kleidung zu trocknen. Ich schob mein Fahrrad auf dem lehmigen Weg vor mir her, an Fahren war nicht zu denken, und auch das Schieben wurde immer schwieriger, weil der aufgeweichte Lehm, der sich unter dem Schutzblech mit der Zeit festsetzte, die Räder blockierte. Endlich zeichneten sich die Umrisse eines kleinen Dorfes auf einer leichten Anhöhe ab. Auf das Klopfen an der Tür der ersten Hütte, es war vielleicht um Mitternacht: Keine Antwort. Auch in den nächsten Hütten regte sich niemand auf mein Klopfen hin. Kein Wunder, die Dorfbewohner hatten vielleicht nicht einmal eine Petroleumlampe, um sehen zu können, wer da klopfte; bei Dunkelheit hatten sie Angst, und insbesondere vor den Leopardenmenschen, Menschen, die sich Leopardenfelle umhängen, ihren Opfern auflauern und sie überfallen.

Schließlich, an der vierten Hütte, ging wie von Geisterhand die Tür auf. Eine alte Frau streckte ihren Kopf heraus. In der Hütte brannte ein Feuer. Ich gab ihr zu verstehen, daß ich sehr naß war, mich wärmen und meine Sachen etwas trocknen wollte. Sie holte mich herein, samt dem Fahrrad. Sie war allein. Jetzt legte sie Holz nach. Es begann, ganz gemütlich zu knistern. Sie kochte mir Wasser für die Thermosflasche, und ich goß mir einen Tee auf. Ich blieb und schlief bis zum Morgen. Beim Erwachen sah ich mit halb geöffneten Augen diese liebe alte Frau, die in der Nacht als Einzige den Mut gehabt hatte, mir zu öffnen, wie sie ganz nah bei mir saß und mich ständig anschaute. Es war ein rührendes Bild. Nicht lange und man hörte Stimmen und geheimnisvolles Flüstern von Kindern. Beim Öffnen der Tür drängten sich einige Kinder an mir vorbei in die Hütte und musterten mich dann. Draußen standen noch einige Erwachsene, die mich wie einen Geist anschauten. Die Gegend war hügelig und schön. Meine Sachen trockneten am Feuer in der Hütte. Als ich in bester Stimmung meine Querflöte aus der Fahrradtasche holte und auf ihr spielte, kamen auch die restlichen Bewohner aus ihren Hütten und stellten sich um mich herum. Sie waren sehr dankbare Zuhörer, besonders die Kinder. Doch die Fahrt mußte weitergehen, bald über die Grenze nach Kamerun, zur Hafenstadt Douala im „Knick" von Westafrika.

In Douala wohnte Madame Monnier, die Geschäftsführerin des deutschen Konsulats in Yaoundé, der Hauptstadt. Ihr überbrachte ich Grüße von Rhena, Albert Schweitzers Tochter, die noch in Lambarene war. Madame Monnier, eine Persönlichkeit, die ebenso fließend deutsch sprach wie französisch, kannte ich schon von ihren Besuchen in Lambarene. Mit Albert Schweitzer war sie durch langjährigen Gedankenaustausch verbunden gewesen, auch über die politischen und wirtschaftlichen Entwicklungen in Afrika. Bei dieser Dame war ich einige Tage zu Gast. Sie wohnte in einem wunderschönen herrschaftlichen Haus auf einem mit hohen Edelholzbäumen bewachsenen Terrain. Kunstgerecht beschnittene Hecken zierten den Weg zu dem Haus.

Als nächstes ging ich zum Fahrradgeschäft. Der Fahrradhändler reparierte das Fahrrad vor dem offenen Geschäft. Kaum hatte er damit angefangen, da versammelte sich eine Menschenmenge um ihn herum. Bald war die Straße blockiert. Da kam auch schon ein Polizist mit strenger Miene. Er sah in mir den Anlaß dieses Menschenauflaufs und befragte mich. Auf mein Bemerken, daß ich fast sieben Jahre in einem Spital in Gabun gearbeitet hätte und mich jetzt auf dem Weg nach Europa befände, schüttelte er ungläubig den Kopf und wollte mich auf die Wache mitnehmen. Ein Weißer, der mit dem Fahrrad durch den Urwald fährt, war offenbar verdächtig. An seinen Gesichtsausdruck, seine Augen, die vor Erstaunen fast aus ihren Höhlen fielen, und seine Äußerung: „C'est fou"[50] kann ich mich noch gut erinnern. Aber zur Wache nahm er mich dann doch nicht mit. Inzwischen hatte der Fahrradhändler das Rad in Ordnung gebracht. Ich bezahlte die Reparatur mit dem Geld, das mir Schwester Maria Lagendyk, die älteste Krankenschwester des Spitals von Dr. Schweitzer, bei meinem Abschied von Lambarene in einem Briefumschlag zugesteckt hatte, als ich gerade das Fahrrad zum Wegfahren richtete.

Am nächsten Tag nahm mich Frau Monnier mit zum Zoll. Ein Konzertorchester war aus Deutschland gekommen, und die Instrumente sollten durch den Zoll geschleust werden. Bei der Behörde packte sie ein Bündel Illustrierte aus und verteilte sie an die Zollbeamten, die sie gerne annahmen. Während alle beim Lesen waren, bemühte sie sich darum, daß die Instrumente möglichst schnell durch den Zoll gingen, was ihr auch

---

50 „Das ist verrückt."

Gabun

Das Fahrrad wird oft bewundert

Palmwein. Einmal probieren, aus Bambusrohr serviert

Kakao

Kaffee

Kinder übernehmen schon früh Verantwortung

Hauptverbindungsstraße zwischen Gabun und Kamerun

Nordkamerun

Ich habe mich mit ihnen ganz gut verstanden. Ich lebe noch!

Am Ohr ein wichtiges Dokument. Es darf nicht verloren gehen. Es gibt hier keine Taschen zum Wegstecken

Getreidespeicher

Ein Palaver wird geschlichtet

gelang. Am Abend fand das Konzert statt. Ich wurde eingesetzt für das Drumherum: kümmerte mich um die Bestuhlung des Saales, gab den Musikern die verschiedensten Auskünfte und übernahm die Kasse für die Konzertkarten. Das Konzert war sehr gut, und Madame Monnier war zufrieden. Als ich mich am nächsten Morgen verabschiedete, drückte sie mir einen Umschlag in die Hand und sagte: „Das haben Sie sich redlich verdient." Dieses unerwartete und großzügige Geldgeschenk brachte mich viele Kilometer weiter.

Meine Kost bestand jetzt hauptsächlich aus Brot, Bananen, Hirsebrei und verschiedenen Früchten. Diese Nahrung war nicht teuer und dabei nahrhaft und gesund. Von Lambarene hatte ich auch noch Ölsardinen, ging aber sehr sparsam mit ihnen um.

Die Geschichte mit dem Tropenhelm

Der Weg in den Norden Kameruns führte durch sehr schöne Kaffee- und Kakaoplantagen und ausgedehnte Felder mit weißen Baumwollsträuchern, die gerade abgeerntet wurden. Auf meiner Reiseroute lag auch Yaoundé, die Hauptstadt von Kamerun, wo ich mich aber nur eine Nacht aufhielt. Kurz hinter Yaoundé überkam mich Schwindelgefühl, und es setzten furchtbare Kopfschmerzen ein. Ich dachte gleich an Malaria. Zum Glück lagen ganz in der Nähe einige bewohnte Hütten, wo ich nach einem Bett zum Schlafen fragte. Zwei Frauen überließen mir ein Bett und nächtigten selber woanders. Die Nacht über habe ich mich gekrümmt vor Kopfweh. Irgendwann in der Nacht hörte ich Klopfen an der Hüttentür, lautes Schimpfen einer Männerstimme und beschwichtigende Frauenstimmen. Nach einiger Zeit wurde es wieder still. Am Morgen erfuhr ich, daß der Mann spät von einem Palaver zurückgekommen war und daß die Frauen mir sein Bett gegeben hatten. Dazu gehörte Mut.

Und nun kommt für mich das medizinische Wunder: Der Schwindel und die Kopfschmerzen waren am Morgen weg. Die Frauen kochten für mich Tee. Der Mann, der natürlich am Morgen an der Hüttentür auf mein Erscheinen gewartet hatte, verwandelte sich, als er mich sah, in einen, der gar nicht mehr aussah wie der Polterer der vergangenen Nacht. Ich begrüßte ihn auch gleich mit festem Händedruck, der ihn verblüffte, und dankte ihm, daß ich, der ich sehr krank war, mich in seiner Hütte die Nacht hinlegen und auch etwas schlafen durfte. Ich verabschiedete mich von ihm fast wie von einem Freund, dankte den Frauen herzlich und schenkte jeder von ihnen eine Schachtel Streichhölzer, damals eine Kostbarkeit in Dörfern abseits von Städten.

Ich nahm vorsorglich Chinin. In Lambarene hatte ich trotz der Malaria-Gefahr darauf verzichtet, weil man mir oft gesagt hatte, daß sich der Körper bei regelmäßiger Einnahme so an Chinin gewöhnen könne, daß er am Ende immun dagegen wird.

Ich fuhr den ganzen Tag bis zum Abend. Bei der Nachtrast in einer verlassenen und etwas eingefallenen Hütte fingen der Schwindel und das schmerzhafte Kopfweh wieder an und hielten fast die ganze Nacht an. Abermals waren die Beschwerden am Morgen weg, doch fehlte merkwürdigerweise der Hunger genau wie am Tag zuvor. Erst nach der dritten schlaflosen Nacht kam die Wende. Ich stand morgens vollständig schmerzfrei auf, fühlte mich wieder gut und fast übermütig. Niemand konnte mir sagen, ob es sich hier um einen Malaria-Anfall gehandelt hatte, aber ich erinnerte mich jetzt wieder an Herrn Schweitzers strenges Gebot in Lambarene für alle weißen Mitarbeiter, im Freien stets einen Tropenhelm zu tragen. Dieses Gebot wurde vor allem von Neuankömmlingen in Lambarene oft mißachtet. Als er einmal eine Krankenschwester ein drittes Mal ohne Tropenhelm antraf, stellte er sie zur Rede und gab ihr einen leichten Klaps. Das sollte ihr zeigen, wie ernst er es mit dem Kopfschutz meinte. Mehr als einmal mußte ein Mitarbeiter oder eine Mitarbeiterin wegen schwerer Erkrankung vorzeitig zurück nach Europa fliegen, und er mußte den Flug bezahlen. Der Grund der Erkrankung brauchte nicht unbedingt Leichtsinn zu sein, aber wenn es um Sonne und Tropenhelm ging, ließ Dr. Schweitzer nicht mit sich reden. Mit mir hatte er keine Probleme, denn bei der Ankunft hatte ich sofort nach einem Tropenhelm gefragt. Ich kannte ja die Gefahr der Sonnenstrahlen schon von meiner Amerikatour. Den Helm trug ich dann all die Jahre in Lambarene.

Außerhalb von Lambarene hatte sich in den letzten Jahren viel geändert. Viele afrikanische Staaten waren unabhängig geworden oder waren auf dem Weg, selbständig zu werden. Die Weißen, die ehemaligen Kolonialherren, wurden oft nur noch geduldet, weil sie aufgrund ihres „Know-how" unentbehrlich waren. Natürlich gab und gibt es auch heute noch viele Weiße, die nicht aus Profitdenken in Afrika sind, sondern den Kontinent, die Menschen, die Sonne lieben und für die Afrika Heimat geworden ist oder die sogar in Afrika geboren sind. Und darunter sind auch wieder viele, die ihre Boys und Arbeiter so gut behandeln, daß diese ihr ganzes Leben bei ihnen bleiben.

Aber bei der Abreise von Lambarene fragte ich mich, ob ich mit oder ohne Helm fahren solle. Ich wußte, daß er vielfach als Symbol des Kolonialismus galt und in einigen afrikanischen Staaten, die gerade ihre Unabhängigkeit erlangt hatten, sogar verboten war. Nun wollte ich meine Afrikatour nicht in irgendeinem Gefängnis oder Verlies wegen meines Tropenhelms abschließen und suchte daher noch in Lambarene eine andere Kopfbedeckung und fand eine Mütze. Die Mütze ersetzte natürlich keinen Tropenhelm, aber wenn es ganz heiß wurde, legte ich einen mit Wasser getränkten Waschlappen unter die Mütze, was für den Kopf sehr wohltuend war. Meinen Schwindel und das Kopfweh führe ich auf die Sonne und meine schlechte Kopfbedeckung zurück.

Nun ergab es sich, daß ich zwei Tage nach den Anfällen auf einer katholischen Mission zum Essen eingeladen wurde. Die Missionare wollten viel über Lambarene wissen. Zuletzt kam die Rede auf die Kopfschmerzen und daß ich, aus Rücksicht auf die Afrikaner, keinen Tropenhelm mitgenommen hatte. Ein Missionar wendete ein, daß das im Prinzip nur für die Städte gelte, nicht aber für den Urwald oder die Steppengebiete der Sahelzone. Während wir noch am Tisch saßen und erzählten, stand ein Pater auf und ging aus dem Speiseraum. Kurz danach ging hinter mir die Tür auf, und jemand setzte mir etwas auf den Kopf. Der Missionar, der kurz vorher aus dem Zimmer gegangen war, hatte mir seinen Tropenhelm aufgestülpt. Und der paßte wunderbar. Der Pater erklärte, daß er in ein paar Tagen zurück nach Paris fahren werde, und ich solle seinen Helm fortan tragen. Er sagte das so wohlwollend, daß ich ihn umarmte und dankte. Von dem Tag an war der Helm außer dem Fahrrad das Wertvollste, was ich besaß, und ich trug ihn sogar in Städten ohne Schwierigkeiten, bis ich mich nach Europa einschiffte. Jetzt ziert er mein Arbeitszimmer.

Auf der Mission besichtigte ich noch die endlosen Ananasfelder, die von den Missionaren bebaut werden. Die Früchte werden verkauft, und von dem Erlös lebt die Mission. Die Mutterkirche oder Mission in Frankreich hilft nur, eine Station zu gründen, aber mit der Zeit müssen die Missionare, die alle ein Handwerk erlernt haben, mit ihrer Arbeit die Mission aufrechterhalten. In Lambarene betreibt die katholische Mission eine Sägerei, woanders werden beispielsweise Backsteine und Ziegel hergestellt. Und wenn Missionare nach Europa fahren, um sich zu erholen, dann ist es nur ein halber Urlaub, denn man erwartet von ihnen, daß sie Vorträge halten, die wieder etwas Geld für ihre Außenposten bringen sollen. Die Missionsstationen, ob katholisch oder evangelisch, waren für mich stille Oasen, wo ich immer zum Essen und zum Übernachten eingeladen wurde. Die Priester und Pfarrer auf allen Stationen kannten Albert Schweitzer und sein Spital, wenn auch oft nur vom Lesen, und freuten sich, Genaueres über die letzten Wochen und Tage des Urwalddoktors aus erster Quelle zu hören.

Erdnüsse vom Scheich

Sehr wohltuend empfand ich bei all meinen Besuchen auf den katholischen wie auf den protestantischen Missionsstationen, daß es keinen Graben zwischen den beiden Glaubensrichtungen gab. Die Dogmen der einen wie der anderen Kirche werden hier nicht so streng ausgelegt wie in Europa. Das hatte Herr Schweitzer schon von Anbeginn wahrgenommen. Hier in Afrika müssen die Kirchen zusammenhalten, um überleben zu können. Die Fetischmänner sind allgegenwärtig, sie schlafen nicht. Als ich nach Bafusam, Kamerun, kam und die katholische Mission besuchte, hörte ich traurige Nachrichten. In Stammesfehden und aufgrund von Feindseligkeiten den Weißen und der Regierung gegenüber wurden viele Menschen getötet oder aus ihren Dörfern vertrieben.

Mir war auf dem Weg nach Bafusam aufgefallen, daß ganze Dörfer mit schönen Hütten aus Lehm leer standen und die Bananenplantagen vernachlässigt waren. Nicht nur das erfuhr ich von den Priestern, sondern auch, daß Priester dieser und einer anderen Missionsstation umgebracht worden waren. Ich war erschüttert von diesen Berichten.

Einige Stunden hinter Bafusam befand sich ein Militärlager. Die Straße war nur wenig befahren. Einer der Missionare hatte mir erzählt, daß kürzlich ein weißer Lastwagenfahrer von Banditen überwältigt und in den geschlossenen hinteren Teil des Lastwagens geworfen worden war. Dann hatten sie den Lastwagen angezündet. Sollte ich auf dieser Strecke weiterfahren? Aber es gab keine andere Straße, die in meine Richtung führte, und diese war asphaltiert, was man von nur wenigen Straßen sagen konnte. Ich fuhr weiter. Nach weiteren zwei Stunden hielt ein Lastwagen neben mir an, der Fahrer – ein Weißer – stieg aus und sagte, daß ich auf dieser Straße allein mit dem Fahrrad nicht fahren könne. „Wir nehmen das Fahrrad hinten rein", schlug er vor, „und Sie fahren mit mir, bis Sie diese unsichere und gefährliche Gegend hinter sich haben." Erst wollte ich jedoch nicht, weil mir Angst fremd ist. Aber seine Sorge um mich und seine Entschlossenheit, ohne mich nicht weiterzufahren, waren so groß, daß ich mich überzeugen ließ und mitfuhr. Unterwegs erzählte er mir über Mord und Totschlag in dieser Gegend.

Wir kamen aber auch auf das Leben der Weißen unter den Schwarzen zu sprechen, und wie die Weißen das Klima ertragen. Interessant war für mich immer, daß die Beamten im ehemaligen französischen Äquatorialafrika nach 20 Jahren Dienstzeit pensioniert wurden. Mit 40 Jahren pensioniert zu werden hört sich vielleicht märchenhaft an, aber viele erreichten das Pensionsalter erst gar nicht aufgrund einer tropischen Krankheit oder starben kurz danach. In Lambarene hatten wir einen französischen Gendarm, der strotzte nur so vor Kraft, und er überstand das feuchtheiße Gewächshaus-Klima in Gabun unter dem Äquator gut. Als seine Dienstzeit zu Ende war, kehrte er zurück nach Europa. Ein oder zwei Jahre später erkundigte ich mich nach ihm und erfuhr, daß er bald nach seiner Rückkehr gestorben war. Natürlich gab es auch die Beamten, die gesund nach Europa zurückkehrten, ein kleines Geschäft aufmachten, dadurch ihre Rente aufbesserten und einen schönen Lebensabend verbrachten.

Ich erzählte dem Fahrer auch noch etwas über Lambarene und Albert Schweitzer. Wir stellten zu unserer Erheiterung fest, daß wir ja beide Lastwagenfahrer seien, er ist es hier in Kamerun, und ich war es in Lambarene. Nachdem wir eine ganze Strecke

Dorfrat

Hier wurde einst Eisen geschmolzen

Töpferin

Fetischmann (Zauberer)

Der Wind trennt die Spreu vom Korn

Steppenbrand

My home is my castle

Wasserkrug

Das Vieh wird oft tagelang viele Kilometer weit getrieben, bevor es verkauft wird

Wegen des Ramadan konnte der Scheich mich nicht empfangen. Er schickte mir aber zwei Hüte, einen für „die" Frau, und Erdnüsse

Scheichtum

Tschad

Im Tschad ist Holz eine Kostbarkeit. Dieses Boot besteht aus vielen Holzteilen, die mit Gräsern zusammengenäht sind. Es trägt schwere Lasten

Junge trägt zwei Fetische

bergauf gefahren waren, sagte er: „Bon, je vous laisse içi, et vous pouvez tranquillement suivre votre route. Moi, je prends une autre direction."[51]

Am nächsten Tag hörte die asphaltierte Straße auf. Die anschließende Erdstraße führte bald durch einen Wald und teilte sich. Wegweiser fehlten, und es galt, sich zu entscheiden: rechts oder links? Da die rechte Straße ein bißchen besser war als die linke, entschied ich mich für die rechte. Am übernächsten Tag stieß ich auf ein Scheichtum. Es lag da wie in einem Märchenschlaf. Vor dem „Palast" des Scheichs war ein großer Platz, und am Rand des Platzes standen vier Hütten, nach oben zugespitzt und zum Platz hin offen. In jeder Hütte saß ein Wächter in einer bescheidenen weinroten Uniform. Auch hatte jeder eine oder mehrere alte landesübliche Waffen neben sich liegen. Ein Speer oder eine Lanze war an den Eingang zur Hütte gelehnt. Ein malerisches Bild. Da schritten zwölf junge Frauen aus dem aus Lehm gebauten Palast heraus, in einer Reihe hintereinander, um Wasser zu holen. Es waren schöne aufrechte Gestalten, die alle einen Wasserkrug auf dem Kopf trugen.

Indessen kam der erste Wächter auf mich zu und fragte, was ich hier tue. Jetzt wachte ich erst auf und überlegte, welchen Grund ich vorbringen könne. Da Albert Schweitzer auch in vielen Ländern Afrikas der oberen Schicht bekannt war, besonders um den Äquator herum, antwortete ich, dem Scheich Nachrichten von Lambarene und vom Tod Albert Schweitzers bringen zu wollen. Nach einer Weile kam der Wächter zurück und sagte, daß der Scheich mich gerne in Ehren empfangen würde; weil aber gerade Ramadan sei, könne er mich nicht persönlich begrüßen. Er bitte aber, ihm das zu Berichtende schriftlich zu unterbreiten und meinen Namen zu nennen. Das tat ich. Der Wächter brachte ihm den Brief und kam nach einer ganzen Weile wieder, begleitet von zwei Dienern. Der eine trug einen kleinen Sack mit Erdnüssen – er lief so krumm, daß man meinen konnte, der Sack wiege Zentner; und der andere trug zwei wunderschöne bunte Strohhüte in der Hand, wie ich sie weder zuvor noch später jemals wieder gesehen habe. Auf mein Bemerken, daß ich keine Frau habe, war der Wächter sehr erstaunt, meinte aber, wenn schon einmal der Hut für eine Frau da sei, komme sicher auch eine Frau zum Hut. Nach einigen Dankeszeilen ging meine Reise weiter. Die Erdnüsse waren übrigens ein schönes Geschenk. Ich aß nicht nur selbst von den Erdnüssen, sondern tauschte einen Teil unterwegs gegen Eier, Hirse oder Früchte ein. Dann breitete sich eine steppenähnliche Gegend, trocken und heiß, vor mir aus. Meine Straße war jetzt mehr ein Weg als eine Straße, und die Fahrbahn bestand eher aus Sand als aus Erde. Man konnte nur langsam fahren. Plötzlich überfielen mich unzählige schwarze Bremsen. Ich versuchte, schneller zu fahren, um ihnen zu entkommen, aber sobald ich wieder

---

51 „So, hier lasse ich Sie heraus, hier können Sie ruhig weiterfahren. Ich fahre jetzt in eine andere Richtung weiter."

anhielt – auf Sand zu fahren ist sehr anstrengend –, entdeckte ich sie auf meinen Fahrradtaschen wieder, auf denen sie mitgefahren waren und von wo aus sie sogleich ihre Attacken fortsetzten. Ich kämpfte mich weiter durch diese Gegend, bis mir plötzlich ein Löwe über den Weg lief, merkwürdigerweise ohne mich zu erschrecken. Er kam in etwa zwölf Metern Entfernung aus dem Steppengras, überquerte den Weg und verschwand wieder. Er würdigte mich kaum eines Blickes. Die Begegnung war ruhig, jeder ging seinen Weg, keiner störte den anderen. Später erfuhr ich, daß ich mich im Waseda Wildpark befand, einem Naturschutzgebiet, das der Tourismus damals noch nicht berührt hatte. Dies erklärte auch die Schwärme von Bremsen. Die Fahrt führte danach vielleicht 70 Kilometer durch die Zentralafrikanische Republik, aber nur am westlichen Rand. Dann ging es gezielt auf die Grenze vom Tschad zu und die Hauptstadt Fort Lamy. Ich hatte natürlich kein Visum, aber das war auch nicht nötig; weit und breit war kein Grenzposten zu sehen.

Ausflug zum Tschad-See

Eines Tages kam ich zu einem Fluß und bald darauf auch zu einer Brücke. Nicht weit davon entfernt standen eine schöne große Wohnbaracke und einige kleinere Arbeiterbaracken. „Gott sei Dank, Menschen!" atmete ich auf, denn mir fehlte zu diesem Zeitpunkt völlig die Orientierung. Der Bauplatz schien aber verlassen zu sein: keine Arbeiter, keinerlei Geräusche von Hämmern oder Bohrmaschinen. Endlich zeigte sich auf mein Klopfen an der Wohnbaracke ein untersetzter Weißer, schaute mich mit großen Augen an und war ganz erschrocken, in der Einsamkeit des Wildparks einen Menschen zu erblicken. Er bot mir zu essen an und lud mich ein, bei ihm zu übernachten. Er war Brückenbauer, ein Italiener, wie ich von seinem Akzent her vermutete, konnte aber zur Zeit nicht weiterbauen, weil die Regierung kein Geld hatte, und das schon seit sechs Monaten. Er mußte seine Arbeiter zurück in ihre Dörfer schicken und bekam selbst nur ein Unterhaltsgeld.

Am nächsten Tag ging es weiter. Endlich kam ich nach Fort Lamy. Der Name übte schon immer einen Reiz auf mich aus, ohne bestimmten Grund. Für die deutsche Botschaft im Tschad hatte ich eine Empfehlung von Frau Dr. Elsie Kühn-Leitz. Der Botschafter empfing mich sehr freundlich und lud mich ein, im deutschen Konsulat zu wohnen. Zum ersten Frühstück luden mich die beiden Sekretärinnen ein. Sie ließen mich nach der morgendlichen Begrüßung allein, weil sie arbeiten mußten. Es gab herrlichen Käse, Marmelade, Honig, ein Stück eisgekühlte Butter und frische Baguette. Ich saß mehr oder weniger ausgehungert vor dieser herrlichen Butter, die mich, besonders auf Baguette, stets an meine Studentenzeit in Paris erinnert. Ich mußte mich sehr zurückhalten, nicht alles, was auf dem Tisch stand, aufzuessen.

Ein Mitarbeiter des Konsulats hatte anscheinend schnell erraten, daß mein Geldbeutel leer war. Im Konsulat aber standen Malerarbeiten an, und da spannte er mich mit ein. Es war ein wunderschönes Gefühl, das Portemonnaie Stunde für Stunde wieder um ein paar Francs anschwellen zu sehen. Am Ende der Arbeiten erschien mein Name auf der Lohnliste des Konsulats als Maler.

Eines Tages wurde ich zwei Herren aus Deutschland vorgestellt, die mit ihrem VW-Bus eine Safari durch Westafrika machten und den Konsul, den sie kannten, besuchten. Als sie mich erblickten und vom Konsul hörten, daß ich auch auf einer Safari sei, und zwar mit dem Fahrrad, zeigten ihre Gesichter Überraschung, ja fast Erstarren. Sie lächelten erst etwas verlegen, zuletzt lachten sie laut. Denn sie waren nun tatsächlich auf den Verrückten gestoßen, von dem der Brückenbauer ihnen ausführlich erzählt hatte. Ich mußte ihnen über einer Tasse Tee von meiner Radtour-Safari – so ging ich in ihr Tagebuch ein – erzählen, und wir konnten viele Gedanken und Erfahrungen austauschen. Der eine Autofahrer kam von Mannesmann, wo er eine leitende Stelle innehatte, während sein Begleiter Zahnarzt in Düsseldorf war. Sie luden mich ein zu einer Fahrt mit dem Bus zum Tschad-See, wohin man mit dem Fahrrad nicht kommen konnte, weil die Straße eine reine Sandstraße war.

Der Tschad-See war für mich ein Traum: der Sand, die Stille, die aufgehende Sonne, ein Eingeborener, der nachdenklich in seinem Boot saß und fischte. Nicht weit von uns ragte ein hoher, freistehender Felsen wie ein Pilz aus der Erde. Man konnte unter Schwierigkeiten bis auf die Spitze steigen – ich tat es. Noch schwieriger aber als der Aufstieg war der Abstieg. Ein unvergeßliches Erlebnis, besonders bei dem Gedanken, daß auf diesem Felsen vor Zeiten Menschen in religiösen Ritualen geopfert und in die Tiefe gestürzt wurden. Wir erfuhren dies von den alten Bewohnern, die noch mehr von den Sitten und Gebräuchen ihrer Vorfahren wußten als die junge Generation.

Als ich mich von den beiden Safari-Touristen in Fort Lamy verabschiedete, durfte ich ihnen meine Querflöte nach Deutschland mitgeben. Die Hitze im Tschad hatte ihr so zugesetzt, daß das Ebenholz so trocken wurde, daß die Schutzringe an den Enden der Flötenteile abzufallen begannen. Später in Deutschland habe ich die Flöte bei den Herren wieder abgeholt, und der Zahnarzt lud mich gleich zu einer Zahnbehandlung ein.

Eine musikalische Belohnung

Zur Querflöte noch eine kleine Geschichte. Als siebzehnjähriger Schüler besuchte ich einmal einen Mitschüler, der gerade Querflöte spielte, als ich kam. Ich selbst spielte Blockflöte, wünschte mir aber immer eine Querflöte, die mir meine Eltern aber nicht schenken konnten, da sie einfach zu teuer war. Ganz fasziniert, wie schön und leicht er spielte, bat ich ihn, mich einmal blasen zu lassen. Natürlich kamen die ersten Töne alles andere als wohlklingend heraus. Leider brach unser „Unterricht" schnell ab, weil der Schulkamerad in die Stadt mußte, und es blieb bei mir eine tiefe Enttäuschung zurück. Die Blockflöte spielte ich jedoch weiter, auch auf meiner Amerikareise. In Peru und in Bolivien sah und hörte ich die Indios oft auf einer Holzflöte spielen.

Einige Monate nach meiner Ankunft in Lambarene kam ein neuer Arzt im Spital an. Als ich am Abend in meinem Zimmer an meinem Tisch saß und schrieb, hörte ich, daß jemand Querflöte spielte. Es war mir sofort klar, daß das der neue Arzt war, Doktor Walter Munz. Ich spürte Vertrauen zu ihm und bat ihn, mich einmal auf seiner Flöte ein oder zwei Töne spielen zu lassen. Er machte mit mir eine Zeit aus und erklärte mir dann wie ein guter Lehrer den Mundansatz, die Atmung, die Fingerhaltung. Es dauerte nicht lange und ich entlockte der Flöte die ersten schönen Töne. Jetzt sagte ich, daß ich, sobald es mir gelänge, das Kinderlied „Alle meine Entchen schwimmen auf dem See…" zu spielen, mir von meiner Mutter eine Querflöte wünschen würde. Als es gelungen war, schrieb ich nach Hause, und meine Mutter stellte eine gebrauchte Querflöte in Aussicht. An eine neue war zu jener Zeit nicht zu denken, weil die Mutter von einer kleinen Rente lebte. Nur dadurch, daß sie Zimmer an Studenten vermietete und noch etwas als Krankenschwester arbeitete, konnte sie eine solche Extra-Ausgabe überhaupt ermöglichen.

Als ich Albert Schweitzer nach einem Arbeitsbericht beiläufig freudig von der Aussicht erzählte, eine Querflöte zu bekommen, fragte er sofort: „Eine Blechflöte?" Ich antwortete, im Stolz gekränkt: „Nein, eine Silberflöte", und betonte besonders das Wort „Silber". Er lächelte und fuhr fort: „Siegfried, das *ist* doch eine Blechflöte. Laß dir eine Holzflöte schicken, die hat einen wärmeren Ton." Da wurde mir wieder ganz schnell bewußt, daß ich mit einem Fachmann für Orgelbau sprach, wo in erster Linie Holz die schönen warmen Töne hergibt. Ich schrieb noch am gleichen Tag nach Hause und erhielt schließlich eine besonders schöne alte Hammig-Flöte. Das Mundstück war aus Silber und auch die Klappen, aber alles andere aus dunklem Grenadillholz, einem Edelholz. Nun lernte ich mit Hilfe einer Querflötenschule, die mir ein Freund aus Paris schickte, sehr schnell, darauf zu spielen, wenn auch nie hochklassig, weil mir der Takt stets Schwierigkeiten bereitete. Aber es war mir doch eine große Freude, daß Albert Schweitzer mich einmal auf dem Klavier zu einer Bachkantate begleitet hat, ebenso ein Musikprofessor und bekannter Orgelspieler aus New York, Eduard Nies-Berger, und Erwin Reuven Jacobi, Musikprofessor aus Zürich. Damit war ich für meine musikalischen Anstrengungen mehr als belohnt.

Unerwarteter Flug in die Sahara

Nach den Malerarbeiten im Konsulat bot sich noch eine interessante Aufgabe, die ich gerne ergriff. Eine deutsche Forschungsexpedition war in der Sahara steckengeblieben. Es wurde ein mechanischer Schaden an einem Fahrzeug und Geldbedarf gemeldet. Ersatzteile sowie Geld sollten mit einem französischen Militärflugzeug in die Oase Fayalargeau gebracht werden. Ich war bereit, das Geld und die Ersatzteile in Fayalargeau zu übergeben. Die Botschaft überließ es mir, mit dem Piloten zu sprechen, ob er mich mit meinem kanadischen Paß in der französischen Militärmaschine mitnehme. Mit einem Empfehlungsschreiben von der Botschaft und aufgrund meines französischen Privatpilotenscheins von Libreville nahm mich der Pilot ohne langes Zögern mit. Plötzlich saß ich mit 60 schwarzen Soldaten vom Tschad als einziger weißer Passagier im Flugzeug. Kurz vor der Landung kreisten wir mehrere Male über der Oase. Der Grund: Motorschaden. Die Maschine setzte schließlich zur Landung an, aber sie gelang ihr nicht. Der Pilot riß die Maschine wieder hoch und versuchte es ein zweites Mal, wieder vergeblich. Der dritte Versuch war jedoch ein Erfolg. Beim Aussteigen hat mich sehr beeindruckt, wie der Pilot die Soldaten in strammer Haltung antreten ließ und aus einem großen, schön geflochtenen Korb jedem eine Handvoll Datteln gab. Erst nach diesem Essensempfang waren sie frei, sich zu rühren.

In der Nacht schlief ich draußen auf dem schönen goldgelben Saharasand. Ich fror aber jämmerlich trotz meines Daunenschlafsacks aus Alaska. Für die Sahara in der Nacht war eben meine Bekleidung zu leicht. Nachdem ich am nächsten Tag die Ersatzteile und das Geld übergeben hatte und meine Mission damit erfüllt war, flog ich mit derselben Militärmaschine über eine zweite Oase, in der wir zwischenlandeten, nach Fort Lamy zurück. Diese Oase lag an der Kreuzung verschiedener Kamelrouten. Nie zuvor sah ich so viele Kamele wie hier. Sie lagerten auf einem großen Terrain, und zwischen ihnen riesige Gepäcktaschen aus Leder, Schläuche, auch wieder aus Leder, Kalebassen für Wasser und Ballen von wildem, hartem Gras für die Kamele. Auf dem Rücken einiger Kamele, die sich auf dem Boden ausruhten, saßen die Besitzer der Tiere, müde oder nachdenklich. Sie schienen Zeit zu haben. Die Haut der Gesichter war wie aus Pergament, gefärbt wie der Sand der Wüste und die Haut der Tiere, vielleicht noch etwas dunkler. Viele Kameltreiber liefen auch geschäftig hin und her, diskutierten und schlossen einen Handel ab. Diese Beduinen hatten schöne, oft farbige Gewänder an, waren im Gesicht etwas verschleiert und trugen einen Turban. Sie waren schlank und schön anzusehen, schlossen sich aber zur Außenwelt hin ab, und es gehörte viel Geschick dazu, in ihre Sphäre einzudringen. Meine vieljährige Afrika-Erfahrung machte es mir jedoch möglich, etwas in diese für uns sehr interessanten, aber wortkargen Menschen hineinzuschauen. Sie sprachen mit mir, sie erzählten mir aus ihrem Alltagsleben. Leider habe ich keine Notizen mehr.

Die Zeit der Zwischenlandung war vorüber, und ich mußte zurück zum Flugzeug. Der Abschied von der Oase fiel mir schwer. In Fort Lamy setzte ich mich wieder aufs Fahrrad und fuhr weiter Richtung Nigeria. Noch vor der Grenze ruhte ich mich eine Weile von der Sonnenglut in einem Wald nahe der Straße aus, als plötzlich das Getrampel von Hufen ertönte. Der Lärm kam immer näher, und plötzlich standen 50 oder 60 Antilopen im Abstand von sieben Metern vor mir. Diese hundert und mehr großen dunkelbraunen Augen und die graziöse Gestalt der Tiere waren zauberhaft schön. Doch als die mir am nächsten stehende Antilope mich erblickte, drehte sie sich um und stob in dieselbe Richtung davon, aus der sie gekommen war, und alle anderen Antilopen mit ihr. Keine zehn Sekunden verstrichen, und sie waren nicht mehr zu sehen. Ein Naturerlebnis sondergleichen.

Abenteuer Wasserski

Nach der Überquerung der Grenze nach Nigeria ging die Fahrt ohne Unterbrechung in Richtung Süden, auf Lagos zu. Etwa 60 Kilometer vor der Hauptstadt begegnete ich einem jungen englischen Ehepaar an einer Straßenkreuzung, wo goldgelbe Ananas verkauft wurden. Die beiden Engländer boten mir gleich eine herrliche Ananas an, die beim Anschneiden nur so von süßem Saft triefte. Der Ehemann befragte mich über meine Radtour durch Amerika und Afrika, und sie luden mich ein, bei ihnen in Lagos zu übernachten. Er arbeitete bei dem Reifenhersteller Dunlop. Spät abends kam ich bei meinen Engländern an und wurde herzlich empfangen, zu einem guten Essen eingeladen und bekam ein ebenso herrliches Bett. Nach vielen Wochen harten Bodens unter dem Schlafsack ist ein Bett etwas märchenhaft Schönes.

Am nächsten Tag besuchte ich Bekannte in Lagos, das Ehepaar Kopp. Ich hatte Herrn Kopp 1964 in Libreville kennengelernt, wo er sich nach einem Lambarene-Besuch aufhielt, um ein Flugzeug nach Lagos zu nehmen. Er leitete dort die Schiffsagentur der Firma Hugo Stinnes. Herr Kopp hatte mich damals eingeladen, ihn zu besuchen, wenn ich nach Lagos käme. Bei meinem Eintreffen schaute er sich das Fahrrad lange und genau an und stellte fest, daß es einer Überholung bedürfe. Schon am nächsten Morgen wurde es vor seinem Haus repariert. Neben dem Mechaniker, den er extra zu sich bestellt hatte, lagen viele neue Speichen, zwei neue Reifen und zwei neue Schläuche. Kopp zahlte ihn in Bargeld aus. Diese Geschäftsmethode ist nicht selten in Afrika: ich bezahle nur, was ich sehe.

Unter der Post, die ich bei Familie Kopp für mich vorfand, war auch ein Brief von Dr. Bauerhenn, meinem Freiburger Hausarzt, und nicht nur ein Brief, sondern auch eine Notiz, daß auf einer von ihm genannten Bank in Lagos eine Geldüberweisung für mich sei. Ich freute mich unsagbar, als ich auf der Bank 200 Mark auf meinen Namen vor-

Bewässerungsvorrichtung

Hirseernte

Viehtränke

Mädchen mit Kind

Auf der Landstraße nicht ohne Waffen unterwegs

Oase Fayalargeau, Sahara

fand. Ich hatte Dr. Bauerhenn zehn Jahre lang nicht mehr gesehen. Er und seine Frau, auch Ärztin, wohnten gegenüber von meinem Elternhaus.

Das Ehepaar Kopp nahm mich und Freunde von ihnen auch einmal zum Wasserskifahren mit. Als Schwarzwälder war mir Skifahren vertraut, aber nicht Wasserski. Von der Startstelle unter dem Wasser mit den Skiern auf die Wasseroberfläche zu kommen und sich dann dort zu halten, ist schwer, aber dann gleitet und fliegt man sozusagen auf dem Wasser. Ich bekam gute Anleitung von meinen Gastgebern, und nach den ersten Purzelbäumen glitt ich mit den Skiern über einen idyllisch gelegenen einsamen See unweit von Lagos. Ein Hochgefühl der Freiheit und der Kraft.

Zum Wasserskifahren noch eine Begebenheit in New York, wo ich 1956 am Abend des ersten Tages nach meiner Ankunft zufällig zum Rockefeller Center gekommen war. Vor dem Gebäude befand sich eine vertieft gelegene Schlittschuhbahn. Von der Straßenhöhe konnte man über ein Geländer nach unten schauen und die Schlittschuhläufer bunt durcheinanderwirbeln sehen. Es war ein so schönes, munteres und fröhliches Treiben dort unten, daß es mich förmlich dorthin zog, obwohl ich diese Sportart noch nie versucht hatte. Ich lieh mir Schlittschuhe aus. Und schon war ich auf dem Eis. Und ebenso schnell lag ich auf dem Boden, einmal auf dem Rücken, einmal auf dem Bauch. Das Gleiche geschah immer wieder: Aufstehen – Laufversuch – Hinfallen. Als ich zum x-ten Mal versuchte, schnell wieder aufzustehen, besonders in Anbetracht so vieler Zuschauer, hakte sich plötzlich ein Arm mit Schwung in meinen linken ein und gleichzeitig ein zweiter Arm in meinen rechten Arm. Zwei hübsche junge Mädchen im Studentenalter hatten mich während ihres Laufs hochgehoben, aufgefangen und liefen dann mit mir viele Bahnen und ließen mich zuletzt ohne Vorwarnung, in voller Fahrt mit Schwung allein weiterlaufen. Das war amerikanische Wirklichkeit.

Unter die Räuber geraten

Nach den schönen Tagen bei Familie Kopp in Lagos sattelte ich wieder mein Fahrrad und fuhr weiter nach Dahomey, Togo, und in Richtung Ghana, Goldküste. In Dahomey an der Küste liefen mir plötzlich einige Jugendliche und ein Erwachsener hinterher. Das war mir von vielen Ländern vertraut. Meistens wollten sie das Fahrrad anschauen, wissen, woher ich käme und wohin ich führe. Sie staunten, sie lachten, sie amüsierten sich, denn ein Weißer in Afrika ist in ihren Augen immer reich und fährt mit dem Auto, aber nicht mit dem Fahrrad. So hat man mich mit meinem Fahrrad oft mindestens so bemitleidet, wie man mich bestaunte. Ich hatte Kinder und auch Erwachsene immer gern, wenn sie mich fröhlich und oft mit strahlenden und neugierigen Augen ansprachen. Aber die Jugendlichen und der Erwachsene hier, die lachten nicht, hatten böse Augen und keine schönen Stimmen. Sie hielten mich von hinten her, vom Gepäckträger aus, an. Kein Dorf, keine Häuser in Sicht. Zuerst versuchte ich, die Burschen durch Lachen und gute Zusprüche loszuwerden. Das glückte nicht. Sie hatten es offenbar auf mein ganzes Hab und Gut abgesehen. Beim Versuch weiterzufahren, liefen sie wieder hinter mir her und hielten mich ruckartig an. Das wiederholte sich noch zweimal. Dann stellte ich mein Fahrrad hin, ergriff den ersten Burschen und entledigte mich seiner mit einem Schulterwurf, des zweiten ebenso, und den Erwachsenen hielt ich mir mit ein paar Handkantenschlägen vom Leibe. Sie liefen mir noch nach, erreichten mich aber nicht mehr. Das war einer der weniger schönen Zwischenfälle auf meiner Amerika- und Afrikatour. Insgesamt habe ich immer Glück gehabt, habe aber von anderen Afrikareisenden gelegentlich schlimme und traurige Erlebnisse gehört.

Togo erlebte ich als ein friedliches, verhältnismäßig wohlhabendes, schönes, kleines Land. In Lomé, Hafenstadt und zugleich Hauptstadt, lernte ich einen sehr netten französischen Arzt kennen. Seine Frau war mit zwei adoptierten einheimischen Kindern zu der Zeit in Europa. Oft kehren männliche Europäer, wenn sie über sieben Jahre in Afrika gelebt und dort gearbeitet haben, nicht mehr nach Europa zurück. Afrika hat sie dann sozusagen „geschluckt", gibt sie nicht mehr her. Bei den weißen Frauen ist das ganz anders. Sie gehen jung verheiratet von Frankreich in die ehemaligen Kolonien oder in die neuen unabhängigen Staaten, zum Beispiel in Äquatorialafrika. Das ist zuerst interessant, auch für die Frauen. Aber nach ein paar Jahren setzt Langeweile ein, wenn die Frau zum Beispiel mit dem Leiter einer Sägerei oder einer Holzexportfirma verheiratet ist und mit ihm mitten im Urwald lebt. Der Mann ist voll beschäftigt mit seiner Arbeit und liebt seine Tätigkeit. Die Küche und der Haushalt sind für einen Boy reserviert. Eine weiße Frau, die den Boy wegschickt und den Haushalt übernehmen möchte, wird geringgeschätzt, vielleicht als geizig angesehen, wird nicht geachtet von den Einheimischen. So beginnt sie, sich nach ihren Nachbarn in ihrer Heimatstadt, nach gemütlichen Kaffeestunden, Einkäufen in schönen Geschäften und mehr zu sehen. Wird ein Kind geboren, dann ist das Problem bald gelöst. Nach ein paar Jahren muß es eingeschult werden, aber natürlich nicht im Urwald, sondern in Europa, oft in Paris. Kehrt aber eine junge Frau erst einmal nach Europa zurück, dann ist es meistens der Abschied von Afrika. Für die Männer war und ist das nicht so einfach. Sie verdienen gut, oft sogar sehr gut und auf alle Fälle besser als in der Heimat. Sie riskieren zwar oft auch ihre Gesundheit, aber für den Mann zählt auch das Abenteuer, und davon bietet Afrika genug.

Nun führen die unterschiedlichen Neigungen zwischen Männern und Frauen hier oft zu einer Trennung über Tausende von Kilometern. Am Ende wird häufig auch eine eheliche Trennung daraus. Da es aber für die Männer im Prinzip auf die Dauer schwierig ist, ohne Frau zu leben, nehmen sie sich erst einmal eine Eingeborene für die Küche, die dann nach einer gewissen Zeit in den Armen des Weißen landet und dort bleibt. Das ist aber nur eine Variante, wie sich das Leben von jungen Europäern in Afrika gestalten kann. Andere überbrücken die Schwierigkeiten und bleiben glücklich zusammen. Noch ein Wort zur Mischehe Weiß und Schwarz: Ein Weißer, der in Afrika eine Eingeborene als seine Frau zu sich nimmt, wird im allgemeinen akzeptiert, besonders wenn er der Brotgeber des Dorfes ist, das heißt, wenn zum Beispiel die Männer des Dorfes der schwarzen Frau bei ihm als Holzfäller arbeiten. Wenn er ein guter und gerechter Chef ist, braucht er keinen Ärger zu befürchten. Anders, wenn ein Afrikaner in Europa eine weiße Frau gewinnt und mit ihr nach Hause in sein Dorf kommt. Dagegen wehren sich die jungen Frauen des Dorfes, denn sie fragen ihn, ob sie nicht schön genug für ihn seien. Er muß sich verstecken, er wird verachtet, er hat keine Heimat mehr. Die weiße Frau hingegen wird angenommen; man gibt ihr keine Schuld. Wie lange sich aber eine Europäerin in einem Kral in Äquatorialafrika wohlfühlen kann, ist eine andere Frage.

Die Fahrradreise ging weiter in Richtung Ghana. Doch die Grenze war geschlossen, in Ghana herrschte Revolution. Nkrumah war gerade gestürzt worden. Die Straße zurück nach Lagos war zu weit und jetzt auch zu unsicher. Ein deutscher Kapitän nahm mich auf seinem Schiff nach Nigeria mit. Dieses fuhr einen Fluß stromaufwärts, um Holz zu laden. Der Kapitän erzählte mir auch, daß das edelholzreiche Urwaldgebiet, das sich von der Küste Hunderte von Kilometern ins Land hineinzieht, für europäische Schiffe, die dort Edelhölzer laden, oft recht gefährlich sein kann. Die Eingeborenen nähern sich bei Nacht mit ihren Einbaumbooten dem Schiff und steigen mittels hochgeworfener Seile an der Schiffswand hoch und nehmen dann mit, was nicht niet- und nagelfest ist. Sie lassen es nicht gerne auf kämpferische Auseinandersetzungen ankommen, was sie aber gefahrlos erhaschen können, erobern sie sich gern. Solche Nächte auf einem Schiff auf einem Fluß im Urwald sind folglich keine Erholungsreise. Ich habe auf anderen Schiffen auf offener See besser geschlafen.

Als ich den Gabun verließ, wollte ich ganz Afrika bereisen, wie zuvor Amerika, sah aber bald ein, daß Afrika nicht Amerika ist. Afrika ist ärmer, hat eine schwache Infrastruktur, häufiger drohen gefährliche Krankheiten, und das Klima ist belastender als in Amerika. Für die Strecke von Gabun nach Nigeria mit Umwegen über rund 6000 Kilometer benötigte ich ein halbes Jahr. In Amerika genügte für eine solche Strecke weniger als die halbe Zeit. Ein Blick in meinen Paß zeigte mir auch, daß er langsam ablief. Einen neuen zu bekommen war teuer und kurzfristig nicht möglich. Hier in Lagos, einer großen Hafenstadt mit vielen einlaufenden und auslaufenden Schiffen, bestand aber eine gute Chance, auf ein Schiff nach Europa zu kommen. Und da erinnerte ich mich an folgende Begebenheit in Lambarene:

Ich komme von einer Bananenfahrt ins Spital zurück. Ein älterer Herr zeigt Dr. Schweitzer vor dem Treppenaufgang zum Speisesaal ein Gemälde. Der Besucher ist mir nicht bekannt. Doch ich habe gerade meine Leica bei mir und knipse zwei, drei Bilder. Als die Abzüge aus Europa zurückgekommen sind, sagt man mir, daß der Besucher auf den Bildern Hugo Stinnes sei, unter dessen Flagge mehrere Frachtschiffe die Westküste von Afrika anlaufen. Hugo Stinnes war ein persönlicher Freund von Albert Schweitzer und verschiffte für das Spital alles Nötige von Deutschland kostenlos nach Lambarene. Lief eines seiner Schiffe zufällig zur Weihnachtszeit den Hafen Port Gentil an, dann bekamen wir auch einen Weihnachtsbaum von ihm.

Ich schickte Herrn Stinnes die Bilder und bekam prompt einen Dankesbrief, worin er auch äußerte, daß er mir jederzeit gerne einen Gefallen tun würde, wenn sich eine Gelegenheit ergeben sollte. An diesen Brief erinnerte ich mich jetzt, wo mich die Frage einer Rückkehr nach Europa sehr beschäftigte. Ich war gerade 36 Jahre alt geworden, noch nicht ins Berufsleben eingestiegen und hatte weder Geld in der Tasche noch auf der Bank. Jetzt stand plötzlich der Gedanke an meine berufliche Zukunft im Vordergrund. Die Vernunft siegte. Ich ließ den Reeder Hugo Stinnes über Herrn Kopp fragen, ob ich mich auf einem seiner Schiffe nach Europa „hinüberarbeiten" dürfe. Die Antwort kam umgehend per Funk: Nein, arbeiten könne ich auf seinem Schiff nicht, aber gerne als sein Gast darauf nach Europa fahren. Ich solle mich ausruhen, kam noch als Nachsatz. Die Würfel waren gefallen. Gerade war ein Schiff nach Europa unterwegs und legte in Lagos an. Der Abschied von der Familie Kopp war herzlich.

Fast im Gefängnis gelandet

Bevor ich mich versah, war ich auf hoher See. Doch nur kurz, denn wir fuhren noch den Hafen Tema in Ghana an. Da erwachte noch einmal meine Abenteuerlust in mir. Der Grenzposten hatte mich vier Wochen zuvor an der Grenze nach Ghana schroff abgewiesen. Vielleicht – so mein Gedanke – könnte ich mit dem Rad noch eine kurze Fahrt ins Land unternehmen. Ich sprach am Abend mit dem Kapitän, einem feinen Menschen, der mir später auch noch wunderschöne Briefe schrieb. Mit ihm, so hatte ich den Eindruck, konnte man Pferde stehlen, wenn es sein mußte. Er sagte mir seine Unterstützung zu. Ein Visum für Ghana besaß ich natürlich nicht, und er hatte die volle Verantwortung für mich, weil ich auf seinem Schiff fuhr. Aber in Kapitänen steckt oft auch etwas von einem Abenteurer. Oft sind sie schweren Stürmen ausgesetzt, müssen sich vielleicht gelegentlich gegen eine aufrührerische Mannschaft behaupten und schwierige Entscheidungen in Häfen treffen. Sie können nicht immer streng nach Vorschrift und Gesetz handeln, sondern nehmen das Gesetz manchmal selbst in die Hand. Sie sind bereit, etwas zu riskieren, und menschliche Aspekte sprechen bei ihren Entscheidungen mit.

Mein Kapitän sagte: „Gehen Sie, und um sechs Uhr heute Abend sind Sie wieder zurück." Für die Matrosen war es ein Spaß, das Fahrrad über einen kleinen Kran in ein

Togo

Westafrikanische Küste

Wurf

Ausschau

Flug

Loslassen

Fang!

Kokosnüsse

Kalebassen

Wettpaddeln

Festung Christiansborg, Ghana

Motorboot hinabzulassen, das tief unten neben der Schiffswand auf dem Wasser auf mich wartete. Es war am frühen Morgen, es war noch dunkel, der Hafen schlief noch. Los ging's, auf einer Straße am Meer entlang. Um die Mittagszeit tauchte ein weißes, malerisches Riesengebäude am Strand in der Sonne auf. Beim Näherkommen sah es wie eine Festung aus. Ich stieg ab und bestaunte diese Festungsanlage. Plötzlich sprang ein Soldat mit aufgepflanztem Bajonett aus einem unscheinbaren Wächterhäuschen, das ich ganz übersehen hatte, heraus und rannte auf mich zu. Ich hatte nämlich gerade meine Leica herausgeholt für ein paar Aufnahmen von der ursprünglich dänischen Festung Christiansborg, als welche das Gebäude jetzt zu erkennen war. Und deshalb auch die besondere Wachsamkeit. Hier wurde nämlich Nkrumah, der gerade gestürzte Präsident Ghanas, gefangengehalten. Das hatte ich natürlich nicht gewußt.

Wie konnte ein Weißer bei geschlossener und bewachter Grenze so frei an die Festung und das Gefängnis herankommen? Und wie konnte er auch noch wagen, am hellichten Tag so frech Bilder zu machen? Natürlich sah der Wachtposten in mir einen politischen Journalisten. In diesem Augenblick hatte er mein Leben in der Hand. Ich erklärte dem aufgeregten Soldaten, daß ich zufällig mit dem Schiff hier sei, sein schönes Land sehen wolle und am Abend weiter nach Europa fahren werde. Ob meine Reden ihn von meiner Unschuld überzeugten, weiß ich nicht. Aber nachdem er immer wieder auf das Fahrrad geschaut und mich gründlich ausgefragt hatte, ließ er sogar die verdächtige Leica langsam wieder los, die er schon im Begriff gewesen war mir zu entreißen, und die er noch fest in der Hand hielt. Das Rad gefiel ihm offensichtlich sehr. Vielleicht fuhr er auch mit seinem Fahrrad jeden Tag von seinem Dorf zu seinem Wachdienst und sah in mir einen armen Radfahrer, der, wie er, auch kein Geld hat. Er war ein guter Mensch und ließ mich schließlich gehen.

Erleichtert stieg ich auf mein Rad und fuhr, ohne nach links oder rechts zu schauen, zum Schiff zurück. Ich sah mich schon in einem Gefängnisverlies, in das man in Afrika schneller hineinkommt als wieder heraus. In diesen doch oft sehr armen Ländern sind die Häftlinge ganz auf die Essensversorgung von ihrer Familie oder Verwandten angewiesen. Aber was für Verwandte hätten mir in Ghana täglich etwas zu essen bringen oder ein gutes Wort für mich einlegen sollen? – Ich kam gut vor der Zeit zurück aufs Schiff. Die Matrosen freuten sich, mich lebendig wiederzusehen. Mein kleines Abenteuer machte ihnen Spaß, und besonders, wie ich mich von dem Nkrumah-Wächter wieder losgeeist hatte. Auch der Kapitän war froh, seinen Schachpartner zurückgewonnen zu haben. Denn seit dem Besteigen des Schiffes spielten wir jeden Tag Schach. War er verhindert, dann sprang der Erste Offizier ein. Auch teilten der Kapitän und der Erste Offizier die Mahlzeiten mit mir. Welch ein Privileg! Es kam mir wie ein Märchen vor, daß sich plötzlich meine Hirsebrei- und Obstkost in die herrlichsten Fleischgerichte verwandelt hatten und daß ein Kellner die Speisen servierte – über gute drei Wochen hin. Kein Erd- oder Steinboden war von nun an mein Schlaflager, sondern eine warme Koje, und nächtliche Besuche von Ameisen brauchte ich auch nicht zu befürchten, ebensowenig wie Regen in der Nacht. Denn wenn es auf meiner Radtour nachts zu regnen begann, bedeutete das immer einen Aufbruch ins Ungewisse. Hier jedenfalls schlief ich herrlich.

III. Zurück in Europa

Neuorientierung

In Bremen angekommen, fuhr ich gleich weiter in Richtung Freiburg. Auf dem Weg nach dem Süden machte ich einen wichtigen Halt in Mülheim an der Ruhr bei der Stinnes AG, um dem Firmenchef für die schöne Erholungsreise auf seinem Flaggschiff zu danken. Er ließ mich sofort zu sich kommen, begrüßte mich herzlich, fragte mich vor allem nach den letzten Tagen Albert Schweitzers, wollte viel über meine Afrikatour wissen und bot mir an, in seinem Unternehmen zu arbeiten. Dieses schöne Angebot konnte ich jedoch leider nicht annehmen, weil ich kein Geschäftsmann bin. Hugo Stinnes ließ sein Angebot aber trotzdem offen. Beim Abschied lud er mich ein, wiederzukommen und zeigte auch Interesse, einmal in Freiburg hereinzuschauen. Ich besuchte noch kurz meinen Bruder Dieter in Braunschweig, der dort für den Westermann Verlag arbeitete.

Die Fahrt mit dem Rad von Bremen nach Freiburg war für mich jetzt im Vergleich zu meiner Amerika- und Afrikatour wie eine Wochenendspazierfahrt. Zu Hause wartete meine Patentante Martha Hofmann auf mich. Als Kind habe ich bei ihr meine Patenkindbesuche gemacht, habe sie geschätzt, aber jetzt entstand sehr schnell eine herzliche Beziehung mit viel Hilfsbereitschaft von ihrer Seite, die ich für mein neues, mein zweites Leben in Europa brauchte. Meine Eltern waren inzwischen gestorben, mein Vater, als ich noch in Paris studierte, und meine Mutter, als ich in Afrika war. Für mich war es jetzt wichtig, daß ich ein Dach über dem Kopf und Ruhe zum Nachdenken über die Zukunft hatte. Als erstes hieß es Geld verdienen, um in eine Krankenkasse zu kommen und um etwas Taschengeld für alltägliche Ausgaben zu haben.

Ich nahm eine Stelle am Milchhof bei „Breisgau Milch" für den Außendienst an. Anfangs war es mir unbegreiflich, daß man jetzt Milch mit dem Lastwagen in den Schwarzwald, zum Beispiel nach Todtnauberg fuhr, während man früher bei jedem Bauern Milch mit der Milchkanne kaufen konnte. Auf einer Fahrt hielt ich bei unserer ehemaligen Bäuerin Gertrud an. Als sie mich nach vierzehn Jahren wieder sah, schlug sie die Hände über dem Kopf zusammen und fragte mich nach den ersten Begrüßungsworten gleich: „Hä Siegfried, was kann ich dir abiete, a Bier oder a Wi oder a Schnäpsli?"[52] – „Eine Milch, Gertrud, wie früher." – „Ah, a Milch hab i keini, mir hän kei Küh' mehr, mir hän jetzt Kurgäscht"[53], erwiderte sie etwas traurig. Ich erinnerte mich sogar noch schwach an die Namen der Kühe, die im Stall gestanden hatten. So war

---

52 „Ja Siegfried, was kann ich dir anbieten, ein Bier oder einen Wein oder sogar ein Schnäpschen?"
53 „Ach, Milch habe ich keine, wir haben keine Kühe mehr, wir haben jetzt Kurgäste."

die Zeit an mir vorübergegangen. In den langen Jahren der Abwesenheit hatte sich die bäuerliche Welt sehr verändert.

Mit meiner Krankenkassen-Versicherungskarte ging ich zur Universitätsklinik und ließ mir meine Zähne das erste Mal seit vierzehn Jahren gründlich nachsehen. Das Resultat war katastrophal. Viele Backenzähne mußten gezogen und vier Brücken gebaut werden. Ein junger, sehr tüchtiger Arzt, Herr Eggling, übernahm die Sanierung während und im Rahmen seiner Doktorarbeit. Er schätzte Albert Schweitzers Werk in Afrika, was mir sicherlich zugute kam. Er erriet meinen Geldmangel und löste die Kostenfrage für das Gold so, daß er einen Juwelier, der Zahngold verkaufte, in seine Klinik-Praxis bestellte. Vor unseren Augen wog der Juwelier die für meine Zähne nötige Menge Gold ab und nannte den Preis von 200 Mark, den ich auch sofort bezahlte. Frau Dr. Lene Wenzel, der ich in Lambarene begegnet war und die von meiner Ankunft in Freiburg gehört hatte, richtete sofort ein Konto für mich ein und überwies einen Geldbetrag darauf. Der Zahnarzt arbeitete zügig, und die vier Brücken waren bald zur größten Zufriedenheit gebaut.

Das Vordringlichste war jetzt die Berufsentscheidung. Mit dem kanadischen Staatsexamen von Toronto, der besten Universität in Kanada, konnte ich hier nicht, wie erhofft, in den Schuldienst treten. Alle Examen hätten in Deutschland neu abgelegt werden müssen. Diese selbe Regel gilt, wie ich erfahren habe, auch für deutsche Universitätsabsolventen, die in Kanada an einer Höheren Schule unterrichten möchten. Aber dafür fehlten mir mit 36 Jahren die Kraft und das Interesse. Auch ohne den Riegel, den das deutsche Schulsystem vor meine Übernahme in den deutschen Schuldienst schob, war mir bald klar, daß ich für die Schule mit Klassen von vielleicht 40 Schülern und angesichts der gerade in Mode gekommenen antiautoritären Erziehung keine Nerven gehabt hätte. Das Leben in Lambarene unter dem Äquator, die feucht-heiße Luft, in der man in der Regenzeit das nasse Hemd ein- bis zweimal am Tag wechseln muß, hatte mein Nervenkostüm ziemlich geschwächt. Hinzu kam, daß ich während der sieben Jahre in Afrika keine Erholungszeit in Europa hatte. Ich war in Lambarene so von meiner Arbeit erfüllt, daß ich die Jahre dort nicht zählte.

Nun kam ich eines Tages am Max-Planck-Institut für ausländisches und internationales Strafrecht[54] in der Günterstalstraße 72 vorbei und blieb beim Lesen des Institutsschildes stehen. Die Worte: „ausländisch und international" ließen mich nachdenken. Dieses Institut mußte also etwas mit Sprachen zu tun haben. Die Auskunft bei näherer Erkundigung lautete, daß das Institut im Augenblick keine Stelle anzubieten

---

54 Heute Günterstalstraße 73.

habe, aber daß man gern meine Qualifikationen schriftlich festhalten und mich benachrichtigen wolle, sobald ein Posten frei werde.

Der erlösende Anruf

So wartete ich ab, verdiente mir etwas Geld mit Schreibarbeiten, Schülerbetreuung und folgte einer Einladung von Frau Wenzel, ein Semester an der Pädagogischen Hochschule in Ludwigsburg zu studieren, um einen Einblick in das derzeitige deutsche Schulsystem zu bekommen. In Ludwigsburg wohnte ich bei Frau Wenzel und war aller Geldsorgen vollkommen enthoben.

Eines Tages kommt ein Eilbrief vom Max-Planck-Institut mit der Aufforderung, mich vorzustellen. Ich sehe mich noch heute im Foyer vor dem Direktorenzimmer warten. Die Tür geht auf, und eine bildschöne Frau mit prächtigem Haar kommt heraus, geht an mir vorbei und verschwindet im Treppenhaus. Die Tür geht wieder zu. Ich bin niedergeschlagen. Mit dieser Schönheit kannst du nicht konkurrieren, geht es mir durch den Sinn. Und wie viele ähnliche Bewerberinnen waren vielleicht schon vorher hier? Doch da öffnet sich die Tür schon wieder, und der Direktor, Professor Jescheck, bittet mich einzutreten.

Eine sehr freundliche Begrüßung mit festem Händedruck. Der Direktor, ein perfekter Gentleman, fragt mich kurz nach meinem Lebenslauf. Offenkundig weiß er schon mehr über mich, als ich bei meinem ersten Vorfühlen angegeben hatte. Die feine Art seiner Befragung gibt mir mein Selbstvertrauen wieder. Zwei Etappen in meinem Leben scheinen ihn am meisten zu interessieren. Erstens mein Studium in Kanada, Frankreich und Spanien samt der Auslandserfahrung, auf die er besonderen Wert legt. Und zweitens verehrt er Albert Schweitzer, seine menschliche Größe. Professor Jescheck entläßt mich ebenso freundlich, wie er mich empfangen hatte: „Sie werden morgen früh vom Institut einen Bescheid erhalten."

Trotz des gut verlaufenen Gespräches war ich völlig unsicher, wie das „Rennen" wohl ausgehen werde. Mein Freund Heilo Dörffler und seine Frau Margret hatten mich zum Übernachten bei sich zu Hause eingeladen. Am Morgen meldete sich das Institut mit der freundlichen Stimme einer Sekretärin: „Sie können morgen um 8 Uhr Ihre Arbeit in der Bibliothek beginnen." Die Freude, hier in Deutschland wieder auf die Füße gefallen zu sein, war groß. Ursprünglich hatte ich gar nicht vorgehabt, in Deutschland zu bleiben, hatte schon in Lambarene davon geträumt, eines Tages mit meinem Flugschein für ein- oder zweimotorige Maschinen in den USA für private Unternehmer oder Firmen einige Jahre zu fliegen – und danach in Kanada zu unterrichten. Deutschland sollte eigentlich nur eine Etappe zwischen Lambarene, Kanada und den USA sein. Aber kaum war ich in Deutschland angekommen, hatte meine Verwandten und Freunde nach zehn und mehr Jahren wiedergesehen und das aufblühende kulturelle Leben auf mich wirken lassen – besonders Theater und Oper – da ließen mich die Heimat und Europa nicht mehr los. Ich entschied mich, in Deutschland zu bleiben und von Zeit zu Zeit meine zweite Heimat, Kanada, zu besuchen, was auch geschah.

Nach meiner Rückkehr aus Afrika war ich in ein tiefes Loch gefallen. Ich konnte nach meinem Studium und nach der Arbeit in Afrika nicht nahtlos meinen gewünschten Lehrerberuf ergreifen. Meine Eltern lebten nicht mehr, meine ehemaligen Schulkameraden fuhren schöne Autos, hatten ein eigenes Haus oder zumindest eine schöne Wohnung und ihren Beruf. Ich kam nach Freiburg und hatte absolut nichts, jedenfalls in materieller Hinsicht. Nein, im Grunde war ich sehr reich, ideell gesehen. Ich hatte viele echte und großzügige Freunde, und die, die von meiner neuen Existenz wußten oder erfuhren, reichten mir die Hand und fingen mich auf. Ich kann nicht alle nennen, aber mein lieber Bruder Gunter, zuletzt Pfarrer in Karlsruhe, und seine Frau Edith gaben mir sofort das Gefühl, daß Deutschland wieder mein Zuhause sei.

Meine Arbeit im Max-Planck-Institut lief sehr gut an und machte mir Spaß. Mit meinem Anfangsgehalt von etwa 700 Mark kam ich mir plötzlich sehr reich vor, zumal ich bei meiner Patentante für mein Zimmer keine Miete zu bezahlen brauchte. Das Rechnen fing erst an, als ich ein Zimmer in der Silberbachstraße 4 mietete, direkt beim Institut, um Zeit zu sparen, die kostbar für mich war. Das Institut war damals noch klein mit ungefähr 25 Mitarbeitern, während es heute über hundert sind. Mir wurde jetzt schnell bewußt, daß ich der Sohn eines Buchhändlers war. Auch ging ich gern mit Büchern um, und nach einem halben Jahr Probezeit stellte das Institut mich fest an.

Kanadische oder deutsche Staatsangehörigkeit?

Nun stellte sich die Frage, ob ich die kanadische Staatsangehörigkeit aufgeben und die deutsche wieder annehmen sollte. Für meine Arbeit an einem Max-Planck-Institut erschien es besser, deutscher Staatsbürger zu sein. Die kanadische Staatsangehörigkeit daneben zu behalten war nicht möglich. Ich hatte sie auch nur in der Absicht angenommen, um in Kanada als Lehrer an einer staatlichen Schule unterrichten zu können. Die Entscheidung fiel mir trotz allem nicht leicht. Kanada ist ein riesiges Land mit vielen Bodenschätzen und gewaltigen Naturschönheiten. Das Leben dort ist lockerer, mit weniger Zwängen und weniger bürokratischen Formalitäten als in Deutschland. Es gibt weniger Verbote und mehr Freiheit. Man wohnt billiger, wenn man sich nicht gerade einen vornehmen Stadtteil in Toronto aussucht. Dagegen stehen Deutschland und Europa mit ihrer alten Kultur und ebenso bedeutenden Naturschönheiten. Außerdem wendet man seine erlernten Fremdsprachen hier leichter an, weil man nur die Grenzen zu überschreiten braucht und schon mitten in einem anderssprachigen Land ist.

Nachdem der Entschluß gefaßt war, die deutsche Staatsangehörigkeit wieder zu erwerben, ging ich zu der entsprechenden Behörde. Der junge Angestellte verhielt sich kritisch-abweisend. „Warum haben Sie die deutsche Staatsbürgerschaft gegen die kanadische aufgegeben?" Die Frage war legitim, aber meine Erklärung, wonach ich in den kanadischen Staatsdienst hatte eintreten wollen und man dazu kanadischer Staatsangehöriger hätte sein müssen, stimmte ihn nicht entgegenkommender. Erst eine Empfehlung von Professor Jescheck, eine Art Bürgschaft für meine Person von seiten der Max-Planck-Gesellschaft, brach den Widerstand. Ein Antrag war auszufüllen, und der Wiedererwerb der deutschen Staatsbürgerschaft sollte 300 Mark kosten. Es verging vielleicht ein halbes Jahr, bis ein Schreiben eintraf, wonach mein Antrag genehmigt sei und der Ausweis abgeholt werden könne. In der Behörde saß mir dieses Mal ein ganz anderer Beamter gegenüber, das heißt, es war derselbe, aber wie umgewandelt: freundlich, aufgeschlossen, ja fast kameradschaftlich. Da beugte er sich auf einmal über seinen Schreibtisch zu mir hin und fragte: „Herr Neukirch, wie war denn das, als Sie nach Kanada gingen?" Und nun mußte ich ihm erzählen und viele Fragen beantworten, auch über die USA und das Leben und die Verdienstmöglichkeiten dort. Er erzählte mir gleichzeitig, daß er in dem halben Jahr, während mein Antrag lief, in den USA eine Praktikumsstelle innegehabt hatte, die ihm Einblick in das Leben und in die Chancen in den USA gab. Aber auch dort war für die Stelle, die man ihm am Ende seiner Einarbeitung anbot, die amerikanische Staatsbürgerschaft notwendig. Mit der deutschen hätte er sie nicht erhalten. Der Posten reizte ihn, war verführerisch.

Wie mein lieber junger Beamter sich letztlich entschied, konnte ich nicht weiter verfolgen, freute mich aber über seine plötzliche Offenheit und seinen erstaunlichen Sinneswandel, und ich bin ihm heute noch dankbar für eine großzügige Geste: Als ich meine Papiere nahm und meine Brieftasche hervorholte, um die 300 Mark zu bezahlen, wehrte er ab: „Herr Neukirch, ich regle das für Sie." Wir verabschiedeten uns mit einem festen Händedruck und wünschten uns gegenseitig das Beste, ich ihm für seine nicht leichte Entscheidung und er mir für einen guten Start in Deutschland.

Das verlockende Angebot: Japan

Langsam fühlte ich neue Kräfte und begann, von fernen Ländern zu träumen, vor allem von Japan. Meine Studien in der japanischen Sprache,[55] die ich in Lambarene bei Dr. Takahashi begonnen hatte, setzte ich an der Freiburger Universität fort. Gelegenheit

---

55 Siehe Abbildung japanischer Schriften im Anhang Seite 201-204.

dazu bestand nach meiner Institutsarbeit am späten Nachmittag oder Abend. An Seminaren teilzunehmen war nur sporadisch möglich. Die eigentliche Sprachwissenschaft, die Japanologie, mußte zurücktreten gegenüber dem bloßen Wunsch, nur schreiben, lesen und sprechen zu lernen. Für mehr war keine Zeit, weil ich mich im Max-Planck-Institut noch einarbeiten musste, und weil sich bald die ersten Privatschüler für Englisch- und Französischunterricht bei mir anmeldeten.

Aus der anschließenden Zeit als Privatlehrer möchte ich noch eine kleine Begebenheit erzählen, an die ich gelegentlich denken muß, wenn ich in den Bergen mit dem Fahrrad bergab fahre. Ich hatte einmal am Abend einen Schüler in Englisch. Es läutete, und die kleine, vielleicht siebenjährige Schwester holte ihn ab. Der Junge wollte aber unbedingt noch auf dem Globus sehen, wie ich damals mit dem Fahrrad von Kanada bis nach Feuerland gefahren war, wovon ich ihm einmal auf Englisch erzählt hatte. Ich reiste also mit dem Finger auf dem Globus von Kanada bis nach Argentinien und wiederholte ständig mit einem gewissen Stolz: „Hier bin ich runter gefahren, …und hier runter, und hier runter." Als der Finger ganz unten angekommen war, sagte die Schwester in ihrem ländlichen Dialekt: „Hä jo, des isch ja licht gsi, du bisch ja imma de Berg runta gfahre!"[56] Das war eine ganz neue Wertschätzung meiner Amerikaradtour.

Im Institut hatten wir immer wieder Gäste aus Japan. Diese hatten sich zu Hause in Japan auf die deutsche Sprache vorbereitet, aber hatten kaum Praxis im Sprechen. Wir fanden uns oft schnell im gegenseitigen Sprachaustausch. Ich denke besonders an Professor Hideo Nakamura und an Professor Kikkawa. Beide arbeiteten am Max-Planck-Institut, und wir saßen oft bis spät in die Nacht hinein über der deutschen und der japanischen Sprache. Eines Tages luden mich beide Gelehrten ein, für ein Jahr nach Japan zu kommen, um dort meine Kenntnisse an ihren Universitäten in Tokio zu vertiefen. Sie lehrten an privaten Hochschulen in Tokio und wollten es möglich machen, mir die Gebühren zu ersparen, die an Privatuniversitäten horrend hoch sind. Zum Wohnen war ich bei ihnen eingeladen, und fürs „Taschengeld" könne ich privat Englisch- und Französischunterricht geben. Alles hörte sich sehr verführerisch an. Auf die Frage aber an Dr. Löffler, unseren damaligen Bibliotheksdirektor, ob ein unbezahltes Freijahr möglich sei, antwortete dieser: „Herr Neukirch, Sie können gerne ein Jahr für Studienzwecke nach Japan fahren, aber wir können Ihre Stelle bis zu Ihrer Rückkehr nicht offen halten."

Ich überlegte nicht lange, sondern machte an Stelle des einjährigen Studiums einen vierwöchigen Besuch in Japan. Dort wurden mir die Schwierigkeiten der japanischen Sprache erst richtig bewußt. Bei gründlichem Erlernen bis zu dem Punkt, mit Japanisch

---

56 „Ach ja, das ist ja leicht gewesen, du bist ja immer den Berg heruntergefahren!"

Japan

Meine Gastgeberfamilie Prof. Nakamura

Geschäftsstraße in Tokio

Schüler einer Privatschule

Schüler beim Gebet im Tempel

Deutschunterricht an einer Musikhochschule

Teil einer Hochzeitszeremonie

Weltausstellung, Osaka, 1970

Vortrag über Lambarene und die letzten Tage von Albert Schweitzer, gehalten vor der Albert-Schweitzer-Gesellschaft in Tokio, Mai 1970

Sumo - die Arena

Sumo - der Kampf

Yokohama, Hafen. Ein buntes Papierband verbindet die Passagiere an Bord des auslaufenden Schiffes mit denen, die sie verabschieden, bis das Band abreißt

auch Geld zu verdienen, hätte ich meine europäischen Sprachen praktisch aufgeben müssen. Das kam aber nicht in Frage. Zu dieser Überlegung gesellte sich noch ein anderer Aspekt. Im Max-Planck-Institut waren die Sprachen Englisch, Französisch und Spanisch nützlich, hatten aber keinen Seltenheitswert. Englisch und Französisch sprachen viele Mitarbeiter, Spanisch weniger. Für Russisch, und das bedeutete damals die Sprache der zweiten Weltmacht, waren nur eine Referentin und später ein Referent zuständig. Der Bibliotheksdirektor, der gute Russischkenntnisse von der DDR her besaß, half mir zwar, wenn ich bei meiner Arbeit Fragen bezüglich der russischen Sprache hatte, aber glücklich war ich über diese Abhängigkeit nicht. Hinzu kam, daß ich auf der Hinfahrt nach Japan auf einem russischen Schiff – von Nachodka nach Yokohama – erneut feststellte, daß ich kein Wort Russisch konnte. Auf dieser Fahrt erhielt ich zufälligerweise meinen ersten Russischunterricht. Die Oberstewardeß interessierte sich sehr für die deutsche Sprache und bat mich, ihr deutsche Texte vorzulesen und nach dem Lesen ihre Aussprache zu korrigieren. Das tat ich gerne, aber ließ mir auch von ihr gleich die ersten Anfänge des Russischen aufzeigen und vermitteln.

Der Empfang in Tokio und das Wohnen in meinen verschiedenen japanischen Gastgeberfamilien war nicht nur wunderschön, sondern auch für mich, als Europäer, äußerst interessant und lehrreich. Die japanischen Sitten und Gebräuche konnte ich so täglich erleben, beobachten und über so manches staunen. Und das Schöne: Ich konnte immer Fragen stellen, mir Unverständliches erklären lassen. Ich besuchte die Weltausstellung in Osaka, machte kleinere und größere Reisen, wie auch mit dem Shinkansen-Zug nach Hiroshima, wo ich einen japanischen Arzt besuchte, den ich in Lambarene kennengelernt hatte, sah mir einmal Sumo-Kämpfe an, ging ins Kabuki-Theater. Daß ich die ganzen vier Wochen in japanischen Familien wohnen konnte und in weitere japanische Familien eingeführt wurde, war ein besonderes Privileg, denn im Japan vor dreißig Jahren war es durchaus nicht üblich, daß Gäste aus Europa bei ihren Gastgebern auch wohnten. Sie wurden im Hotel untergebracht und auch zum Essen nicht nach Hause, sondern ins Restaurant eingeladen. Die oft dünnen Wände und häufig kleinen Zimmer stellten japanische Wohnungen meist schon als eine private und intime Sphäre dar, die ein Europäer, der ganz andere Lebensgewohnheiten hat, leicht ungewollt stören könnte. Japan war für mich eine neue Welt, voller neuer Bilder und Erlebnisse, und ist es noch bis heute. Selbst nach meinem dritten Besuch möchte ich nicht behaupten, Japan wirklich zu kennen. Doch auf der Rückreise von Japan nach Deutschland kam ich zu dem Entschluß, das Studium des Japanischen nach vier Jahren abzubrechen und stattdessen mit Russisch zu beginnen.

Berlin und der besondere Theaterbesuch

Beim Umsteigen in Berlin vom Zug aus Moskau, um nach Freiburg zu gelangen, hatte ich noch ein unerwartetes Erlebnis, das mein Leben entscheidend verändern sollte. In Berlin ging ich, wie immer in einer fremden Großstadt, als erstes auf die Suche nach einem guten Theater oder nach einer Oper. An der Kasse des Theaters aber, das ich mir ausgesucht hatte, waren alle Karten ausverkauft. Enttäuscht ging ich ohne neues Ziel einige Straßen weiter und stieß auf ein zweites Theater. Dort gab es noch eine Karte, die, wie mir die Kassiererin sagte, gerade jemand zurückgegeben hatte. Eine Komödie von Valentin Kalajew wurde gespielt: „Ich will Moussow sehen". Ich erreichte gerade noch meinen Platz, bevor der Vorhang aufging. Das Theaterstück war gut, ich konnte herzlich lachen.

Nach der Vorstellung wollte ich noch zum „I-Punkt", damals das höchste Gebäude in Berlin, von dem aus die ganze Stadt zu überblicken war, wie ich bei meiner Ankunft erfahren hatte. Doch den Weg dorthin wußte ich nicht. Ich hatte das Theater schon verlassen und war im Begriff, mir bei einem Passanten Auskunft zu holen. In diesem Augenblick ging meine Platz-Nachbarin aus der eben besuchten Vorstellung, eine Studentin, wie es schien, an mir vorbei. Ich sprach sie an und wurde aufgefordert, ihr ein Stück zu folgen, da sie in die gleiche Richtung gehe.

Wir kommen miteinander ins Gespräch, und sie fragt mich, was mich nach Berlin geführt habe. Ich erzähle ihr, daß ich gerade von Tokio komme und auf dem Weg nach Freiburg sei. „Freiburg?!" Ihr Gesicht leuchtet auf. Begeistert erzählt sie von einem Besuch in dieser schönen Schwarzwaldstadt, wo sie bei ihrer Patentante wohnte. „Auch meine Patentante wohnt in Freiburg", sage ich heiter. Inzwischen gelangen wir an die Straßenkreuzung, wo sich unsere Wege trennen. Jetzt den Weg zum I-Punkt im Dunkeln als Stadtfremder allein zu suchen – es schien noch ein ganzes Stück weiter entfernt zu sein – will mir gar nicht gefallen. So lade ich meine Wegbegleiterin zu einem Tee in den I-Punkt ein, wozu sie auch spontan einwilligt.

Von unserem Platz aus sehen wir Berlin, eingetaucht in ein Meer von Lichtern. Wir unterhalten uns angeregt über das Theaterstück, über Freiburg und Berlin. Beim Tee erfahre ich, daß meine Begleiterin mit einem Bekannten in das Theaterstück gehen wollte, dieser aber wegen einer Vorbereitung für eine Klausur am nächsten Tag nicht mitgehen konnte und sie die Karte an der Abendkasse zurückgegeben hatte, jene, die ich anschließend gekauft hatte. So geriet ich im Theater auf den Platz neben ihr. Wir unterhalten uns noch weiter über das Theaterstück sowie über die besonders schönen Theateraufführungen an Waldorfschulen, von denen mir die Studentin erzählt. Bevor wir uns verabschieden, tauschen wir unsere Adressen aus. Ich fuhr weiter nach Freiburg.

Zwei Jahre später fuhr ich mit meiner lieben Begleiterin aus Berlin mit dem Fahrrad zum Standesamt in Freiburg, wo natürlich auch die Patentante meiner zukünftigen Frau zugegen war – die schönste und teuerste Mitgift, die meine Frau in die Ehe mitbrachte. Nach der Trauung hatte sie auch gleich etwas zu erzählen. Sie berichtete nämlich, daß unter den vielen Zuschauern vor dem Rathausplatz eine Frau, die uns mit den Fahrrädern ankommen gesehen hatte, in ihrem Freiburger Dialekt vor allen Umstehenden gesagt habe: „Des müsse aba arme Lüt si, daß se sich zu so ner A'glegeheit nid emol e Taxi leischte könne."[57] Der Standesbeamte, der vom Balkon aus unsere Ankunft beobachtet hatte, lobte uns nach der feierlichen Zeremonie. Mit unseren Rädern seien wir vorbildliche Freiburger Bürger, die mit gutem Beispiel der Stadt bei ihren Parkproblemen helfen würden.

Meine Radtour-Karriere schloß ich mit zwei Radtouren 1975 und 1977 im Sommer zusammen mit meiner Frau auf dem Tandem ab: einmal nach England und Schottland und einmal nach Tunesien. Aber bis heute ist für uns das Fahrrad Transportmittel Nummer eins geblieben – jetzt in der Stadt. Das Auto wird bei uns das Fahrrad nicht mehr einholen. Für die Ferne gibt es ja auch einen Zug.

Ein gefährlicher Augenblick

Und für die nächste Reise stiegen wir auch wirklich bald danach vom Fahrrad auf den Zug um und fuhren mit der Transsibirischen Eisenbahn über den märchenhaften Baikalsee bis nach Nachodka am Japanischen Meer, von wo aus wir uns nach Japan einschifften.

Daran schloß sich noch eine Reise zu zweit nach Südafrika an, dieses Mal mit dem Flugzeug, wo wir Freunde mit dem Zug und mit dem Bus in Pretoria, Johannesburg, Kapstadt und in Friendship bei Durban am Indischen Ozean besuchten und wunderschöne Ferien mit ihnen verbrachten. In Friendship, wo wir dicht am Strand wohnten, konnten wir täglich Delphine in Sichtweite vorbeischwimmen sehen. Ein großartiges Erlebnis.

Zum Abschluß unseres Besuches unternahmen unsere Freunde mit uns noch eine abenteuerliche Safari durch den Krüger-Nationalpark. Eine große Büffelherde galoppierte, durch ein Sportflugzeug aufgeschreckt, über die Savanne; Giraffen betrachteten

---

57 "Das müssen aber arme Leute sein, daß sie sich zu so einer Angelegenheit nicht mal ein Taxi leisten können."

uns ganz erhaben von „oben herunter". Wir sahen auch Zebras, Antilopen und ein Löwenpaar. Elefanten waren tagelang nicht zu entdecken. Doch am letzten Tag beobachteten wir eine Herde aus einer Entfernung von vielleicht sechzig bis achtzig Metern. Beinahe wären wir durch einen unvernünftigen und rücksichtslosen Autofahrer, der die Elefanten beim Überqueren der Straße störte, in gefährliche Berührung mit ihnen gekommen. Bevor wir uns versahen, war das fremde Auto vorbei, und da kam der größte der Elefantenfamilie im Trabschritt auf unseren Wagen zu. Da wir mit einem Anhänger fuhren, konnten wir auch nicht schnell genug zurücksetzen, um Abstand von ihm zu gewinnen. Wir waren ihm ausgeliefert. Aber da geschah das Wunder: Etwa zwanzig Meter vor dem Auto blieb er stehen, trompetete laut, schlug heftig mit den Ohren, aber wandte sich dann von der Straße ab und verschwand im Unterholz.

Nach der Safari hatten meine Frau und ich noch Gelegenheit, ein Goldbergwerk zu besuchen, eine halbe Stunde mit dem Flugzeug von Johannesburg entfernt. Wir fuhren mit einem Schacht-Fahrstuhl mit mehrmaligem Umsteigen etwa 1.800 Meter unter die Erde und konnten zusehen, wie dort nach Gold gebohrt und gegraben wurde. Wir wurden auch in die Gold-Gießhalle geführt, und man bot uns an, einen Goldbarren, wenn wir ihn mit einer Hand hochheben und halten können, mitzunehmen. Aber die Barren waren so schwer und glatt, daß man sie keinen Zentimeter vom Boden brachte; und dabei waren sie nicht größer als ein Backstein.

Bevor wir nach Hause zurückflogen, machten wir noch einen Abstecher nach Rhodesien, heute Simbabwe, und nach Salisbury, heute Harare, und zu den Victoriafällen, die in mir unwillkürlich Erinnerungen an meinen ersten Besuch der Niagarafälle 1953 auf dem Weg von Toronto nach New York wachriefen. Diese und die Victoriafälle sind gewaltige Naturerscheinungen, einander ähnlich und doch grundverschieden. Die Niagarafälle ergießen sich ein ganzes Stück entfernt vom Betrachter, und der Mensch hat hier schon seit vielen Jahrzehnten in die Natur eingegriffen, während die Victoriafälle von menschlicher Hand noch unberührt sind, eingebettet in ursprüngliche Natur. Man muß sich bemühen, einen steilen Weg hinabzusteigen, um das große Naturwunder zu Gesicht zu bekommen. Mit jedem Schritt verstärkt sich das Tosen und Rauschen. Unvermittelt steht man dann vor diesen gewaltigen Wassermassen des Sambesiflusses. Links und rechts von Bäumen und Felsen eingeengt, stürzen sie mit aller Wucht 110 Meter in die Tiefe. Dem Betrachter, der sich zu waghalsig nähert, spritzt der Katarakt sein Wasser in Form eines erfrischenden Sprühregens verschwenderisch entgegen.

Die neue Sprache: Russisch

Nach unserer Rückkehr trug ich mich an der Albert-Ludwigs-Universität im Fachbereich Slawistik für Russisch ein. Ich hatte das große Glück, meine ersten russischen

Südafrika

Krüger-Nationalpark

Farmarbeiterinnen

Gold

Direktflug im Morgengrauen zu einem Goldbergwerk

Goldmine von der Außenwelt abgeriegelt und streng bewacht

Für die „Talfahrt" 1800 m unter die Erde ausgerüstet

Es kommen Goldminenarbeiter auch aus Nachbarstaaten

Es sind nicht nur Bohrhammer am Werk, auch Handarbeit ist immer wieder erforderlich

Das Gold fließt aus dem Schmelzofen in die Formen

Rhodesien/Simbabwe Victoria-Fälle

Gehversuche bei Herrn Kreßling, dem Russisch-Dozenten und genialen Leiter des Russischen Chors der Universität Freiburg, machen zu dürfen. Meine weiteren Mentoren waren Frau Enderlein und Frau Swetlana Geier, die bekannte Übersetzerin von Dostojewskis Werken. Nun begann ein fieberhaftes Arbeiten am Russischen. Japanisch ruhte. In jedem Frühjahr oder Herbst, während meines Institutsurlaubs, reiste ich vier Wochen zu Sprachkursen in die Sowjetunion, um die russische Sprache an der Quelle zu lernen. Möglich war dies damals nur in einer organisierten Gruppe, die in einem Hotel untergebracht wurde. Mein Stil war das nicht, weil ich sonst immer privat gewohnt hatte. Touristen wurden in der Sowjetunion quasi als Spione betrachtet, wurden beobachtet und in Hotels untergebracht, in denen die Sprachbetreuerin und deren Kolleginnen nicht nur Sprachwissen zu vermitteln hatten, sondern auch streng angewiesen waren, auf ihre Schüler und Schülerinnen politisch aufzupassen. Für jeden Abstecher vom Normalprogramm mußte man sich ab- und wieder zurückmelden. Privatbesuche bei Freunden waren tabu. Theater- oder Opernbesuche fanden in Gruppen statt und mit jemandem, der den Weg zurück ins Hotel spät in der Nacht kannte.

Überfall auf der Bank im Park

In den achtziger Jahren war ich zu einem Sprachkurs in Sotschi, dem exklusiven Badeort am Schwarzen Meer, damals besonders begehrt und vorbehalten für die Nomenklatura der sowjetischen Parteiführung. In Sotschi ist es im Sommer sehr heiß und schwül. Das Leben auf der Straße beginnt erst abends bei einbrechender Abenddämmerung. Ich hatte mein Zimmer in dem riesigen Hotel „Moskva", am Rande eines großen Promenadenplatzes. Nach der Abenddämmerung trieb es mich einmal auf den Platz, um noch etwas frische Luft zu schnappen. Auf einer Bank saßen drei junge Frauen, vielleicht Studentinnen, und unterhielten sich. Ich nahm mir ein Herz und setzte mich neben sie, hoffend, daß sich vielleicht Gelegenheit fände, ein paar Worte mit ihnen zu sprechen. Es ist eben etwas ganz anderes, sich mit den Menschen auf der Straße zu unterhalten, als im Sprachunterricht zu reden. Erst in der Begegnung im Lande selbst beginnt die Sprache zu leben.

Die Frauen schauen sich erst einmal unauffällig nach mir um, um zu sehen, wer sich da neben sie gesetzt hat. Sie wirken sympathisch und zeigen auch ein bißchen Neugier. Nach einer Weile versuche ich eine kleine Unterhaltung zu beginnen und sage gleich, daß ich in Sotschi einen russischen Sprachkurs besuche und mich für das tägliche Leben in der Sowjetunion interessiere. Die Reaktion ist sehr freundlich, sie erzählen gerne und fragen schließlich auch nach den Verhältnissen in Deutschland.

Hier bricht eine noch nicht verheilte Wunde wieder auf, mir schon von der älteren Generation und besonders von den Kriegsveteranen her bekannt. Die Sowjetunion hat uns im Zweiten Weltkrieg besiegt. Sie war die Siegermacht, wir waren die Verlierer. Ein Vierteljahrhundert später war Deutschland ökonomischer Sieger und Rußland der Verlierer. Diese Umkehr bedeutete in den Augen der Russen eine Schmach, kaum zu verstehen für sie, und noch weniger zu verkraften. Millionen und Abermillionen Sowjetsoldaten hatten im „Großen Vaterländischen Krieg" ihr Leben und ihre Gesundheit gegeben, aber die Versprechungen der Regierung auf eine bessere Zukunft erfüllten sich nicht.

Ich frage meine Banknachbarinnen, ob es wahr sei, daß viele Menschen in der Sowjetunion noch Angst vor den Deutschen hätten. Ich hätte das schon gehört und könne das nicht glauben. Eine der drei erwidert, daß das stimme, worauf ich ihr entgegne, daß Deutschland militärisch unbedeutend sei, die Sowjetunion hingegen die Atombombe und Wasserstoffbombe besitze und mit einer auf ein Atomkraftwerk gerichteten Rakete ganz Deutschland lahmlegen könne.

In diesem Augenblick springen zwei junge Männer hinter einem mannshohen Gebüsch hervor. Der erste läuft auf eine der jungen Damen zu, packt sie am Handgelenk und gibt sich als Geheimpolizist in Spionagesachen aus. Wir hätten über Atomkraftwerke gesprochen. Ich springe von der Bank auf und schiebe mich zwischen die Angegriffene und den Angreifer. „Von Atomkraftwerken habe ich gesprochen, aber nicht diese Studentin." Nun wendet er sich zu mir, mustert mich, läßt die junge Frau los und packt mich am Handgelenk. Kaum sieht jene sich frei, nehme ich nur noch ein Geflatter von Röcken und Haarfrisuren wahr, und die drei rennen davon wie um ihr Leben. Sie verschwinden im Dunkel der Nacht. „Sie sind verhaftet", sind die ersten Worte, die der angebliche Geheimpolizist an mich richtet. „Wo kommen Sie her, und was tun Sie in Sotschi? Wo arbeiten Sie?", fragt er weiter. Dann will er meinen Namen wissen. Ich sage „Siegfried", verschweige aber meinen Familiennamen.

Beim Blick auf den zweiten Mann, der halb neben mir, halb hinter mir geht, bemerke ich, daß er etwas versteckt eine Flasche hinter dem Rücken hält. Jetzt fordert der angebliche „Geheimpolizist", daß ich Wertsachen aus meinem Zimmer im Hotel holen solle, um freizukommen. In dem Moment wird mir klar, daß ich es mit Gaunern zu tun habe. „Kommen Sie mit auf die Polizeiwache", fährt der Sprecher der beiden fort. Bei diesen Worten packt mich sein Kompagnon mit einem festen Griff am anderen Handgelenk. Da reiße ich mich los und verteile nach links und rechts Handkantenschläge, die die beiden Strolche nicht erwartet hatten. Ich nutze ihre Verunsicherung und renne zum Hotel. Dort bin ich erst einmal in Sicherheit. Die beiden Männer sind spurlos verschwunden. Aber werden die Räuber, um sich für die entgangene Beute zu rächen, mich im Hotel als Spion in Sachen Atomkraftwerke anzeigen? Und wird mir vielleicht verboten werden, wieder in die Sowjetunion einzureisen? In dieser Nacht

Sowjetunion   Moskau

Die Basilius-Kathedrale am Roten Platz

Meine erste Begegnung mit Sowjets

GUM Kaufhaus am Roten Platz

Roter Platz

Lange Schlangen von Besuchern des Lenin-Mausoleums (rechts)

Kremlmauer mit Spaskaja-Turm

Im Vordergrund Moskau-Fluß. Schönes Moskau!

Nowodewitschje Friedhof, Moskau, Grab von N. S. Chruschtschow

Eherenwache auf dem Weg zum Lenin-Mausoleum

Lenin-Mausoleum, Roter Platz

Slogan: Der Kommunismus siegt (links oben)

Flughafen Moskau. Photographieren streng verboten!

Sibirisches Dorf. Im Hintergrund der Baikalsee

Sonnenaufgang am Baikalsee. Tiefster See der Erde, bis 1637 m tief

Irkutsk. Diese beiden mir von „Intourist"
zugewiesenen Dolmetscherinnen begleiten
mich die ganzen Tage in der Stadt und am
Baikalsee. Kein Alleingang für Besucher aus
dem Westen. Das war zur Sowjetzeit strenge
Vorschrift.
Erste Japan-Rußlandreise, 1970

Schülerinnen. Chabarowsk am Amur, Sibirien

Altes baltisches Handelshaus in Riga, Lettland

Jurmala-Strand bei Riga

schlafe ich schlecht, wenn überhaupt. Ich brauche Tage, um über dieses unschöne Erlebnis, das folgenlos bleibt, wieder hinwegzukommen.

Die Sowjetunion war nach dem Krieg ein Land, vor dem die westliche Welt Angst hatte, vor dem Westdeutschland heimlich immer noch etwas zitterte. Trotzdem waren wir neugierig zu wissen und zu erfahren, wie es in Wirklichkeit hinter dem Eisernen Vorhang aussah und wie die Menschen dort lebten. Wäre nicht die russische Sprache für meine Arbeit zu Hause im Max-Planck-Institut von so großem Vorteil gewesen, wäre es fraglich, ob ich jemals in die Sowjetunion gefahren wäre. Während meiner Sprachkurse fiel mir bald auf, daß das Leben in der Sowjetunion armselig und traurig war und fast hoffnungslos. Die Menschen standen für Lebensmittel noch in Schlangen an zu einer Zeit, in der wir in Deutschland schon in einem zuvor nie gekannten Wohlstand lebten. Hätte ich nicht die Kirchen mit ihren innigen kleinen und großen Chören und den tief gläubigen Menschen dort erlebt, die Anziehungskraft des Landes wäre weit geringer gewesen. Eine große Erholung dort waren für mich das Theater und die Oper. In Moskau war es das Bolschoi-Theater, wo damals für wenig Geld fast immer eine Karte für eine Oper zu bekommen war. Museen wie die Tretjakov-Galerie, alte und neu renovierte historische Gebäude und der Rote Platz mit dem Kreml waren für mich immer sehr interessant und sind es auch heute noch.

Eines der großen Verbrechen der Sowjets gegenüber dem Volk war, daß sie den Nachwachsenden den christlichen Glauben genommen und viele Kirchen zerstört hatten. Ein paar Kirchen wurden dem Volk gelassen, um zu zeigen, daß die Religionsausübung nicht behindert werde. Aber die Mehrzahl wurde umfunktioniert zu Museen, darunter auch zum Waffenmuseum wie in Vladimir, zu Kinoproduktionsstätten, Warenlagern und vielem anderen. Marmor aus Gotteshäusern wurde beim Bau der schönsten Metro der Welt verwendet, der Metro in Moskau, die noch besonders kunstvoll von Stalin während des Zweiten Weltkriegs ausgebaut wurde.

„Herr Neukirch, Ihr Billett!"

Das russische Volk habe ich immer wieder bewundert. Die Duldsamkeit, mit der es das schwere Leben hinnahm, ein liebes Lächeln, das sich der Einzelne doch über viele Jahre eines harten Lebens noch bewahrt hat. Aber ausgelassene Fröhlichkeit war wenig, wenn überhaupt wahrzunehmen. Der beste Gradmesser für das Alltagsleben – damals in der UdSSR und heute im demokratisch verfaßten Rußland – waren und sind für mich die Fahrten in der Metro. Dort schaute und schaue ich mir die Menschen an und mache im Stillen meine Studien. Dort richte ich auch vorsichtig eine Frage an meinen Nachbarn oder die Nachbarin, Fragen, die man mir oft gerne beantwortet, aber auch längst nicht immer. Dann und wann entsteht auch ein interessantes Gespräch, das in einem Fall sogar einen Spaziergang in einem schönen, lichten Wald in Sankt Petersburg, einen Schloß- und Parkbesuch, ein gemütliches Teetrinken mit anschließendem Ballettbesuch im Konservatorium in Sankt Petersburg zur Folge hatte. Solche Begegnungen in der Metro sind natürlich eine große Ausnahme.

Ein unvergeßliches Erlebnis hatte ich auf meiner ersten Reise 1970 nach Japan. Die Fahrt führte über Moskau. Ich wollte während meines eintägigen Aufenthaltes ins Bolschoi-Theater gehen, bekam aber keine Karte mehr. An der Kasse verstand man meine Enttäuschung. Ich erzählte, daß ich am nächsten Tag nach Japan weiterreisen würde und mich sehr auf das Bolschoi-Theater gefreut hatte. „Wann kommen Sie zurück?", fragte der Kartenverkäufer teilnehmend. „Nach einem Monat." Er zeigte mir den Opernplan. Am Tag meiner Rückreise aus Japan wurde „Boris Godunow" von Mussorgsky aufgeführt. Er notierte sich alles und forderte mich auf, bei meiner Ankunft in Moskau mich umgehend bei ihm zu melden. Er halte eine Karte für mich bereit und wünsche mir eine gute Reise.

Vier Wochen später: Gerne hätte ich am letzten verbleibenden Reisetag noch eine Oper im Bolschoi-Theater gesehen. Und da ich selten etwas, was ich mir fest vorgenommen habe, unversucht lasse, ging ich doch noch zur Theaterkasse, ohne das Versprechen von damals ernst genommen zu haben. Eine riesige Warteschlange drängte sich vor der Kasse. Gerade wollte ich mich an das Ende der Schlange stellen, als von vorn eine Stimme ertönte: „Herr Neukirch, kommen Sie bitte vor zur Kasse, Ihr Billett liegt hier." Ich traute meinen Ohren nicht. Alle Gesichter drehten sich um zu mir. Es kam mir vor, als hätte der Kartenverkäufer seit meiner Abreise auf seinem Platz gesessen und nur auf meine Rückkehr gewartet. Ich bekundete ihm mein Erstaunen über seine Zuverlässigkeit und dankte ihm herzlich.

Später besuchte ich noch oft das Bolschoi sowie kleinere Opernhäuser und Theater, wo es manchmal auch abenteuerlich war, Eintrittskarten zu bekommen, aber jene erste Begegnung an der Theaterkasse auf meiner Durchreise nach Japan und von Japan zurück ist mir immer besonders im Gedächtnis haften geblieben.

Ob damals Karten für das Bolschoi auf der Straße schwarz verkauft wurden wie heute, ist mir nicht erinnerlich, aber auf jeden Fall wurden Rubel angeboten gegen Devisen aus dem Westen, auch mir an dunklen Ecken und nachts um den Roten Platz herum. Aber so verführerisch der Tauschwert war, ich habe es nie gewagt wegen der damit verbundenen Gefahren. Wurde man von der allgegenwärtigen Polizei – und die bewegte sich natürlich in Zivil – erwischt, dann lief man Gefahr, eingesperrt zu werden, verlor aber auf alle Fälle alles Geld, wurde umgehend nach Hause geschickt und hatte für immer Verbot, in die Sowjetunion zurückzukehren.

Ein solcher Fall begegnete mir einmal nach meiner Landung in Moskau. Am Zoll wurde ein junger Deutscher vor mir etwas länger kontrolliert als gewöhnlich. In Zahnpastatuben entdeckte der Zollbeamte einige Rubelbanknoten, die geschickt darin versteckt waren und die der Beamte ebenso geschickt herauszog. Auch aus anderen Tuben und unschuldig ausschauenden Gegenständen zog er mit den Fingerspitzen Rubel ans Licht. Dann untersuchte er den Kofferboden, den Deckel, die Kofferseiten näher. Und da flatterte es nur so von Rubeln. Der Zoll fackelte nicht lange. Der Mann wurde in einen Raum abgeführt. Wie man mit ihm weiter verfuhr, weiß ich nicht, bekam nur noch von weitem mit, daß das Geld beschlagnahmt wurde. Gewöhnlich folgte in solchen Fällen ein langes Verhör und die sofortige oder spätere Abschiebung nach Deutschland sowie unbegrenzte Visumsperre.

Als Hauslehrer in Frankreich

Eines Tages wurde mir bewußt, daß ich über dem Erlernen der japanischen und der russischen Sprache die französische, spanische und englische Sprache vernachlässigt hatte. Ich bemühte mich also, eine Möglichkeit zu finden, zuerst einmal meine Französischkenntnisse aufzufrischen. Über eine Lehrerin an der Waldorfschule Wiehre in Freiburg, wo unser Sohn auch zur Schule ging, erhielt ich die Adresse einer französischen Familie, die gerne bereit war, mich als Hauslehrer für ihre drei Kinder Thomas, Fannie und Camille für vier Wochen zu sich einzuladen. Die Familie Marchalot besaß ein schönes, rustikales Haus in Monthieux bei Lyon. Für mich gab es dort ein ruhiges Zimmer mit einem sonnigen Vorplatz und einem Arbeitstisch. Oft saß ich schon morgens, kurz nach sechs Uhr, an meinem Tisch und nutzte die Stille zum Arbeiten. Allen drei Kindern erteilte ich so locker wie möglich Unterricht in Deutsch – locker, weil Sommerferien waren und es mir klar war, daß Schüler in den Ferien lieber schwimmen gehen, als eine Fremdsprache zu lernen. Um den 16jährigen Thomas etwas mit meiner Gegenwart als Lehrer aus Deutschland mitten in den Schulferien zu versöhnen, spielte ich gelegentlich auch Tennis mit ihm. Das gab dem Unterricht eine gewisse spielerische Note und machte ihm Freude. Unsere gemeinsame sportliche Betätigung motivierte ihn dann auch zum Lernen.

Die beiden jüngeren Mädchen Fannie und Camille hatten Freude an Sprachen, und Camille konnte auch sehr gut auf eine künstlerische Weise lernen. Wenn möglich, gab ich auch manchmal besonderen Wünschen der jüngsten Tochter, Camille, nach. Einmal wollte sie unbedingt, daß wir den Unterricht auf dem romantischen, mit Stroh bedeckten und von einer Trauerweide etwas überschatteten Dach des Hühnerstalls hielten. Das mußten wir zuvor erst einmal mit einer wackeligen und morschen Leiter besteigen. Camille war glücklich, und unser Unterricht war so gut und erfolgreich wie kaum zuvor, für mich eine sehr schöne Erfahrung. Sie war einfach ein goldiges Mädchen mit einem gesunden, starken Willen und viel Phantasie, noch ganz Kind und durch das Fernsehen noch nicht aus ihrer unbeschwerten Kinderwelt abgelenkt. Die Familie hat mich nie nachteilig spüren lassen, daß ich Deutscher bin, es herrschte eine gegenseitige Achtung und Schätzung. Einmal kamen drei Familien, Verwandte aus Paris, zu Besuch, Juden, darunter zwei Ärzte. Auch diese Besucher waren alle sehr höflich und nett. Das war für mich eine gute Erfahrung. Einmal luden mich die Eltern von Frau Marchalot, die in Lyon wohnten und auch Ärzte waren, über das Wochenende ein. Sie gingen mit mir zum Essen und ins Kino. Sie sprachen auch die Geschichte unserer beiden Nationen an, den Krieg und die beiderseitigen Bemühungen, das Geschehene der Vergangenheit zu bewältigen und ein neues Europa ohne selbstvernichtende Kriege zu schaffen. Es war sehr schön für mich, mit Franzosen so vernünftig und so frei über unsere Länder sprechen zu können.

Eine weitere Einladung kam von Freunden der Familie Marchalot. Es war die Familie Ménager, die bei meiner Vermittlung als Hauslehrer mitgewirkt hatte. Diese Familie wohnte etwas weiter weg ganz auf dem Land in einer wunderschönen Umgebung, von kleinen Seen mit Schilfrohr bewachsen, wo sich alle Arten von Wildenten und Vögeln tummelten. Um ihr Grundstück grasten schöne Reitpferde. Sie selbst hatten einen großen Swimmingpool. Ich genoß den Swimmingpool noch bis in den Abend hinein mit Flutlicht und spielte auch mit den Kindern, Camille und ihrer Freundin, Wasserball und andere Spiele. Durch die Besuche und Kontakte mit Nachbarn wurde mir zuteil, was ich mir für meinen Frankreichaufenthalt gewünscht hatte, nämlich das Gespräch, bei dem gleichzeitig mein Französisch wieder an Qualität gewann.

Da man aber eine Sprache, die man jahrelang vernachlässigt hat, nicht mit einem Besuch von vier Wochen in Frankreich genügend aufpolieren kann, suchte ich noch nach zwei weiteren Möglichkeiten, etwas für die französische Sprache zu tun. Die Französische Christengemeinschaft in Paris fährt jedes Jahr mit ihren Kindern in ein oder zwei Kinderlager auf dem Land. Ich bot mich an, in der Küche zu arbeiten, auch Geschirr zu spülen, wobei Unterkunft und Essen frei waren. Mein Angebot als Mitarbeiter wurde angenommen. Obwohl ich der Älteste war, reihte ich mich schnell und gut in die junge Generation ein und wurde auch ohne Schwierigkeiten akzeptiert. Die Fahrt ging in die Pyrenäen in ein Gebiet mit Wiesen und Hochgebirge und Kühen und Schafen. Ein Traum von Landschaft! Das Lager war in einer Art von Jugendherberge untergebracht und vorwiegend für die Kinder reserviert, während die Jugendlichen ab 16 für sich zwei Zelte aufschlugen. Die Lagerleiter und ich schliefen im Haus.

Das Französisch in dieser Umgebung glich zwar nicht der gebildeten Sprache meiner lieben Bekannten und Freunde von Lyon, war aber sehr munter, lebendig und heiter.

Ich mußte jetzt ganz schnell die unregelmäßigen französischen Verben, besonders die der Bewegung, auffrischen, denn Kinder bewegen sich viel, und daher benutzen sie auch mehr Verben der Bewegung als Erwachsene, die vielleicht mehr abstrakte Vokabeln in ihrer Rede verwenden. Wenn ich Privatunterricht gebe, frage ich neue Schüler erst einmal unregelmäßige Verben ab, ob im Englischen, im Französischen, im Spanischen oder im Russischen. Der Aufbau des Wortschatzes kommt erst danach. Im Russischen gibt es 20.000 unregelmäßige Verben, und ihr Abhören ist in diesem Fach unvergleichlich schwerer als in den romanischen Sprachen. Natürlich kann sie niemand alle beherrschen, aber um eine gewisse Zahl kommt man nicht herum.

Ich übernahm also das Geschirrwaschen. Wir hatten eine große Spülmaschine, die das Geschirr für 100 Personen bewältigte, und so viele waren wir etwa, Kinder und Erwachsene zusammengenommen. Die Maschine war längst nicht mehr die neueste, aber sie schaffte es, wenn man sie gut behandelte und ihr gut zuredete. Vor dem mechanischen Spülvorgang mußten die Teller von Essensresten gesäubert, mußte alles Geschirr in einem großen Spülbecken vorgewaschen und in Geschirrkörben untergebracht werden. Erst nach diesen Vorbereitungen konnte der Spülvorgang reibungslos ablaufen.

Immer stand mir eine Schar von Helfern zur Seite. Meine größte Freude war es, wenn ein Mädchen eine französische Melodie vor sich hinsummte und ein anderes vielleicht gleich die zweite Stimme mitsang. In kürzester Zeit war um mich herum ein fröhlicher und glücklicher Kinderchor. Diese Kinder haben noch ein Repertoire an religiösen Liedern und auch an Pfadfinderliedern, ein Reichtum, der vielen anderen Kindern heute verlorengegangen ist. Zwischen den Mahlzeiten hatte ich frei, nahm oft an Spielen im Freien und im Haus teil, war bei Einkäufen und selbstverständlich bei allen organisatorischen Besprechungen der Lagerleitung dabei. Die Kinder in ihrer oft ausgelassenen Fröhlichkeit, aber auch in ihrem gelegentlichen Kummer mitzuerleben, war für mich ein tiefes Erlebnis, und ebenso wichtig und bereichernd wie die Vertiefung des Französischen. Nach diesem Lager nahm ich zwei Jahre später noch einmal an einem Lager in der Provence teil.

Als ich mit dem Fahrrad durch Mexiko, Mittel- und Südamerika fuhr, war die spanische Sprache für mich so wichtig gewesen wie das tägliche Brot. So konnte ich die Indios in den Anden und den Städten mit ihren Sorgen und Nöten verstehen und sie manchmal vielleicht trösten und ihnen Mut machen. Sie erzählten mir viel, und ich hörte ihnen gerne zu. Aber später in Europa war Spanisch auf unserer Seite der Pyrenäen nicht so leicht anzuwenden, weil es in den Schulen kaum unterrichtet wird. Ich habe aber meine Kenntnisse dann doch während verschiedener Besuche mit meiner Familie beim Bruder meiner Frau, Gernot, und seiner Frau Veronika, die ein wunderschönes Anwesen in der Nähe von Madrid haben, wieder aufgefrischt. Jedem jungen

Menschen, der eine Reise ins Ausland vorhat, rate ich, sich sprachlich darauf vorzubereiten. Alle Mühen und Opfer, die er dafür bringt, kommen ihm während der Reise wieder vielfach zugute. Sicher ist, daß ein dicker Geldbeutel gute Sprachkenntnisse nicht ersetzen kann. Und unter sprachlicher Vorbereitung denke ich nicht in erster Linie an das schnelle Eintrichtern von Vokabeln, sondern an das systematische Erlernen der elementaren Grammatik. Im Land selbst ist mit Sicherheit keine Zeit dafür. Vokabeln lassen sich schnell im Ausland in Gesprächen dazulernen, aber Grammatik nur schwer. Und eine Sprache ohne ihren Unterbau, ihr Gerüst, gleicht einer Musik mit falschen Tönen. Eine sprachliche Vorbereitung ist überdies eine kulturelle Vorbereitung für eine Reise. Und mit guten sprachlichen und kulturellen Kenntnissen im Rucksack öffnen sich Türen, die sonst vielleicht verschlossen bleiben.

Einmal beschäftigte ich mich ganz konzentriert drei Wochen lang mit der spanischen Sprache an der Universität von Salamanca. Von ihr hatte ich schon als Student an der Universität von Toronto geträumt. Die Universität von Salamanca, in der ersten Hälfte des 13. Jahrhunderts gegründet, ist eine der ältesten in Europa. Anlaß für meinen Entschluß, dort Vorlesungen als Gasthörer zu besuchen, war mein Sohn Benedikt. Er sang im Knabenchor des Domchors des Freiburger Münsters unter der Leitung von Herrn Hug. Dieser Chor machte eine Tournee durch Frankreich und Spanien und hatte sogar die Ehre, vor dem spanischen Königspaar zu singen. Ich konnte Benedikt, als der Chor nach Salamanca kam, in der wunderschönen Kathedrale singen hören und in jener Zeit zugleich Vorlesungen besuchen. Professoren verschiedener spanischer Universitäten, die zuvor einmal Gäste im Max-Planck-Institut gewesen waren und die ich persönlich gut kannte, hatten mir Empfehlungen für Salamanca mitgegeben. Besonders mit spanischen und russischen Gästen an unserem Institut hielt ich immer wieder Sprachaustausch, oft auch bei mir zu Hause. Da ich nur drei Minuten vom Institut entfernt wohne, war das für beide Seiten sehr günstig. Viele schöne Beziehungen zwischen den Gästen und mir haben sich auf diese Weise ergeben.

Am leichtesten fiel es mir, Englisch, meine zweite Muttersprache, „am Leben zu erhalten", weil meine kanadischen Freunde mich und später meine Familie immer wieder einluden, Ferien bei ihnen zu verbringen. Eine der schönsten Einladungen kam 1968. Kaum war ich aus Afrika zurückgekehrt und hatte am Max-Planck-Institut in der Bibliothek zu arbeiten begonnen, da luden mich Professor Dana Rouillard und seine Frau Harriet ein, sie im Sommer auf ihrer Insel in der Georgian Bay zu besuchen. Dem Brief lag ein Billett für Hin- und Rückflug bei. Herr Rouillard war einer meiner Französisch-Professoren gewesen. Als Student hatte ich gelegentlich sein Haus gehütet und auch darin gewohnt, wenn er längere Zeit in Paris gewesen war. Ich verbrachte 1968 vier Wochen auf der Insel, die Herr Rouillard 1920 noch für 200 kanadische Dollar käuflich hatte erwerben können.

Der Spickzettel der Madame Balthasar

Gern erinnere ich mich an Madame Balthasar, die französische Grammatik am University College in Toronto unterrichtet hatte. 1968 bei meinem Besuch in Toronto sah ich sie wieder. Sie war Pariserin, schon etwas älter, freundlich, aber zugleich auch ernst, etwas streng und sehr genau. Man lernte viel bei ihr. In den ersten Wochen meines Studiums hatte ich es nicht so leicht gehabt. Sie richtete gelegentlich Fragen an mich, die mich ihre Befangenheit den Deutschen gegenüber spüren ließen. Was hatte sie wohl während des Krieges erlebt? Doch erstaunlich schnell legte sie ihre Skepsis in meinem Fall ab und verwandelte sie in eine sehr freundliche Haltung. Einmal lud sie mich sogar zum Abendessen zu sich nach Hause ein, bereitete ein herrliches französisches Menu und unterhielt sich anschließend noch lange und gemütlich mit mir.

Während dieses Gespräches machte sie eine kleine Abschweifung zum Sport und fragte mich, ob ich die Worte „Wade" und „Kniekehle" im Englischen und Französischen kenne. Ich kannte sie natürlich nicht. Sie nannte sie mir beiläufig und redete auch über Tennis, weil ihr bekannt war, daß ich Tennis spiele. Vierzehn Tage später schrieben wir eine schwere Examensarbeit, zusammengestellt von Professoren von vier Colleges. Die beiden obengenannten Worte kamen darin vor. Hat Madame Balthasar mir helfen wollen? Sie wußte, daß ihr Studienanfänger mit seinem deutschen Schulenglisch noch mit großen sprachlichen Nachteilen zu kämpfen hatte. Die kleine Nachhilfe hat mir bestimmt geholfen. Sie war wie ein „Spickzettel" bei Sextanern und gehört mit zu meinen dankbaren Andenken an Madame Balthasar.

Die Lüge vom Vergnügen an der Gartenarbeit

Schon während des Studiums in Kanada war es mein Wunsch gewesen, ein Jahr in Cambridge zu studieren und dort den „Master" zu erwerben. Von Lambarene aus schrieb ich nach Cambridge und bekam einen Zulassungsbescheid. Dennoch wurde der Plan während der afrikanischen Jahre erst einmal zurückgestellt, aber immer im Auge behalten.

Viele Jahre später bot sich die Gelegenheit, Cambridge zu sehen, wenn auch nicht, dort zu studieren. Unser Sohn Benedikt, gerade zehn Jahre alt, hatte schon gute Englischkenntnisse durch den Unterricht seit der 1. Klasse in der Waldorfschule. Meine Frau und ich wünschten ihm, daß er die Sprache auch im Land selbst erleben könne. So entschloß ich mich 1988 kurzerhand, nach Cambridge zu fahren und eine Familie für ihn zu suchen. Es war schwieriger, als ich dachte. Nach neun Tagen vergeblichen Bemühens ging ich in ein Konzert in der King's College Church. Da kamen vier ältere Damen in die Kirche und suchten Plätze für vier Personen. Ich bot ihnen meinen Platz an, so daß sie sich nebeneinandersetzen konnten. Sie nahmen das Angebot gerne an.

Eine der Damen, die neben mir zu sitzen kam, bedankte sich noch einmal für meine Zuvorkommenheit und fragte mich sogleich nach meinem Woher. Auf die Antwort „Deutschland" reagierte sie sehr aufgeschlossen und erzählte, daß ihr Vater als Pfarrer im Süden von England lebe und daß dort deutsche Offiziere und Soldaten, die im Austausch mit englischen in seiner Gemeinde stationiert seien, die Kirche ihres Vaters besuchen. Mit einigen von ihnen bestehe ein freundschaftliches Verhältnis.

Unser Gespräch kam auf Albert Schweitzer, von dem sie erzählte, daß sie bei der Verleihung des Ehrendoktors der Universität Cambridge an ihn zugegen gewesen sei. Als wir uns nach dem Konzert am Kirchenportal verabschiedeten, luden mich die Damen zu einer Tasse Tee am folgenden Nachmittag ein. Sie führten mich in einen zauberhaften Garten, wo unter einer Trauerweide ein wunderschön gedeckter Kaffeetisch mit herrlichem frischgebackenem Kuchen stand. Während unserer Unterhaltung bemerkte ich an meiner linken Seite hohes wildes Gras und fragte: „Haben Sie jemanden, der Ihnen das Gras schneidet?" „Manchmal kommt ein alter Mann und arbeitet etwas im Garten", war die Antwort. „Wenn es Ihnen recht ist, komme ich morgen mal und schneide das Gras etwas herunter. Ich arbeite gerne im Garten", fügte ich noch hinzu. Der letzte Satz war gelogen. Ich bin kein Gärtner. Aber die Damen hatten alles so schön für mich gerichtet und so guten Kuchen extra für mich gebacken, daß mir die kleine Lüge leicht von den Lippen kam. Am nächsten Tag trat ich gleich morgens in meiner Tennisausrüstung zu meiner Gärtnerarbeit an. Beim Kofferpacken in Deutschland war natürlich an Tennisspielen und nicht an Gärtnerarbeit gedacht gewesen.

Die Damen freuten sich offensichtlich, daß im Garten einmal richtig Hand angelegt wurde. Eine von ihnen half mir immer mal wieder und paßte auf, daß bei meiner Großaktion – die Arbeit artete schnell dahin aus – keine Blumenstauden mit Unkraut verwechselt und herausgerissen wurden, was mir in meiner Unkenntnis auch leicht hätte passieren können. So arbeitete ich die restlichen Tage in Cambridge als Gärtner und wurde immer mit wunderbarem Essen versorgt. Es gab natürlich jeden Nachmittag reichlich Tee und Kuchen und am Abend warme Mahlzeiten nach französischer Art, denn Nona, eine der Damen, sie unterrichtete auch an der Universität, hatte 20 Jahre in Paris gelebt und die französische Küche in ihre Heimat mitgenommen. Die Unterhaltungen in gutem Cambridge-Englisch waren schon die Reise wert. Und als ich mich von Nona Gratier und Vera Gabriel verabschiedete, es war Mai, nahm ich für Benedikt und mich eine dreiwöchige Einladung nach Cambridge für den Spätsommer oder Herbstbeginn mit nach Hause.

Im September trafen Benedikt und ich zur verabredeten Zeit bei Nona und Vera ein. Nach einem herrlichen Abendessen zeigten sie uns unser Quartier: zwei ganz kleine Zimmer mit jeweils nur einem Bett, einem Tischchen und einem Stuhl, aber gemütlich.

Benedikt sagte gleich, daß sein Papa bei ihm schlafen müsse. Er war noch ein verträumtes Kind und noch nie so weit von zu Hause weg gewesen. Den Aufenthaltsplan für Cambridge hatte natürlich nicht er entworfen, sondern sein etwas ehrgeiziger Vater. Benedikt saß nun auf der Bettkante und begann zu weinen, weil für ein zweites Bett weder in seinem noch in meinem Zimmer Platz war. Da saß ich nun mit meinen Gastgeberinnen, und wir überlegten, was wir machen sollten. Da streckte Honey, die Katze, plötzlich ihren Kopf durch den offenen Türspalt, schaute uns groß an, tat einen Satz auf Benedikts Bett und fing an, laut zu schnurren. Benedikt drehte sich um zu ihr, begann sie zu streicheln, hörte auf zu weinen und lachte zuletzt erleichtert, während ihm die Tränen noch in den Augen standen. Wir anderen atmeten auf. Honey, hellbraun mit weißen Flecken, hatte die Situation gerettet. Wir sagten Benedikt gute Nacht, und er entließ mich ohne Widerstand in mein Zimmer.

Von diesem Abend an lief alles großartig. Benedikt half mir bei den Gartenarbeiten, wir machten mit dem Fahrrad Fahrten in Cambridge und in die Umgebung, wo auch Pferde weideten. Benedikt bekam sein Fahrrad von Mary, einer Schwester von Vera und Nona, die nebenan wohnte, geliehen, während mein Fahrrad vom Fahrradhändler gemietet war, wie schon bei meinem ersten Aufenthalt im Mai. Auch stellte eine Freundin von Nona Benedikt ihr Cello zur Verfügung, so daß Benedikt auch etwas üben konnte. Schnell fand sich eine Cellolehrerin für ihn. Schon im Mai hatte ich an einem Sonntag nach der Kirche Bekanntschaft mit einer Privatschullehrerin in Cambridge gemacht und mich nach einer Möglichkeit für Benedikt erkundigt, am Unterricht in einer Schule teilzunehmen, wenn auch nur für einen Tag. Und jetzt lud sie ihn tatsächlich in ihre Schule ein. Es war natürlich eine große Freude für mich, daß Benedikt einmal in Cambridge zur Schule gehen konnte. Ihm selbst hat es auch Spaß gemacht. Im Deutschunterricht durfte er den Schülern einen langen deutschen Text vorlesen und erhielt ein schönes Lob.

Auch mein langjähriger Wunsch, einmal in Cambridge zu studieren, ging nach unserem Besuch im Herbst in Erfüllung, wenn auch nur sehr begrenzt. Nona und Vera luden mich erneut für vier Wochen nach Cambridge ein. So konnte ich doch noch Vorlesungen an dieser alten, traditionsreichen Universität hören. Wir haben auch unsere lieben Engländerinnen für eine Woche zum Wandern im Schwarzwald eingeladen und sie bei unseren Bauern in Todtnauberg einquartiert, was ihnen viel Freude machte.

Die Albert-Schweitzer-Tagung in New York

Im Frühjahr 1990 erhielt ich aus New York von Harold E. Robles einen Brief mit der Bitte, Bilder von Lambarene für ein Albert-Schweitzer-Museum, das gerade in Wallingford in Connecticut aufgebaut wurde, zur Verfügung zu stellen. Diesem Wunsch kam ich gerne nach. Mit der gleichen Post kam auch eine Einladung zu einer Gedenkfeier zum 25. Todestag des Urwalddoktors. Sie sollte als ein zweitägiges Colloquium vom 23. bis 24. August 1990 bei den Vereinten Nationen stattfinden. Der Titel lautete: „The Relevance of Albert Schweitzer at the Dawn of the 21st Century".[58] Das Colloquium fand in einem großen und sehr schönen Vortragssaal im UN-Gebäude statt und wurde in viele Sprachen simultan übersetzt. Eingeteilt war es in vier Vortragsreihen von jeweils vier Vorträgen am Vormittag und vier Vorträgen am Nachmittag, über zwei Tage verteilt. Die vier Teile lauteten:

I: Arms Reduction and the Nuclear Threat[59]
II: Medicine and Health Care[60]
III: Ethics and Human Rights[61]
IV: Ecology and the Environment[62]

Gastredner waren bekannte Politiker, Mediziner, Friedensnobelpreisträger, Schriftsteller, Kämpfer für die Menschenrechte und für die Erhaltung einer gesunden Umwelt. Von der Spannweite der Gedanken und der angestrebten Ziele her war die Tagung ein globales Ereignis. Die Vorträge betrafen nicht ein spezielles Fachgebiet, sondern es ging um das Leben heute und morgen weltweit. Man konnte aus den Vorträgen der mindestens sechzehn Redner immer wieder heraushören und spüren, daß sie die Probleme, über die sie sprachen, selbst erlebt und durchlebt hatten.

Bei dieser Gelegenheit lernte ich viele Menschen kennen, von denen ich 30 Jahre zuvor in Lambarene gehört und gelesen hatte, zum Beispiel Norman Cousins, Professor für Medizin, Autor des bekannten Buches „Albert Schweitzer's Mission: Healing and Peace".[63] Cousins schrieb noch 24 weitere Bücher. Teile aus dem genannten Werk hatte ich sogar schon meinen Privatschülern in Englisch zum Übersetzen gegeben. Albert Schweitzer korrespondierte mit Cousins zusammen jahrelang über nukleare Versuche und atomare Aufrüstung mit Eisenhower, Kennedy, Chruschtschow, Nehru, um nur einige der bedeutendsten Politiker seiner Zeit zu nennen. Bei der Vortragsreihe in New York traf ich auch den Pfarrer George N. Marshall, der zwei Bücher über Albert Schweitzer geschrieben hat: „Albert Schweitzer: A Biography" und „An understanding of Albert Schweitzer".

---

58   Albert Schweitzers Bedeutung zu Beginn des 21. Jahrhunderts.
59   Abrüstung und die nukleare Bedrohung.
60   Medizin und Gesundheitsversorgung.
61   Ethik und Menschenrechte.
62   Ökologie und Umwelt.
63   Albert Schweitzers Mission: Heilen und Friede.

Eine große Überraschung war meine Begegnung mit dem Präsidenten der Republik Costa Rica, Oscar Arias Sanchez, Friedensnobelpreisträger. Als er mich begrüßte und ich ihm sagte, wie schön sein Land sei, das ich vor 32 Jahren mit dem Fahrrad durchquert hätte, und daß es so gute Asphaltstraßen wie in Costa Rica in ganz Zentralamerika nur noch in Panama gebe, schmunzelte er erst und lachte dann voller Genugtuung über mein Lob.

Auch vielen alten Freunden und Bekannten begegnete ich in New York: Rhena Schweitzer Miller, Schweitzers Tochter, Dr. Miller, Christiane Engels, eine der Enkeltöchter von Albert Schweitzer, Dr. Catchpool und vielen weiteren Ärzten, die ich während meiner Jahre in Lambarene kennengelernt habe. Und ich traf hier auch wieder den Friedensnobelpreisträger Linus Pauling, dessen Vortrag die Botschaft enthielt: „We must Work to End War".[64] Er war ganz erfüllt von seinen Gedanken zum Frieden. Als einziger nach Madame Curie erhielt er zwei Nobelpreise: den ersten für Chemie.

Prinz Alfred von Liechtenstein lud im Verlaufe des Colloquiums die Familie Schweitzers und einen engeren Kreis von ehemaligen Mitarbeitern zu einem feierlichen Lunch bei den United Nations ein. Im Verlauf der Begrüßung stellte er einige Fragen an mich, die ich kurz beantwortete. Als ich mich später für die Einladung bedankte, verabschiedete er mich mit einer sehr freundlichen Geste.

Gleichzeitig mit der Einladung nach New York hatte mich Professor Kurt Levy eingeladen, mit meiner Frau und Benedikt vier Wochen Urlaub in seinem Haus in Toronto zu machen, während er seine Ferien mit seiner Frau in seinem Sommerhaus am Lake Huron verbringen würde. Vier Jahre war er mein Lehrer für Spanisch gewesen, und ich werde nicht vergessen, wie ich im ersten Semester zu einem Gespräch zu ihm gerufen wurde. Er ging so freundlich auf mich zu, obwohl er Jude war und ich Deutscher und der Krieg noch nicht lange hinter uns lag. Während meines ganzen Studiums bestand zwischen uns eine sehr schöne Beziehung, die nach Beendigung des Studiums in eine feste Freundschaft überging.

In Toronto verbrachten meine Frau, Benedikt und ich viele schöne Stunden zusammen mit Freunden und Bekannten, die uns auch auf ihre Cottages an traumhaften Seen einluden. An eine Kanufahrt erinnere ich mich jedoch mit gewissem Schrecken. Wir, Frau Ouchterlony und ich, fuhren bei strahlendem Sonnenschein von dem Cottage los, um Biber und deren Behausungen zu sehen. Kaum waren wir angekommen und hatten die ersten Biber gesehen, da kam ein Unwetter auf, und der Wind peitschte Wasser ins Kanu, das wir nur mit Müh und Not, neben dem Balancieren des Boots, herausschöpfen konnten. Da ich kaum Erfahrung mit dem Steuern eines Kanus in einer Notsituation

---

64 „Wir müssen arbeiten, um dem Krieg ein Ende zu setzen."

besaß, mußte ich allen Mut und alle Vorsicht aufbringen, um uns nicht durch ungeschickte Bewegungen in noch weitere Gefahr zu bringen. Jahre davor war ich ebenfalls in ein Cottage auf eine Insel eingeladen worden, hatte gleichfalls auf einer Kanufahrt Wasser ins Boot bekommen und war gekentert. Damals hatte ich ein unfreiwilliges Bad genommen, konnte jedoch dem Boot nachschwimmen, mich an ihm festhalten und es ans Ufer ziehen.

Kurt Levy besuchte uns auch in Freiburg, wo Professor Kürzinger, Bibliotheksdirektor meines Instituts, dem Gast durch die Max-Planck-Gesellschaft wichtige Informationen über das Schicksal eines Familienangehörigen vermitteln konnte. Dieser hatte noch als Wissenschaftler für die Kaiser-Wilhelm-Gesellschaft gearbeitet und war der Rassenpolitik des Dritten Reiches zum Opfer gefallen. Kurt Levys menschliche Größe bestand für mich darin, daß er nie vor mir über das schwere Schicksal seiner Familie klagte, weder während der Jahre, als er mein Lehrer war, noch in späterer Zeit.

Gefährlicher Übermut

Jedesmal wenn ich nach Kanada kam, besuchte ich auch Frith Phillips. Einer meiner Französisch-Professoren, Robert Finch, bekannter kanadischer Dichter und Kunstmaler, unter dessen Regie ich im ersten Semester in einem französischen Theaterstück, „Turcaret" von Lesage, mitspielte und später in „Der eingebildete Kranke" von Molière, bat den Gymnasial-Direktor Phillips, mir mit der englischen Sprache und Literatur unter die Arme zu greifen, besonders bei der Vorbereitung von Referaten und Examina. Direktor Phillips und seine Schwester Norma luden mich ein, bei ihnen zu wohnen, und taten alles, damit ich frei war und mich ganz aufs Studium konzentrieren konnte. Ich hatte mein Zimmer, konnte die Tür zumachen und lernen, auch jederzeit mit Fragen zu meinem Gastgeber gehen, er half mir gerne. Am Wochenende fuhren wir dann oft mit einem Motorboot zur Insel im Ontariosee, der Stadt sozusagen vorgelagert. Auf der Insel hatten Frith und Norma ein Sommerhaus im englischen Stil, das heißt, mit einer schönen, gemütlichen Veranda vor dem Haus. Samstags gab es gewöhnlich etwas um das Haus herum zu tun, aber am Sonntag ruhte man aus. Allein die ständigen Gespräche bei der Arbeit waren für mich schon Englischunterricht, wie er aus den Büchern an der Universität nicht zu lernen war. Frith Phillips hat uns auch einmal in Freiburg besucht und eine Woche bei uns gewohnt. Wir haben unter anderem Ausflüge in den Schwarzwald gemacht. Am meisten bleibt uns allen eine Wanderung vom Feldberg zum Schauinsland in Erinnerung. Anstatt mit dieser schönen Wanderung zufrieden zu sein, schlug ich vor, da wir schon so weit gelaufen waren – es waren bereits sechs Stunden –, auch noch den Rest des Weges, das heißt vom Schauinsland (1300 Meter hoch) nach Freiburg hinunterzuwandern. Nun, das waren noch weitere zweieinhalb Stunden leicht bergab, anstatt mit der Schauinslandbahn, einer Seilbahn, eine Viertelstunde zu fahren.

Der Abstieg war fast zu viel für unseren Gast, der einige Jahre älter war als ich und das lange Laufen bergauf-bergab überhaupt nicht gewohnt war, woran ich nicht gedacht hatte. Später haben wir gerne miteinander über diesen Gewaltmarsch gelacht.

Einen Sommer haben uns auch Professor Stag, mein ehemaliger Spanisch-Professor, und seine Frau zu Hause besucht. Beide waren große Wanderer und erwanderten mit meiner Frau den Schwarzwald. Für sie war der Schwarzwald ein Wanderparadies nicht nur, weil er sehr schön ist, sondern auch, weil man überall Wegweiser findet, die verhindern, daß man sich verirrt. Ich konnte leider nicht mit unterwegs sein, da ich zu der Zeit einen Sprachkurs in Moskau besuchte.

Die kanadischen Wälder sind auch sehr schön, aber es gibt kaum ausgeschilderte Wege, und die Gefahr, sich zu verirren, ist groß. Außerdem besteht leicht die Gefahr, je nach der Gegend einem Graubär zu begegnen. Ich erinnere mich an eine Wanderung im kanadischen Felsengebirge, die wir jungen Kellner und einige Stubenmädchen von unserem Hotel Château Lake Louise aus mit einem Kenner der Gegend unternahmen. Wir waren noch gar nicht weit gegangen, da entdeckte ich wunderschöne Pflanzen und sah von der Anhöhe aus, wo wir kurz anhielten, einen zauberhaften See in der Tiefe liegen. Ich verweilte etwas und verlor den Anschluß, rief dann, wurde aber nicht mehr gehört und hörte auch kein Rufen der Gruppe mehr. So blieb nichts anderes übrig, als zu versuchen, der Gruppe nachzugehen und sie wiederzufinden. Da und dort verliefen ein kurzer Pfad sowie auch von Tieren getretene Spuren, denen man folgen konnte. Dabei beschlich mich Unbehagen bei dem Gedanken einer Begegnung mit einem Grizzlybär. Der Graubär, das wußten wir alle, ist gefährlich und greift auch ohne Grund an. Außerdem kann man vor ihm nicht ausreißen, denn er läuft sehr schnell, viel schneller als ein Mensch, so schwerfällig er auch aussehen mag.

Trotz allem dachte ich weniger an den Graubär als an den Weg zurück zu meinem Hotel. Der Gedanke, mich in diesen unendlichen Wäldern zu verirren, versetzte mich fast in Panik. Beim Weitergehen auf gut Glück in einer von Tieren getretenen Spur war ein erstes Rufen meiner Gruppe zu hören. Sie hatte offensichtlich inzwischen mein Fehlen bemerkt. Nach einer Weile gegenseitigen Zurufens fanden wir uns wieder. Das Zusammentreffen war erleichternd. Bei der Rückkehr in Richtung Hotel, als wir schon auf einem festen Weg waren und die Gruppe nicht mehr geschlossen ging, machte ich noch einen Abstecher und entdeckte eine zauberhaft schön gelegene kleine Waldwiese.

Als ich gerade meinen Photoapparat heraushole, um ein Bild zu machen, kommt hinter einem Strauch ein großer Braunbär hervor. Nun, Braunbären sind im Gegensatz zu Graubären nicht gefährlich. Ganz ruhig bleibe ich stehen, nur vier bis fünf Meter vor ihm. Er dreht sich nicht nach mir um, sondern trottet gemächlich weiter. Nicht einmal das Photographieren stört den Teddy. Jetzt werde ich übermütig. Ein Schritt zur Seite dient dem Zweck, ein noch besseres Bild machen zu können. Doch plötzlich stellt sich das Fell des Braunbären senkrecht nach oben. Das bedeutet Gefahr. Langsam gehe ich Schritt für Schritt zurück und bemerke gleichzeitig, daß zwei Jungbären der Mutter folgen. Eine führende Bärin versteht keinen Spaß. Wichtig ist nur, keine hastigen Bewegungen, keine schnellen Schritte zu tun. So kommen wir gut und friedlich aneinander vorbei. Nachdem ich die Gefahr erkannt hatte, machte ich natürlich kein Bild mehr.

Fünfzehntausend Kilometer mit dem Zug

Der Kalender zeigte September 2002 an. Zwölf Jahre war ich schon nicht mehr in Kanada gewesen, hatte von einigen lieben Menschen, die mir viel bedeutet haben, nur noch in Gedanken Abschied nehmen können. Es war mir nun plötzlich ein großes Anliegen, besonders die ältesten Freunde noch einmal zu besuchen. Der Flug am 23. September 2002 erfolgte am gleichen Tag, an dem vor 50 Jahren meine Immatrikulation für Philologie an der Universität von Toronto stattgefunden hatte. Die Maschine landete in Montreal. Dort lebt ein Schulkamerad, Hans Schütz, mit seiner Frau Magelle. Zu Hause in Freiburg waren wir Nachbarskinder gewesen, hatten oft zusammen gespielt, besonders Medizinball, und waren auch zusammen Ski im Schwarzwald gelaufen. Einmal hatten wir uns zu Hause mit den Worten verabschiedet: „Wir gehen auf den Schauinsland Ski fahren." Oben angekommen, packte uns die Wanderlust und wir fuhren mit den Skiern etwa zweieinhalb Stunden bis nach Todtnauberg, einem wunderschönen, vom Verkehr abseits gelegenen Dorf, in dem meine Eltern und wir Kinder schon seit Jahrzehnten Sommerurlaub bei der Familie Stiefvater verbrachten. Der Schnee war ideal, die Sonne schien. Wir waren glücklich und merkten nicht, wie es langsam dunkel wurde. Es war zu spät, um nach Hause zu fahren. Wir gingen zu Frau Stiefvater, das war im Ortsteil Rütte, und fragten, ob wir im Stroh schlafen dürften. Ja, war die Antwort, aber mit der Rückfrage: „Aber ihr raucht doch nicht?" Wir rauchten natürlich nicht, aber wir verstanden ihre Angst und Vorsicht. Beim Einschlafen fiel mir mit Schrecken ein, daß unsere Eltern sich vielleicht Sorgen machen könnten, wo wir seien, da wir ja nur den Tag über zum Schauinsland fahren wollten. Ich rüttelte Hansi wach, und wir gingen zur Bäuerin und sprachen von unseren Bedenken. Den Luxus eines Telefons kannte man auch viele Jahre nach dem Krieg noch nicht in den Bauernhäusern, oft nicht einmal in der Stadt. Wir selbst hatten zu Hause auch keines. Die Bäuerin nahm unsere Sorge nicht so tragisch, die Eltern, wie sich hinterher herausstellte, auch nicht übermäßig, verständigten aber doch die Polizei in Todtnauberg, die sich am nächsten Morgen bei der Bäuerin nach uns erkundigte.

Jetzt sahen wir uns also in Kanada wieder, ich lernte seine Frau kennen, und wir unternahmen schöne Autotouren aufs Land, besuchten einen Imker, einen Freund von

Hansi und Magelle, der unzählige Bienenvölker besitzt. Er fährt die Bienenkästen mit Lastwagen an die verschiedenen, für das Ausschwärmen günstigen Stellen und sammelt im Jahr Tonnen von Wald- und Wiesenhonig ein.

In Montreal begann meine Kanada-USA-Reise mit dem Zug. Sie sollte sieben Wochen dauern, eine Strecke von 15.000 Kilometern. In Kanada fuhr ich mit der Eisenbahngesellschaft VIA und in den USA mit Amtrak. Beide Billetts wurden in Deutschland ausgestellt, mit Unterbrechungen in den Städten, in denen Freunde wohnten. Die Dauer der jeweiligen Aufenthalte in den Städten wurde genau auf der Fahrkarte eingetragen. Für Kanada war die Fahrkarte für die Strecke von Toronto nach Vancouver, etwa 4.000 Kilometer, nur mit Schlafwagen zu bekommen, und für diese Strecke war auch der Speisewagen mit allen Mahlzeiten im Fahrpreis eingeschlossen. Auf diese Weise habe ich einmal in meinem Leben vier Tage lang in einem Speisewagen gefrühstückt, zu Mittag und zu Abend gegessen.

VIA hat CPR, meine ehemalige Zuggesellschaft Canadian Pacific Railroads, übernommen, jene CPR, bei der ich jahrelang während meines Studiums als Kellner gearbeitet hatte. Mit den jetzigen Kellnern und Kellnerinnen habe ich mich unterhalten und ihnen erzählt, wie alles vor 50 Jahren gewesen war, wie wir mit Holzkohle erst einmal am Morgen Feuer im Küchenherd entfachen mußten und der Wind es vielleicht wieder ausblies und die Gäste schon ungeduldig auf ihren Kaffee warteten. Wir hatten keine so hochmoderne Küchenausstattung wie in diesem Zug, dafür aber versilbertes Besteck. Mit dem aufkommenden Tourismus konnte CPR diesen vornehmen Stil nicht mehr aufrecht erhalten, denn viele Touristen fanden das Besteck so schön, daß sie es gelegentlich als Souvenir mit nach Hause nahmen. Im Château Lake Louise im Felsengebirge hatten wir sogar noch versilberte Kaffee- und Milchkännchen, mit einer Nummer versehen. Wir Kellner waren verantwortlich, daß jedes Stück wieder zurück in die Küche kam.

Unterbrochen wurde die jetzige Reise in Toronto, Vancouver, Whistler, Vancouver Island, Seattle, Los Angeles, Saint Louis am Mississippi, Chicago und Pittsburgh. New York war die Endstation. Toronto bildete eines meiner Hauptziele wegen der vielen Freunde aus meiner Studienzeit. Ich wohnte bei John und Suzanne Riddell. John ist der Sohn von Kay Riddell, die mich seinerzeit als Student des ersten Semesters zusammen mit anderen Studenten empfangen und mit der Universität und den Formalitäten vertraut gemacht hatte. Kay lud mich danach auch privat zu Festlichkeiten ein und freute sich, wenn ich mit ihrem Sohn, der viel jünger war als ich, Blockflöte spielte. Diese privaten Kontakte und Beziehungen halfen mir sehr bei der Erlernung der englischen Sprache, und ich hatte immer das Glück, in Kreise zu geraten, in denen gutes Englisch gesprochen wurde. John Riddell ist Schriftsteller und Herausgeber. Er hat uns auch schon mehrere Male zusammen mit Suzanne in Freiburg besucht und spricht, wenn er in

Deutschland ist, nur Deutsch. Er hat ein Jahr in Deutschland studiert und interessiert sich für unser Land. Sein Gedächtnis für die deutsche Sprache ist phänomenal.

Seine Mutter Kay wohnt jetzt in einem sehr vornehmen Senioren-Wohnheim mitten in Toronto, mit zwei wunderschönen Zimmern und einer Teeküche. Nach der Begrüßung nahmen wir den Aufzug nach unten, um einen kleinen Spaziergang zu machen. Kay ist inzwischen 95 Jahre alt und kann noch recht gut gehen. Da sie ihren Spazierstock vergessen hatte, ergriff sie meinen Arm, hakte sich freudig ein und sagte strahlend: „Siegfried, your arm is much better than a stick!"[65]

Besuch bei den erwachsenen Babies

Eine weitere sehr geschätzte Dame, die ich in einem Altersheim besuchte, war Madame Joliat, die Frau von Professor Eugène Joliat, einem meiner ehemaligen Französisch-Professoren. Ich bewunderte sein großes Wissen, das er auch sehr gut uns Studenten zu vermitteln verstand. Gelegentlich konnte ich mir etwas Geld verdienen, wenn in seinem Haus zum Beispiel Malerarbeiten anstanden. Auch kannte er unzählige englische und französische Sprichwörter und gute und geistreiche Witze, die er immer im passenden Moment bereit hatte und mit Erzählertalent preisgab. Das Englisch seiner Frau war voller farbreicher Ausdrücke und reich an Vokabular. Ich lernte sehr viel Lebensbereicherndes von diesem großartigen Ehepaar.

Dann kam die spannende Einladung zu meinen drei „Babies", heute immerhin zwei gestandene Familienväter und eine Mutter von zwei erwachsenen Kindern. Aber wenn die Ouchterlony-Kinder mich jetzt bei ihren Freunden vorstellten, so sprachen sie von mir immer als ihrem Babysitter. Und wir haben nicht nur einmal über diese lustige Situation gelacht. Es war ein warmer Herbstabend, und da fragte ich meine drei ehemaligen Zöglinge, David, den Arzt, Tom, den Wirtschaftsexperten und Jane, die Musiklehrerin: „You know, I cannot remember having ever had any trouble with you kids when I looked after you while your parents were away."[66] David antwortete ganz spontan: „Well, Siegfried, you were so tall and we were so small, we were just afraid of you."[67] Großes Gelächter. Mary, Toms Frau, hatte ein herrliches Essen vorbereitet, und ich verbrachte einen wunderschönen Abend mit den drei Ouchterlony-Familien, deren sechs Kinder auch schon erwachsen waren.

---

65 "Siegfried, dein Arm ist viel besser als ein Stock!"
66 „Wißt ihr, ich kann mich nicht erinnern, jemals mit euch Kindern Kummer gehabt zu haben, wenn ich nach euch schaute, wenn eure Eltern weg waren."
67 „Nun, Siegfried, du warst so groß und wir waren so klein, wir hatten einfach Angst vor dir."

Kanada

University College, University of Toronto

Dr. David and Tom Ouchterlony: „You were so tall and we were so small, we were just afraid of you"

Der Norden von Kanada, Anfang Oktober

Der kanadische Zug VIA, früher CPR. Montreal-Toronto-Vancouver. Eine Vier-Tagesreise

Speisewagen-Bedienung. Vor 50 Jahren war ich auch dabei, 1952-57 während der Semesterferien

Vancouver Island

Von den vielen gemeinsamen Erlebnissen, die ich mit David und Tom auch in Deutschland hatte, war Toms Besuch in Freiburg ein besonderer. Es war Winter, und es hatte gerade geschneit. Auf dem Schauinsland lag hoher Pulverschnee. Zum Skifahren war die Zeit zu knapp, und wir fuhren einfach mit der Seilbahn in die Höhe, um die frische Luft und die weiße Bergwelt zu genießen. Oben trafen wir auf dem Vorplatz zur Seilbahnstation vier ältere Damen, die offensichtlich froren und etwas verloren auf den vielen Schnee schauten. Auf unsere Erkundigung, ob sie die Richtung verloren hätten, kam die etwas verunsicherte Antwort: „No, but we wonder why we have come up here into this snow."[68] Die vier Engländerinnen – das erkannten wir an den ersten Worten – waren hier oben im fast meterhohen Schnee absolut verloren.

Tom und ich beschlossen, die Londoner Damen auf sicherem Wege zum Halde-Hotel mitzunehmen und sie dort zu einer Tasse Tee und einem Stück Schwarzwälder Kirschtorte einzuladen. Unsere Engländerinnen stapften tapfer durch den Schnee. Sie hatten jetzt ein Ziel und blühten richtig auf. Daß sie mit uns Englisch sprechen konnten, tat ihnen auch gut. Und als wir in das Hotel und in die schöne Gaststube im Schwarzwald-Stil traten, kam uns eine mollige, einladende Wärme entgegen. Wir verbrachten eine sehr gemütliche Teestunde zusammen und unterhielten uns über England, Kanada und Deutschland. Nach der Abfahrt mit der letzten Seilbahn tranken wir bei mir zu Hause noch einen Abschiedstee und brachten sie in ihr Hotel. Am nächsten Tag reisten sie zurück nach London.

Wieder zurück in die Gegenwart des Jahres 2002: Nach dem schönen Begrüßungsabend in der großen Familie Ouchterlony nahmen mich David und seine Frau Donna, beide Ärzte, mit ihrem Auto in ihr Haus am Smoke Lake im Norden von Toronto mit. Sie verbringen die schönste Zeit des Jahres in ihrem Sommerhaus, das direkt am See liegt, während sie im Winter, wenn die Straßenverhältnisse schlecht sind, in der Stadt wohnen. Das zweistöckige Haus am See mit einer riesigen Veranda, die auf den See schaut, ist groß, ganz aus Holz und innen architektonisch wunderschön und großzügig ausgelegt. Mein Zimmer ging auch hinaus auf den See, wo immer wieder das Flattern und Plantschen von Enten im Wasser zu hören war. Am nächsten Tag beim Spaziergang mit David war die Architektur vieler schöner Villen, die vereinzelt am See oder in Waldlichtungen standen, zu bewundern. Wir wurden von einem dort das ganze Jahr über lebenden Freund von David, Herrn Heidenreich, zum Teetrinken und zu einer Waldwanderung unter der Führung des Gastgebers eingeladen. Ohne einen Kundigen die Gegend zu durchstreifen, wäre unvernünftig oder schlichtweg dumm. Der Wald ist unwegsam, Morast macht das Gehen oft gefährlich. Man kann sich leicht verirren.

---

68 „Nein, aber wir fragen uns, warum wir in diesen Schnee hier heraufgekommen sind."

Unser Gastgeber erklärte uns die verschiedenen Bäume, Pflanzen, Spuren von Tieren und gelegentliche Sümpfe. Wir hörten manches über das Leben so ganz in der Natur, über das Schöne, aber auch über die Schwierigkeiten der Abgeschlossenheit im Winter, wenn alle Straßen und Wege verschneit sind und kein Arzt mit dem Auto dorthin kommen kann.

David fuhr mich am nächsten Tag zur Mutter der beiden Mädchen, Pam und Susan, für die ich als Student in Toronto auch Babysitter gewesen war, als ich bei Familie Ouchterlony gewohnt hatte. Mrs. More, schon weit über 80 Jahre alt, freute sich sehr über meinen Besuch, und ich kam gerne wieder in das schöne, vertraute Haus, in dem ich als Student ein- und ausgegangen war. Am meisten Spaß hat es mir gemacht, noch einmal das Zimmer zu betreten, in dem mir vor 50 Jahren von seiten der beiden etwa fünfjährigen bildhübschen Gören, die ich am Abend hüten sollte, die Kissen nur so um die Ohren geflogen waren. Mrs. More hatte herrliche Plätzchen gebacken und Tee dazu gekocht. Es war eine wunderschöne Stimmung. Schließlich kam Pam, das eine „Baby". Sie hat jetzt selbst schon zwei Kinder, und es war eine herzliche Begegnung. Dankend erinnerte sie sich noch an einen Adventskalender mit 24 Fensterchen zum Öffnen und mit Bildern dahinter für Kinder, den meine Mutter ihr 1958 geschickt hatte, zu der Zeit, als ich schon in Alaska war. Wir erzählten noch lange, und auch darüber, wie die beiden Mädchen auf meinem Fahrrad mitfahren durften, eine auf der Querstange und eine auf dem Gepäckträger. Susan, das zweite Mädchen, konnte leider nicht kommen, da sie nicht in Toronto wohnt.

Die Sonntags-Rose

Nach dem Kaffeetrinken machte ich einen erinnerungsreichen Besuch bei Maruja Jackman. Vor 50 Jahren, als wir uns bei der ersten Probe eines spanischen Schauspiels an der Universität kennengelernt hatten, hieß sie noch Maruja Duncan. Ich verehrte sie. Sie stammte aus einer der angesehensten Familien der Stadt, was ich damals nicht wußte. Der Vater stand an der Spitze eines der größten kanadischen Industrie-Unternehmen, Massey Harris, das in Nordamerika landwirtschaftliche Maschinen herstellte. Mrs. Duncan war eine bekannte Schauspielerin geworden, sie hatte mit Garcia Lorca, einem der großen spanischen Dichter, gearbeitet.

Mein erster Besuch damals fand an einem Sonntag nach der Kirche statt. Es war die lutherische Kirche, und ich erteilte dort Konfirmandenunterricht. Als ich mit dem Fahrrad und einer Rose bei der wunderschönen Villa der Familie Duncan mit einem großen Garten und Swimmingpool ankam, wurde ich etwas unsicher, zumal mit meinem bescheidenen Anzug, den mir mein Französisch-Professor Herr Finch für meine Rolle als Doktor in Molières „Le malade imaginaire" geschenkt hatte. Mit gesammeltem Mut klingelte ich. Mr. Duncan war ein Gentleman in Haltung und Höflichkeit, seine Frau schön und vornehm. Der Kunstsinn stand ihr ins Gesicht geschrieben. Das Foyer war mit erlesenen Möbeln und Gemälden geschmackvoll eingerichtet. Hier stand kein Reichtum im Vordergrund, sondern Geschmack und Kunst. Maruja kam mit einem fröhlichen Lachen auf mich zu, und wir unterhielten uns unten im Foyer. Der herzliche Empfang und die Atmosphäre des Hauses waren für mich wie ein Geschenk. Von nun an besuchte ich Maruja immer mal wieder am Sonntag nach dem Konfirmandenunterricht, und immer mit einer Rose. Die Familie lud mich auch einmal zum Mittagessen und zum Schwimmen ein. Die Besuche fanden immer im Foyer statt. Der Blumenhändler hatte mit der Zeit seinen Spaß an dem Kunden, der immer nur eine Rose kaufte, dem One-rose-customer, und das immer zur gleichen Zeit. Wenn er mich von weitem kommen sah, hob er einen Finger hoch und sagte: „one", und ich antwortete auch mit erhobenem Finger: „one". Er wußte, daß ich Student war und schenkte mir sogar manchmal eine zweite, kleinere. Ich war einer seiner regelmäßigsten, wenn auch nicht profitabelsten Kunden.

Einmal hatte ich gerade das Rad abgestellt und die Rose überreicht, als ein junger Mann mit einem teueren Wagen vorfuhr und Maruja einen riesengroßen Strauß von Rosen schenkte. Meine eigene nahm sich dagegen bescheiden aus. Seither hatte ich mich oft gefragt, wer das wohl gewesen sei. Jetzt, nach 50 Jahren, fragte ich Maruja danach. „No idea, I cannot remember at all neither the young man nor the roses. But I very well remember the many Sundays, when you, Siegfried, brought me a rose."[69]

Ich kannte Maruja nur wenig, trotz der vielen Besuche. Wir hatten uns vor den Theaterproben und während der Pausen unterhalten und bei den kurzen Besuchen am Sonntag im Foyer. Doch erzählten mir eines Tages Freunde, daß Maruja einmal im Sommer vor ihrem Staatsexamen in den Elendsvierteln der Hafenstadt New Haven, Connecticut, ein anderes Harlem, Sozialarbeit geleistet hat. Sie besuchte die Mütter fast ganz allein und nahm deren Kinder den Tag über zu sich nach Hause. Ich wollte es nicht glauben. Ein so hübsches Mädchen aus einer so wohlhabenden Familie arbeitete im Schwarzenviertel von New Haven. Später schrieb sie mir einmal von Lourdes, dem französischen Wallfahrtsort, einer Stadt am Fuße der Pyrenäen, wo sie sich Kranker an der berühmten Heilquelle dort annahm. In jener Zeit besuchte sie zusammen mit ihrer Schwester Rosa Maria meine Mutter in Freiburg. Diese schrieb mir begeistert und bewundernd nach Lambarene, wie nett die beiden jungen Damen seien und was für kleine Koffer sie hatten. Sie protzten nicht; was sie an Kleidern trugen, war schön, geschmackvoll und doch bescheiden.

---

69 „Keine Ahnung, ich kann mich weder an den jungen Mann noch an die Rosen erinnern. Aber ich erinnere mich sehr wohl an die vielen Sonntage, an denen du, Siegfried, mir eine Rose gebracht hast."

Es war Zeit für mich zum Abschiednehmen. Maruja wurde zum Konzert abgeholt, und ich fuhr mit in die Stadt. Im Auto lud sie mich noch zum Besuch einer Farm ein, die ihr Mann, Henry Jackman, Lieutenant Governor[70] von Ontario, vor kurzem gekauft hatte. Leider mußte ich diese schöne Einladung ausschlagen, denn am nächsten Morgen fuhr mein Zug nach Vancouver.

Abstecher zum Skiort Whistler

Die Reise über Sudbury, Winnipeg, Calgary nach Vancouver dauerte etwa vier Tage. Es war Anfang Oktober, und die Färbung der Blätter und der Bäume war märchenhaft. Die unzähligen Seen mit größeren und kleineren Inseln gaben der Landschaft den Eindruck der Ruhe und der Stille. Der Zug hatte mehrere Panoramawagen, so daß man immer eine schöne Aussicht auf die Landschaft hatte. Daß der Speisewagen mit allen Mahlzeiten im Fahrpreis mit eingeschlossen war, empfand ich bald als sehr gut, denn so konnte man drei herrliche Mahlzeiten an einem schön gedeckten Tisch einnehmen und brauchte nicht an das Portemonnaie und Preise zu denken. Das war eine wunderschöne Erholung.

Nun ergab es sich, daß der Steward mich gleich zu Anfang der Reise an den Tisch eines sehr netten kanadischen Ehepaares setzte, Herr und Frau Murphy. Wir kamen schnell in ein angeregtes Gespräch über unsere Reiseziele. Sie kehrten gerade von einem vierwöchigen Urlaub an der Ostküste zurück, erzählten von ihren Erlebnissen und Reiseeindrücken. Als Herr Murphy hörte, daß ich in Lambarene gewesen war, konzentrierte sich sein ganzes Interesse auf Albert Schweitzer. Noch am selben Tag luden mich beide, Mike Murphy und Dianne, zu sich nach Duncan auf Vancouver Island ein. Sie wiederholten die Einladung die darauffolgenden Tage, sie meinten es wirklich ernst. Mike interessierte sich auch für meine Radtour durch Nord-, Mittel- und Südamerika, und als er mir am Abend vor der Ankunft in Vancouver seine Adresse und Telefonnummer aufschrieb, fügte er hinzu, daß es noch viel zu erzählen gebe und er mir noch einiges zeigen wolle.

Diese Einladung paßte unerwarteterweise gut in meinen Reiseplan, weil sich drei Einladungen nach Vancouver kurz vor meiner Abreise aus Deutschland zerschlagen hatten. Keith Spicer, mein Studien- und Tennisfreund von Toronto, zuletzt Vorsitzender von Radio und Fernsehen in Kanada, war nach Paris gezogen, wo er jetzt die Universität für Frieden leitet. Unser Nachbar Dr. Löffler, Professor an der Universität von Vancouver, war kurz vor meiner Reise ganz unerwartet gestorben. Und der dritte Freund, ein Mitarbeiter aus Lambarene, der mich noch vor nicht allzu langer Zeit in Freiburg besucht hatte, hatte seine Frau, eine Französin, verloren und befand sich ge-

---

70 Vizegouverneur.

rade in Frankreich. Dieses Vakuum, das so in Vancouver entstanden war, schienen nun diese neuen kanadischen Bekannten auszufüllen.

Doch vor diesem Besuch wollte ich noch die Tochter von David Ouchterlony in der Nähe von Whistler besuchen. Ich kannte Janet als Kind, von Kanadabesuchen 1990 und später, aber hatte sie seither nicht mehr gesehen. Sie und ihr Mann Jim, Architekt, hatten mich herzlich eingeladen, als sie hörten, daß ich auf der Reise nach Vancouver sei. Whistler ist ein exklusiver Skiort mit vielen wunderschönen Häusern. Es gibt dort keine Hochbauten. Viele Häuser sind ganz aus Holz gebaut, jedes hat seinen eigenen architektonischen Stil, und oft sind kunstvolle Rundhölzer im Bau verwendet worden.

Ein Greyhoundbus brachte mich von Vancouver nach Whistler. Dort wollte Janet, die in dem Ort arbeitete, mich zwei Stunden später abholen. Die Greyhoundbus-Linie hat aber in Whistler kein Gepäckdepot. So stand ich mit meinem ganzen Gepäck auf der Straße und konnte mich nicht frei bewegen. Die Sonne schien, der Ort lag malerisch mit herbstlich gefärbten Bäumen und hohen Bergen ringsherum vor meinen Augen und lud dazu ein, Bilder zu knipsen. Auf meine Bitte in mehreren Geschäften, das Gepäck dort abstellen zu dürfen, gab es Absagen. Dann sah ich das Hotel Holiday Inn. Eine junge Hotelangestellte dachte bei meinem Erscheinen, daß ich ein Zimmer haben wolle. Doch ungeachtet meines Ersuchens, nur meine Sachen für zwei Stunden abzustellen, um photographieren zu können, schaute sie mich unverändert freundlich an und erfüllte meine Bitte. Ich werde nicht vergessen, wie diese charmante junge Dame an der Rezeption mich von meinem schweren Gepäck mit so viel Verständnis und Hilfsbereitschaft befreit hat.

Nach vielen schönen und interessanten Photos von Whistler holte mich Janet Ouchterlony pünktlich ab. Sie hielt unterwegs noch an verschiedenen Geschäften und einer Bank an. Das war genau das, was mich auf Reisen immer interessiert: mich in kleineren Geschäften wie jetzt hier in den Bergen umzusehen. Dort kann man immer noch Sachen entdecken, die es weder in der Stadt noch in irgendeinem Supermarkt gibt. An ihrem Haus begrüßte mich ein riesengroßer schwarzer Hund, der mich sofort akzeptierte, und im Haus waren Jim und Freunde, die ich kennenlernen sollte. Es gab ein herrliches ländliches Abendessen, und dann wurde viel erzählt. Janet arbeitet für ihren Wohnort auf den Gebieten Umweltschutz und Wasserversorgung, Jim als unabhängiger Architekt. Er hat so viel zu tun, daß er nicht alle Aufträge annehmen kann. Nebenbei baut er ein eigenes neues Haus. Janet und Jim haben erst kurz vor meinem Besuch geheiratet. Sie möchten noch viel reisen, und ich mußte von Alaska, Südamerika und Afrika erzählen.

Am nächsten Vormittag ging ich allein, weil Jim und Janet schon früh aus dem Haus waren, zu einem Fluß, um Lachse zu sehen. Nur ab und zu deutete ein Stück Trampelpfad auf die Richtung dorthin. Das Rauschen des Wassers wies schließlich die Richtung. Es war ein grandioses Bild, wie der Fluß auf einmal vor mir lag: flach und mit einigen wunderschön geformten riesengroßen abgerundeten und unzähligen kleineren flachen Steinen im Flußbett. Auf der Seite war er abgegrenzt durch eine hohe Felswand mit einigen kleineren Bäumchen, die da und dort noch etwas Nahrung fanden. Sie leuchteten in den schönsten roten und gelben Herbstfarben. Im Wasser schwammen viele große und schöne Lachse, die ich gut beobachten konnte und die sich lebhaft im seichten Wasser bewegten. Als ich am Abend meinen Gastgebern erzählte, daß ich Lachse gesehen hätte, schlugen sie die Hände über dem Kopf zusammen. Es gebe dort nämlich Bären, die ja große Liebhaber von Lachsen sind.

Die Freunde vom Speisewagen

Am nächsten Tag mußte ich wieder Abschied nehmen und mit dem Greyhoundbus in Richtung Vancouver fahren. Noch vor der Stadt wechselte ich auf die Fähre nach Vancouver Island. Dort erwarteten mich meine neuen Freunde vom VIA-Zug, Mike und Dianne Murphy mit ihrem Sohn Shaun und seinem Freund Paul. Das war ein ganz herzliches Wiedersehen. Wir fuhren in ihrem Kleinbus nach Duncan. Unterwegs hielten sie an, um mit mir in einem taiwanesischen Restaurant etwas zu essen. Mike und Dianne gaben mir ein schönes Zimmer und sagten mir, ich solle mich bei ihnen wie zu Hause fühlen, was ich auch wirklich tat.

Am nächsten Morgen nahm mich das Ehepaar Murphy nach einem üppigen Frühstück mit zur nächsten Fähre, die uns auf eine wunderschöne kleine Insel mit einem bunten Basar brachte, wo viele Künstler ihre Ware anboten. Die Atmosphäre auf dem Markt war besonders beeindruckend durch die Vielfalt der herbstlichen Färbungen der Blätter an den größeren und kleineren Bäumen auf dem Marktplatz. Am darauffolgenden Tag fuhren wir nach Victoria und schauten uns die Stadt und ihren Hafen an. Victoria liegt traumhaft schön am Pazifischen Ozean. Auf dem Rückweg gingen wir lange am Meer spazieren. Am zweiten Tag brachten wir ein Mädchen, das am Wochenende ebenfalls zu Besuch da war, wieder nach Victoria zur Schule. Wir sahen uns den Rest des Tages noch einmal die Stadt und den Hafen mit den malerisch vorgelagerten Inseln an und kamen erst spät abends wieder nach Hause.

Am dritten Tag photographierte ich ausgiebig in der Umgebung, schrieb Briefe und rechte mit Dianne im Garten welke Blätter zusammen. Abends gab es ein köstliches Abschiedsessen. Am nächsten Morgen brachten mich Mike und Dianne nach Victoria, von wo aus ich mich auf eine Fähre nach Vancouver einschiffte. Auf der Fähre entdeckte ich in meinem Gepäck ein großes Vesper für den Zug, das nicht nur aus Broten bestand, sondern auch aus Radieschen, Tomaten, Keksen, Schokolade und Getränken. Ja, Vancouver Island war ein Traum. Von Vancouver aus brachte mich der Zug nach Seattle, wo ich vom VIA-Zug umstieg in die Amtrak, die amerikanische Eisenbahn.

Zu Gast bei Albert Schweitzers Tochter

Wir hatten schon bei der Abfahrt ziemliche Verspätung. Es sah so aus, als würde der Zug nicht um 10 Uhr nachts, sondern erst um Mitternacht in Los Angeles ankommen. Und da erlebte ich eine Überraschung. Die Zugbegleiterin – auf meine sorgenvolle Bemerkung, daß eine ältere Dame mich erwarte – nahm mit einem verständnisvollen Zwinkern ihr Handy aus ihrer Tasche, fragte nach der Nummer, sprach mit ihr und beruhigte sie. Das war ein Ferngespräch über eine Distanz von mehr als 2000 Kilometern. Ich dankte der hilfsbereiten Zugbegleiterin und kam wirklich erst um Mitternacht an. Vor meiner Abreise nach Kanada und in die USA war ich Rhena Schweitzer Miller, Albert Schweitzers Tochter, bei einer Gedenkfeier für ihren Vater in Günsbach begegnet und hatte von ihr genaue Informationen für ein Taxi erhalten, denn viele Amerikaner holen Familienangehörige und Freunde nachts in Los Angeles nicht mehr vom Bahnhof ab und lassen sich selbst auch nicht abholen. Zu gefährlich, sagte Rhena. So fuhr ich die 50 Kilometer nach Pacific Palisades mit dem Taxi, das sich trotz genauer Wegbeschreibung dreimal verfuhr, so daß Rhena jedesmal telefonisch um Auskunft gebeten werden mußte. Nicht allzu verwunderlich, denn Los Angeles soll sich an die 120 Kilometer in die Länge ziehen.

Als das Taxi oben am Berg ankam, wo die Straße aufhörte, standen in stockdunkler Nacht mit Taschenlampen – es war inzwischen vielleicht ein Uhr morgens geworden – Rhena, ihr Schwiegersohn Steve Engel sowie Sandy, die Tochter von Christiane. Sie geleiteten dann das Taxi auf ihrer Privatstraße bis zu ihrem Haus. Das Wiedersehen hier in Los Angeles war herzlich. Christiane, die Tochter von Rhena Schweitzer, war noch auf Konzerttournee in Europa und machte CD-Aufnahmen in Prag. Das Aufwachen am nächsten Morgen war für mich voller Überraschungen. Ein wunderschönes Haus am Berghang gelegen, mit Blick aufs Meer. Man schaut zugleich auf einen Swimmingpool mit Sprungbrett, was für mich einen besonderen Reiz hatte. Es war Oktober und noch nicht kalt. So wie hier habe ich das Schwimmen in einem Swimmingpool noch nie ausgenutzt. Im Garten gab es außer einer Vielzahl von Blumen Feigen-, Orangen- und Zitronenbäume. Steve vermietet Häuser und Wohnungen, hält sie instand und sorgt für geordnete Verhältnisse auf seinen Grundstücken. Es ist keine leichte Arbeit, aber sie füllt ihn aus, und er ist immer fröhlich.

Mit Rhena gab es natürlich viel über Lambarene zu sprechen, über das alte und das neue. Frau Schweitzer Miller nimmt immer noch an den jährlichen Versammlungen der internationalen Albert-Schweitzer-Gesellschaft in Günsbach teil. Jeden Tag lud sie mich zum Mittagessen und zum Kaffeetrinken ein. Dabei konnten wir uns ausgiebig unterhalten. Schon am zweiten Tag nahm mich Steve zu einer Fahrt mit dem Fahrrad entlang der Küste mit. Los Angeles besitzt eine 35 Kilometer lange Strecke hauptsächlich für Jogger, Radfahrer und Inliner. Wir bummelten auch eine Zeitlang auf der Promenadenstraße, wo viele Künstler ihre Ware anboten und junge Talente ihre akrobatischen Künste zeigten. An einem anderen Tag ging Sandy mit mir in das berühmte Getty-Museum. Es liegt erhöht und ist von außen und von der Architektur her gesehen sehr interessant und wunderschön, und ist eingefaßt von einem prächtigen Garten mit Blumen und Grünanlagen. Es birgt große Kunstschätze. In Pacific Palisades wohnte ich in einem exklusiven Viertel der Stadt.

Als Christiane Engel am vierten Tag nach meiner Ankunft zurückkehrte, war die Freude des Wiedersehens groß. Unsere Bekanntschaft reicht bis nach Lambarene zurück, das war 1959, wohin Christiane in ihren Ferien als Medizinstudentin immer wieder zu ihrem Großvater kam, um ihm in seiner nie endenden Arbeit zu helfen. Mich hatte damals immer beeindruckt, mit welcher Hingabe, Fröhlichkeit und Liebe sie nach den Patienten schaute.

An einem der nächsten Abende waren wir alle in Beverly Hills bei Steves Mutter und Schwester zu einem großen Abendessen eingeladen, zusammen mit anderen Gästen. Die Mutter feierte ihren Geburtstag. Was mich bei solchen Einladungen immer interessiert, ist die Einrichtung und die Architektur eines schönen Hauses. Die Unterhaltung war sehr angeregt. Als ich mich von Los Angeles verabschiedete, dachte ich noch einmal daran, wie ich 44 Jahre zuvor mit dem Fahrrad auf meiner Tour nach Südamerika durch diese Stadt gefahren war.

Von hier aus änderte sich wieder meine Fahrtrichtung. Die neue Richtung zeigte nach Osten. Nächster Halt war Saint Louis am Mississippi. Dort erwarteten mich Professor Theodore Ferdinand und seine Frau Caroline. Herrn Ferdinand kenne ich seit vielen Jahren über das Max-Planck-Institut und seine Frau von einem Besuch in Freiburg. Wir hatten uns damals schnell angefreundet, und während der verschiedenen Aufenthalte im Max-Planck-Institut in den vergangenen Jahren schaute Herr Ferdinand immer wieder bei uns herein. Jetzt sahen wir uns zusammen Saint Louis an, eine wichtige Handels- und Industriestadt, verweilten eine gute Stunde am Mississippi und fuhren dann nach Carbondale, wo Ted und Caroline mit ihren drei Hunden leben. Sie hatten die Hunde einmal von Freunden in Pflege genommen, aber diese wurden nie wieder abgeholt. Mich akzeptierten sie erstaunlicherweise alle drei auf Anhieb von

USA

Die amerikanische Eisenbahn Amtrak: Seattle – Los Angeles – St. Louis – Chicago – Pittsburgh – New York (über 6.300 km)

Das J. Paul Getty Museum, Los Angeles, Kalifornien

St. Louis, Mississippi, Arch. "Gateway to the West". Der Torbogen ist zugleich „Aussichtsturm". Man fährt auf einer Art Schlitten auf Rädern bis zur Spitze

Sears Tower (Photo im Aufzug)

"Are you aware that you are the only man in this elevator?"…
"Aren't you afraid of so many women?"

Chicago u. Pittsburgh

Universität von Pittsburgh, auch „Cathedral of Learning" genannt. Sie ist mit 42 Stockwerken die höchste Universität der Welt

Beginn meiner Ankunft an. Selbst wenn ich mitten in der Nacht noch einmal von meinem Zimmer nach oben ging und vorsichtig über den großen schwarzen Hund stieg, der in der Nacht immer quer auf dem unteren Treppenabsatz lag, bellte er nicht, sondern wedelte mit seinem Schwanz, was bedeuten sollte, daß ich vorbeigehen dürfe.

Schon am zweiten Tag holte Ted ein Fahrrad aus dem Schuppen und zeichnete mir einen Plan zu einem See. Kaum saß ich auf dem Rad, kamen die Hunde angerannt und sprangen wild von allen Seiten an mir hoch. Dann rannten sie los, als wollten sie mir den Weg zeigen. Der See lag wunderschön am Ende einer Landstraße in der Herbstsonne. Auf dem Rückweg habe ich mich dann trotz des Plans verfahren, wegen der kleinen Abstecher in Waldstraßen und Feldwege hinein. Überall war Interessantes zu sehen, etwa ein Holzhaus mit einem Gehege, in dem schöne Pferde grasten, oder eine malerische Waldlichtung mit zauberhaft herbstlich gefärbten Laubbäumen oder ein kleiner See ganz versteckt im Wald.

Schließlich verfuhr ich mich derart, daß ich einen Autofahrer nach dem Weg fragen mußte. Der Autofahrer verwies mich an die Feuerwehrstation, die zufällig nicht weit entfernt lag. Die Feuerwehrleute fanden die Adresse im Handumdrehen und zeichneten mir kurz einen Plan. So war das Haus dann ohne Schwierigkeit zu finden. Froh war ich, daß ich alle drei Hunde wieder vorfand, denn unterwegs hatte ich immer wieder den einen oder den anderen aufgrund einiger Abstecher aus den Augen verloren. Jetzt ruhten sie sich aus oder schliefen.

Caroline nahm mich einmal mit zu einem urigen Restaurant, im Grünen gelegen und ganz aus Holz gebaut. Danach wanderten wir durch den herbstlichen Wald mit eindrucksvollen Felsformationen und besuchten eine Künstlersiedlung, wo wir kleine und große Kunstwerke wie Batikstoffe, Plastiken aus Stein, Edelsteine, Schmuck und Holzschnitzereien bewunderten.

"Haben Sie keine Angst vor so vielen Frauen?"

Wieder hieß es Abschied nehmen. Mein Zug von Carbondale nach Chicago fuhr morgens um drei Uhr ab und kam um zehn Uhr in Chicago an. Um zu meinem Youth Hostel zu gelangen, mußte ich Einheimische fragen. Alle gaben mir gern Auskunft. Für mich sind die Leute auf der Straße die beste Einführung in eine Stadt. Man kann manchmal auf Menschen stoßen, an die man sich nach der Reise vielleicht besser erinnert als an manche Sehenswürdigkeiten. So traf ich hier ein Ehepaar mit zwei goldigen blonden Töchtern, die mir nicht nur die Bushaltestelle zeigten, sondern mich auch ein ganzes Stück begleiteten. Sie schrieben mir auch einige der interessantesten Sehenswürdigkeiten und den kürzesten Weg zum See und zur Küstenpromenade auf. Die Familie war so strahlend, daß ich sie in Gedanken heute noch vor mir sehe.

Die Busfahrer waren alle Schwarze. Die Fahrerin des dritten Busses machte schon ein grimmiges Gesicht, als sie mein Gepäck sah, einen Koffer und eine Tasche. Dann mußte ich einen Fahrschein lösen, hatte aber nicht das richtige Kleingeld. Fast alle Fahrgäste zahlten mit einer Chipkarte, von der die Fahrkosten automatisch über den Computer abgebucht werden. Die Unhöflichkeit der Busfahrerin ärgerte mich so, daß ich ihr sagte, ich hätte bisher nur Gutes über Chicago gehört und sei sehr erstaunt, von ihr so unhöflich behandelt zu werden. Das hat sie nicht gern gehört. Sie sauste dann wie ein Amokfahrer durch die Straßen. Wie sie, ohne andere Fahrzeuge zu rammen, bis zu meiner Haltestelle gekommen ist, bleibt mir ein Rätsel. Aber siehe da, als ich ausstieg, lachte sie mir noch zu und wünschte mir einen guten Tag. Mein Youth Hostel Arlington House ist so etwas wie eine Jugendherberge. Mein Zimmer war sehr einfach und hatte keine Dusche und auch keinen Tisch. Die Nacht kostete 50 Dollar ohne Frühstück. Aber es gab eine Küche, in der man sich einen Tee oder dergleichen kochen konnte. Da ich am nächsten Morgen mit dem Geschirr und dem Herd nicht gleich zurechtkam, ging ich jedoch in ein Café ganz in der Nähe, um eine Tasse Tee zu trinken. Etwas Urigeres und Gemütlicheres als dieses Café „Bourgeois Pig" hatte ich noch nie gesehen. Es befand sich in einem alten Backsteinhaus. Alle Stühle waren besetzt mit jungen Leuten, die sich unterhielten und da und dort auch über einem Spiel saßen. Als ich die beiden jungen Mädchen an der Theke nach Schwarztee fragte, schaute mich eins von ihnen mit großen Augen an und führte mich zu einem Holzregal, auf dem unzählige Gläser mit Kräutertees standen. Schwarztee fehlte oder war nicht so schnell zu finden. Da zog ich meinen Schwarzteebeutel heraus, den ich noch von der Youth Hostel Küche in der Tasche hatte, und zeigte ihn ihr. Nun lachte sie, und bevor ich mich versah, hatte sie ihn schon mit einer flinken Handbewegung entwendet, nahm einen großen Becher zum Mitnehmen aus ihrem Bestand, goß mir den Tee auf, verschloß ihn mit einem Deckel und gab mir einen Strohhalm dazu. Bezahlung lehnte sie ab und sagte nur: „That's alright."

Am nächsten Tag ging ich noch einmal hin, um dieses Mal etwas zu essen. Eine Treppe führte zu einem zweiten Gästeraum. An meinem Tisch saß ein Doktorand, der die letzten Seiten seiner Dissertation hier schrieb. Ein anderer junger Mann saß in einer Ecke am Fenster und tippte eifrig auf seinem Laptop und hatte mehrere Bücher um sich ausgebreitet. Das einzige, was er sich von der Theke geholt hatte, war ein Kaffee. Mein Doktorand trank nur eine Cola. Er war Mathematiker. Wie ich erfuhr, ist dieses Café ein Unternehmen, in dem die Angestellten nur wenig verdienen. Aber die Arbeit macht ihnen Spaß, und das ist ihnen auch etwas wert.

In dem Café traf ich noch zwei Damen, eine Amerikanerin, Jüdin, und eine Deutsche, die Ehefrauen von zwei Geschäftsleuten, die für ihre Firmen auf einer Messe in Chicago ausstellten. Mrs. Roth, die Amerikanerin, sprach mich an, und wir kamen schnell in ein längeres und interessantes Gespräch. Sie wollten mich in ein Museum mit einer modernen Gemäldeausstellung mitnehmen, aber ich wollte noch mehr von Chicago sehen, da ich hier nur einen Tag Aufenthalt hatte. Mrs. Roth wohnt in Detroit und gab mir die Telefonnummer ihrer Eltern in New York, damit diese mich dort gut beraten sollten. Ich habe ihre Eltern dort auch angerufen, und sie gaben mir gute Ratschläge für den günstigen Kauf von Karten fürs Theater und für Musicals. Mitten auf dem Times Square gibt es eine Theaterkasse, wo man Karten wesentlich billiger bekommt.

Ein Abendspaziergang am Michigan-See bescherte mir eine wunderschöne Stimmung mit einem großartigen Sonnenuntergang. Die in den Himmel ragenden Wolkenkratzer wurden in der hereinbrechenden Nacht immer schwärzer, doch schauten Hunderte erleuchteter Fenster wie funkelnde Katzenaugen heraus. Faszinierend. Links von mir war das Plätschern und Rauschen des Sees zu hören, und vor mir kamen mit jedem Schritt die Silhouetten der gespensterhaften Gebäude ein Stück näher. Ich bestieg den Sears Tower, den höchsten Aussichtsturm der Stadt, von dem aus man ganz Chicago übersehen kann, ebenso wie die elegant geschwungene Küstenlinie und am Tag Teile des riesigen Sees.

Am Aufzug nach unten schloß sich gerade die Türe. Ich wagte aber noch einen Sprung durch den Spalt und landete inmitten einer großen Anzahl junger hübscher Frauen. Sie lachten über meinen waghalsigen Sprung, und hinter mir war eine Stimme zu hören: „Are you aware that you are the only man in this elevator?"[71] Wieder fröhliches Lachen. Von der Seite rief eine andere: „Aren't you afraid of so many women?"[72] Diese Scherze gingen weiter bis zum Erdgeschoß. Als die Tür des Aufzugs aufging, versperrte ich sie mit meinen beiden Armen und sagte: „May I first take a picture of you?"[73] Erneutes Lachen – und Zustimmung. Als ich danach meinen Apparat gerade in die Tasche stecken wollte, kam eine der jungen Frauen auf mich zu, nahm mir mit einer zarten, aber flinken Geste den Photoapparat aus der Hand und sagte lächelnd: „And now let me take a picture of you."[74] Bevor ich mich versah, nahmen mich alle in ihre Mitte und ich hörte nur noch das Klicken des Auslösers und spürte, wie mir eine liebevolle Hand den Apparat wieder zurückgab. Nachdem ich ihn in meiner Tasche verstaut hatte und mich umschaute, waren sie alle wie vom Erdboden verschluckt.

---

71 „Sind Sie sich bewußt, daß Sie der einzige Mann in diesem Aufzug sind?"
72 „Haben Sie keine Angst vor so vielen Frauen?"
73 „Darf ich zuvor ein Bild von Ihnen machen?"
74 „Und jetzt lassen Sie mich ein Bild von Ihnen machen."

Chicagos zwei Gesichter

Nun wurde es Zeit, ins Hotel zurückzukehren, das Gepäck zu holen und zum Bahnhof zu fahren. Beim Umsteigen gab es Schwierigkeiten, den Anschlußbus zu finden. Es war schon gegen 11 Uhr nachts. Mein Busfahrer bat mich auszusteigen, da er jetzt in eine andere Richtung fahren werde, konnte mir aber meine neue Busnummer zum Bahnhof nicht nennen. Die Straßen waren fast leergefegt, und nur einige wenige Schwarze waren zu sehen. Wohl fühlte ich mich hier nicht mit meinem Koffer, der Tasche und Lederumhängetasche. Ein Schwarzer und seine Frau bettelten um Geld. Beim Empfang einer 25-Cent-Münze fingen sie an zu maulen und wollten einen Dollar haben. Ich vergewisserte mich durch einen Blick nach hinten, daß sie mir nicht nachliefen, und gab vorerst Bettlern kein Geld mehr.

Ein Polizist half mir bei der Bussuche. Er schaute ganz erstaunt, hier mitten in der Nacht in diesem ausgestorbenen Büro-, Banken- und Geschäftsviertel jemanden mit seinem ganzen Reisegepäck zu sehen. Ich lernte das Gruseln bei dem Gedanken, was einem hier allein so alles passieren könnte. Auf dem ganzen Weg meiner Bussuche waren keine Weißen zu sehen bis auf eine Gruppe, die vor einem Restaurant direkt in ihre Autos stieg. Auffallend waren die leeren Schaufenster von drei Juweliergeschäften. Die Inhaber nehmen offensichtlich sämtlichen Schmuck am Abend heraus.

Schließlich fand ich meinen Bus zum Bahnhof. Die schwarze Fahrerin war sehr freundlich zu mir. Wahrscheinlich transportierte sie nicht oft um Mitternacht weiße Fahrgäste mit Reisegepäck, während der Bus bis hinten voll besetzt war mit Schwarzen. Sie wünschte mir beim Aussteigen eine gute Reise und winkte mir noch hinterher. Als ich im Bahnhof auf den Zug wartete, war ich froh, diese Expedition per Bus und zu Fuß in der Nacht gemacht zu haben, denn so habe ich zwei Gesichter von Chicago gesehen, nicht nur die phantastischen Geschäfte, Museen und Gebäude, sondern auch eine weniger einladende Seite der Stadt. Ich glaube, mich zu erinnern, daß die Straßen und Plätze in Chicago sauber waren. Vermutlich wird die Verunreinigung von Straßen und öffentlichen Anlagen dort ebenso mit hohen Geldstrafen geahndet, wie ich es von New York weiß. Schon 1955, bei meinem ersten Besuch dort, waren Verbotsschilder zu sehen gewesen, wonach das Wegwerfen von Abfallpapier mit einer Geldbuße von 100 Dollar bestraft wurde.

Am nächsten Vormittag kam mein Zug in Pittsburgh an. Dort holte mich Lawrence Claus ab. Ich hatte den Staatsanwalt während eines Kongresses in Sankt Petersburg kennengelernt. In einem Restaurant nicht weit vom Bahnhof trafen wir den Rechtsanwalt Richard Snyder, der auch auf dem Kongreß gewesen war und der uns zum Mittagessen einlud. Anschließend fuhr Mr. Claus mich mit seinem schönen weißen Cadillac zu seinem Haus in Ford City, etwa 40 Kilometer von Pittsburgh entfernt. Es liegt direkt am Allegheny Fluß, der hier 460 Meter breit ist. Am Nachmittag besuchten wir mehrere Kollegen von Mr. Claus, und ich hatte Gelegenheit, in mehrere Anwaltskanzleien zu schauen.

Am zweiten Tag fuhren wir mit seiner Jacht zu einer kleinen Insel im Fluß, wo ein umgestürzter Baum den engen Wasserweg zwischen zwei Inseln für die Boote versperrte. Lawrence und einer seiner Studenten kletterten auf den Baumstamm, um ihn zu zersägen. Eine riskante Aktion, denn sie mußten nicht nur ihr eigenes Gewicht, sondern auch das der Motorsäge ausbalancieren. Das Wasser war tief und kalt. Das aufregende Unternehmen dauerte etwa eine halbe Stunde und gelang. Die Selbsthilfe – statt erst die dafür zuständige Behörde anzurufen – hat mir imponiert.

Am Nachmittag besuchten wir die Universität von Pittsburgh, die 42 Stockwerke zählt und „Kathedrale des Lernens" genannt wird. Sie ist bekannt als das höchste pädagogische Gebäude der Welt. Der neugotische Universitätsbau ragt wie ein nach oben zugespitzter Glockenturm mitten aus dem Zentrum der Stadt in die Höhe. Betritt man die Universität, kommt man sich wie in einer Kirche vor. Entlang der Säulen- und Bogengänge stehen Tische und Stühle, an denen die Studenten sitzen und arbeiten. Eine ungewöhnliche und gleichzeitig einmalige Hochschule.

Am dritten Tag schauten wir uns die fantastische Architektur von Falling Water an, ein Haus, das Frank Lloyd Wright gebaut und woran er seine Vorstellung einer harmonischen Vereinigung von Kunst und Natur verwirklicht hat. Ein weiteres architektonisches Kunstwerk dieses Architekten ist Kentucky Knob, nicht weit von Falling Water entfernt. Beide Gebäude waren ursprünglich Familieneigentum, sind aber jetzt Museen mit Tausenden von Besuchern täglich.

Am vierten Tag besuchten wir Dr. Edward Gondolf, dem ich auch im Mai 2002 in Sankt Petersburg auf dem Kriminologenkongreß begegnet bin, in seinem Büro und aßen zusammen zu Mittag. Danach fuhren wir zu einem Universitätsgebäude, wo Staatsanwalt Claus auch noch Vorlesungen hält. Dort hatten sich ein Dutzend Studenten versammelt, mit denen wir Mitteilungen und Unterlagen an Tausende von Studenten für den Versand fertig machten. Die Studenten kamen zu dieser Arbeit alle freiwillig und brachten eine gute und fröhliche Stimmung mit. Auch ein Professor kam dazu und half. Nach etwa drei Stunden fragte mich eine Studentin: „What kind of pisa do you want?"[75] Wie kommt die Studentin auf Pisa, fragte ich mich. Hat sie von dem Schulleistungswettbewerb in Europa gehört? Spricht man in den USA auch schon davon? Ich wollte wissen, was sie denn meine mit „pisa". Sie fragte mich noch einmal, was für eine pisa

---

75 „Was für eine Art von Pisa möchten Sie?"

ich möchte. Nachdem sie dasselbe noch ein drittes Mal gefragt hatte, setzte sie schließlich ungeduldig hinzu: „Cheese or meat?"[76] Da erst ging mir auf, daß sie „Pizza" meinte.

Am fünften Tag wurden wir von einem Kollegen von Mr. Claus in dessen Club „Pittsburgh Athletic Association" zum Essen eingeladen. Clubmitglied kann man nur über Empfehlung eines Mitglieds werden, und der Jahresbeitrag beträgt 5.000 Dollar. Vornehme Clubs! Am Nachmittag besuchten wir noch weitere Freunde und Kollegen, zum Teil an ihrem Arbeitsplatz, was ich sehr informativ fand, da mir auch interessante Räumlichkeiten gezeigt wurden. In einem Regierungsgebäude, zu dem Hausfremde keinen Zugang haben, konnte ich Zutritt nur über die Bürgschaft des Staatsanwalts bekommen. Nach seiner und meiner Unterschrift wurde mir eine Plakette mit meinem Namen an die Jacke geheftet. Dann erst wurde die Sperre geöffnet. Wir schlossen diesen Tag mit dem Besuch eines Mozart-Konzertes ab.

Am Tag vor meiner Abreise lud man mich noch zu einer Fahrt auf einem großen antiken Flußboot mit Schaufelradantrieb auf dem Allegheny-Fluß ein. Das Boot gehört einem guten Freund von Mr. Claus. Wir fuhren gegen Abend der untergehenden Sonne entgegen. Das rechte Ufer war anfangs noch etwas naturbelassen, aber dann erhob sich ein riesiges Stadion, worin gerade ein Fußballspiel ausgetragen wurde. Nach dem Stadion waren mehrere Wasserzuflüsse zu sehen, die in den Allegheny-Fluß mündeten. Auf dem linken Ufer ragten riesige Wolkenkratzer in die Höhe, die zum Stadtzentrum von Pittsburgh gehörten. Einen unglaublichen Eindruck bot der Kontrast zwischen dem Schaufelradboot aus den Anfängen des letzten Jahrhunderts und diesen gewaltigen modernen Gebäuden.

Die letzte Nacht verbrachte ich im Westin Convention Center, einem Hotel mit unter anderem 618 Luxusgästezimmern, nur fünf Minuten vom Bahnhof entfernt. Der Zug sollte frühmorgens abfahren, aber da Mr. Claus mich nicht zum Bahnhof bringen konnte, hatte er schon lange vor meiner Ankunft ein Zimmer für mich reserviert: eine großzügige Einladung meines Gastgebers in Pittsburgh.

Zum Abschied dreimal in der Met

Am nächsten Morgen führte die Reise – dreizehn Stunden – zur letzten Station meines 15.000-Kilometer-Trips: New York. Vom Bahnhof brachte mich ein Taxi zum YMCA.[77] Schon seit 50 Jahren übernachte ich in dieser Unterkunft des Christlichen Vereins Junger Männer, 224 East 47th Street, wenn ich nach New York komme. Die Unterkunft

---

76 „Käse oder Fleisch?"
77 Young Men's Christian Association.

Brennende Hochöfen in Pittsburgh, USA, einst Zentrum der amerikanischen Stahlindustrie

New York

Metropolitan Opera

Wenn ich nach New York komme, steht die Metropolitan Opera stets an erster Stelle auf meinem Besuchsprogramm

Eine Opernaufführung in der Met ist ein grandioses Erlebnis in New York

ist nicht teuer, hat einen Swimmingpool, liegt nahe der Waterfront und den United Nations und ist 15 bis 20 Minuten zu Fuß vom Times Square entfernt. Einer meiner ersten Wege war der zu der Stätte des ehemaligen World Trade Center, jetzt umgeben von einem hohen Zaun mit vielen Bild- und Texttafeln zum Terrorereignis vom 11. September 2001. Wo die Türme standen, gähnt ein riesiges Bauloch, zum Teil – so scheint es – provisorisch ausbetoniert. Man kann die Tragik des Geschehens kaum fassen, wenn man davorsteht, und die Folgen sind noch nicht abzusehen.

Der Stock Exchange, nicht weit vom ehemaligen World Trade Center, ist für Touristen seit dem 11. September geschlossen. Jedesmal, wenn ich in früheren Jahren nach New York kam, habe ich mir das Treiben und Handeln an der Börse angeschaut. Es gibt kaum etwas Aufregenderes, als zu sehen, wie da gekauft und verkauft wird, wie die Aktien steigen und ebenso schnell wieder fallen.

Viele Stunden verbrachte ich, wie immer bei New York-Aufenthalten, auf dem Times Square. Interessanter als jeder Film ist es für mich, die Menschen auf der Straße und den unglaublichen Verkehr zu beobachten sowie den Hintergrund, die vielen Wolkenkratzer, die dicht nebeneinanderstehend in den Himmel ragen. Und nachts kommen noch die vielen bunten Lichter auf der Straße und in den Gebäuden dazu.

Am Times Square befindet sich, wie schon gesagt, eine Verkaufsstelle für Theaterkarten und Musicals, wo man Preisnachlässe bis zu 50 Prozent bekommen kann. Ich kaufte mir eine Karte für das Musical „42nd Street" für den Nachmittag, die aber trotz Ermäßigung 52 Dollar kostete. Danach ging ich zum Lincoln Center und fragte an der Kasse der Metropolitan Opera nach einer Karte für „Il Trovatore" und erhielt zu meiner großen Überraschung an der Abendkasse eine Karte für „nur" 25 Dollar. Am nächsten Abend bekam ich eine Karte für „Aida" und am dritten Abend für „Il Pirata". Die Aufführungen waren alle in konventionellem Stil inszeniert. Wunderschöne Bühnenbilder, bezaubernde Kostüme. Daß die „Met" solche Aufführungen darbietet, hat mich sehr überrascht und gleichzeitig erfreut. Für klassische Opern modern inszeniert habe ich kein Verständnis. Ich möchte diese Opern in Bühnenbildern und Kostümen sehen, die mich in die Zeit zurückversetzen, zu der sie komponiert wurden. Dann träume ich von einer Zeit, in der ich nicht gelebt habe, aber für die ich mich mit ihren eigenen Schönheiten und ihrer Kultur begeistern kann.

Der Abschiedsbesuch führte mich noch einmal ins Guggenheim-Museum, das Frank Lloyd Wright gebaut hat, jener Architekt, dem ich 1958 in seiner Architekturschule in Phönix begegnet war, und wo Hilla von Rebay, die mir die Auswanderung nach Kanada vor 50 Jahren ermöglicht hatte, die Direktorin war.

Am Freitag, dem 15. November 2002, brachte mich eine Lufthansa-Maschine zurück nach Deutschland. Mit tiefem Dank schaute ich auf einen Kontinent zurück, in dem ich viele Jahre zu Hause war und es immer noch bin, und wo ich unendlich viel gelernt habe.

Anschauungsmaterial

Deutsche Einheitskurzschrift[1]

① t, b, g, m, r; e, o

| t | b | g | m | r | -e- | -o- | o- | -e | -o |

1. Die enge Verbindung zweier Mitlautzeichen bedeutet e, weite Verbindung o.
2. Wenn das Wort mit einem Selbstlaut anfängt, beginnt der Anstrich an der Grundlinie.
3. e am Wortende ist ein halbstufiger schräger Aufstrich, o ein langer Flachstrich.

K: =

Kürzel

er(-)   die   es   hatt-   gegen   der   derer   dem   und   so
(Fürwort u. Vorsilbe)

S: = Sicherheitstest: Motte, Motto, Toto, der Tor, die Otter, dem Moor, der Tee, gegen Rom, ergebe, der Bohrer, der obere Motor, der rege Ober, die rote Beere, dem Ohr, mehrere Tore, mehrere Retter, der Teer, mehrere Beete, die Ebbe, mehrere Meere. Er betet. So geht es. Er hatte die Ehre. Er bot mehr. Er rettet es. Er hatte es.

4

---

[1] Winkler/Rieser, Deutsche Einheitskurzschrift, Ein Lern- und Lehrbuch. 1. Teil: Verkehrsschrift, Hans Lambrich, Winklers Verlag, 222. Aufl. 2000, S. 4.

Deutsche Einheitskurzschrift[2]

②   *h, w, d, k, n; a, ö*

| h | w | d | (c)k | n | | | | ganz eng verbinden |

1. Links auslaufende Zeichen dürfen in der Verbindung mit Aufstrichen eine kleine Schleife erhalten. — 2. *a* wird durch enge Verbindung und Verstärkung, *ö* durch weite Verbindung und Verstärkung des folgenden Mitlautzeichens dargestellt. 3. Mitlaute, die unmittelbar aufeinander folgen, werden ganz eng verbunden.

K:

| hab | her | wenn | werd- | das | den | denen | kann | wo | ver- | vor | vorn |
| hast, hat | | | | dass | | | kannst | | | | |

S: An der Höhe, Dank erwerben, am Damm, moderne Tonwaren, den Tabak nehmen, mehrere Mark abgeben, den Retter hervorheben, an den Berg herankommen, den Vordermann nennen, das Verbot kennen. Bodo und Benno wohnen am Bergweg. Wann hat das Verhör begonnen? Kann er das Barometer erkennen? Woher hatte er es?

5

---

2   Winkler/Rieser, Deutsche Einheitskurzschrift, Ein Lern- und Lehrbuch. 1. Teil: Verkehrsschrift, Hans Lambrich, Winklers Verlag, 222. Aufl. 2000, S. 5.

Stenographie[3]

(Die deutsche Einheitskurzschrift hat drei Lernstufen:
Verkehrsschrift – Eilschrift – Redeschrift)

Hohe Praxis

MdB Springorum: Die Unfallbekämpfung ist eine gemeinsame Aufgabe

[Stenogramm]

---

[3] Winklers Verlag, Unser Weg zur Hohen Praxis: S. 94, Nr. 6, Juni 1966, Gebrüder Grimm, Darmstadt. Übertragung aus dem Stenogramm in Langschrift siehe Seite 143.

Stenographie[4]

(Übertragung des Stenogramms)

MdB Springorum: Die Unfallbekämpfung ist eine gemeinsame Aufgabe
(Aus der 16. Sitzung des 5. Bundestages)

Anschl. / Silben

- 71 — Heute wurde immer nur von den direkten Unfallkosten gesprochen. Das — 20
- 148 — sind die Kosten, die die Berufsgenossenschaften und die Krankenkassen auf- — 40
- 216 — zubringen haben. Wesentlich größer sind aber die Folgekosten, die — 60
- 295 — indirekten Kosten, veranlaßt durch Sachschaden, veranlaßt durch Produktions- — 80
- 374 — ausfall, veranlaßt durch Arbeitsstundenausfall. Sie betragen das Vielfache. — 100
- 453 — Nun besteht bei uns zu Recht die öffentliche Meinung, daß die große Unfall- — 20
- 526 — häufigkeit in der Bundesrepublik ein echtes öffentliches Ärgernis ist. — 40
- 602 — Es wird aber in der Öffentlichkeit häufig die falsche Folgerung gezogen, — 60
- 671 — daß nämlich allein der Arbeitgeber hierfür die Verantwortung trägt — 80
- 749 — und der Arbeitnehmer der Betroffene ist. Diese Folgerung trifft nicht zu. — 200
- 833 — Gestatten Sie mir ein Wort zu der Gemeinsamkeit. Wenn wir in dieser Beziehung — 20
- 909 — nicht das Ziel gemeinsam verfolgen, sondern auch hier anfangen, das Spiel — 40
- 992 — Schwarzer Peter zu spielen, das wir in der Bundesrepublik mit so großer Freude — 60
- 1061 — ja immer spielen, werden wir nie weiterkommen. Ich habe vor einiger — 80
- 1130 — Zeit ein Protokoll über ein **Hearing**[1]), das die SPD anläßlich des — 300
- 1203 — Unfallverhütungs-Neuregelungsgesetzes veranstaltet hat, gelesen. Hier — 20
- 1284 — haben die Fachleute, die Sachverständigen mit viel Geist und mit viel Esprit — 40
- 1360 — gezeigt, wie man tatsächlich die Schuld immer bei den anderen finden kann. — 60
- 1443 — Deshalb ist es zwar ein sehr geistvoller Bericht; Hand und Fuß fehlen aber im — 80
- 1523 — Grunde. Wenn wir immer nach Vorschriften schreien und mehr Gesetze und mehr — 400
- 1602 — Verordnungen haben wollen, dann lesen Sie bitte einmal Wort für Wort diese — 20
- 1677 — zwölf Seiten im Unfallverhütungsbericht durch, auf denen all die Verord- — 40
- 1764 — nungen aufgezählt sind. Sie sind noch nicht einmal vollständig. Kein Mensch auf der — 60
- 1849 — Welt ist in der Lage, diese Vorschriften auch nur im entferntesten zu beherrschen — 80
- 1932 — und nach ihnen zu verfahren. Wenn es uns nicht gelingt, jedem einzelnen Menschen — 500
- 2010 — wieder echtes Sicherheitsbewußtsein zu vermitteln, dann hilft der Maschinen- — 20
- 2089 — schutz überhaupt nicht. Wir müssen nämlich das wieder lernen, was alle Tiere — 40
- 2172 — besitzen, der Löwe genauso wie die Maus: das ist der Instinkt zur Sicherheit. — 60
- 2244 — Leider ist in der kultivierten Welt, besonders bei uns in der Bundes- — 80
- 2318 — republik, vielleicht bedingt durch unsere etwas heroische Vergangenheit, — 600
- 2390 — manches in dieser Richtung verschüttet worden. Im Unterschied zu uns — 20
- 2463 — hält der Amerikaner die Vorsicht für eine echte Tugend. Bei uns wird — 40
- 2548 — der Begriff „Vorsicht" leicht mit dem **Hautgout**[2]) der Feigheit verbunden. Mutig — 60
- 2634 — müssen wir der Gefahr ins Auge sehen, möglichst ohne Schutzbrille! Möglichkeiten — 80
- 2709 — bestehen aber, wenn wir erkennen, was zu geschehen hat, um die Sicherheit — 700
- 2789 — in stärkerem Umfang zu gewährleisten. Ein großes Industrieunternehmen hat es — 20
- 2871 — im Ruhrgebiet jetzt bewiesen. Dieses Unternehmen, bei dem es mehrere — 40
- 2939 — zehntausend Beschäftigte gibt, hat klar erkannt, daß Leistung und — 60
- 3011 — Produktion auf der einen Seite und Sicherheit auf der anderen Seite — 80
- 3085 — einfach nicht zu trennen sind, sondern beides unabdingbar zusammengehört, — 800
- 3152 — und daß die Sicherheit nicht an Sicherheitsingenieure und -beauf- — 20
- 3227 — tragte delegiert werden kann. Sie kann nur in der gleichen Verantwortung — 40
- 3301 — liegen wie bei den leitenden Angestellten und den Meistern, die für die — 60
- 3384 — Produktion verantwortlich sind. Hier hat man nach dem System „**Nicht kleckern,** — 80
- 3465 — **sondern klotzen!**" große Prämien ausgeworfen. Für die Führungskräfte hat man — 900
- 3544 — einen Betrag von mehreren hunderttausend D-Mark zur Verfügung gestellt, so — 20
- 3624 — daß es sich für diese Kräfte auch lohnt. Nach einem ersten Zeitraum von drei — 40
- 3696 — Jahren hat man festgestellt, daß die tödlichen Unfälle um 41 Prozent — 60
- 3758 — und die schweren Unfälle um 28 Prozent zurückgegangen sind. — 980

[1]) Öffentliche Untersuchung
[2]) Sprich: 'o:'gu (Anrüchigkeit)

---

4 Winklers Verlag, Unser Weg zur Hohen Praxis: S. 95, Nr. 6, Juni 1966, Gebrüder Grimm, Darmstadt.

Illustrierte Freiburger Stenografenzeitung

Stenografenverein Freiburg von 1888 e.V.

1. Vorsitzender: Oskar Etter · Geschäftsstelle: Freiburg (Brsg.), Löwenstraße 7 · Telefon 3 27 98

Nummer 12 — Dezember 1960

125 JAHRE DEUTSCHE EISENBAHN

[Stenografischer Text]

(Der „Adler" im Nürnberger Verkehrsmuseum)

(Der Geisterzug)

(Die jüngsten Geschwister des „Adlers")

Stenographie kann auch interessante Lektüre sein

5   Illustrierte Freiburger Stenographenzeitung, S. 3 (Verkehrsschrift).

A Guide to Reading and Writing Japanese[6]

The 881 ESSENTIAL CHARACTERS

一	一			ICHI, *hito(tsu)*, one 一月 *ichigatsu*, January 一番 *ichiban*, first, best 一冊 *issatsu*, one (book, magazine)
1 1 stroke				
二	一	二		NI, *futa(tsu)*, two 二月 *nigatsu*, February 二か月 *nikagetsu*, two months 二回 *nikai*, twice
2 2 strokes				
三	一	二	三	SAN, *mi*, *mit(tsu)*, three 三月 *sangatsu*, March 三人 *sannin*, three people 三日 *mikka*, three days, the third day
3 3 strokes				
四	丨	冂	冂	SHI, *yon*, *yo*, *yot(tsu)*, four 四月 *shigatsu*, April 四日 *yokka*, four days, the fourth day 四十 *shijū*, *yonjū*, forty
	四	四		
4 5 strokes				

15

---

[6] Charles E. Tuttle Company, Rutland, Vermont, Tokyo, 13. Aufl. 1967, S. 15.

A Guide to Reading and Writing Japanese[7]

ESSENTIAL CHARACTERS · 40–44

田 40 5 strokes	丨 冂 田			DEN; *ta* [*da*], rice field 田園　*den-en*, fields and gardens, rural districts 稲田　*inada*, rice field 田植　*taue*, rice planting
森 41 12 strokes	一 木 木	十 木 森	才 木 森	SHIN; *mori*, forest, grove 森林　*shinrin*, forest 森閑　*shinkan*, silent 森厳　*shingen*, solemn, awe-inspiring
雨 42 8 strokes	一 雨 雨	冂 雨	冂 雨	U; *ame*, rain 大雨　*ō-ame*, heavy rain 雨戸　*amado*, rain door, shutter 梅雨　*baiu*, rainy season of early summer
花 43 7 strokes	一 艹 花	十 艹	艹 花	KA; *hana*, flower 花屋　*hanaya*, flower shop, florist 花びん　*kabin*, vase 花火　*hanabi*, fireworks
石 44 5 strokes	一 石	丆 石	石	SEKI, KOKU, SHAKU; *ishi*, stone 小石　*ko-ishi*, pebble 石炭　*sekitan*, coal 磁石　*jishaku*, magnet

23

---

7   Charles E. Tuttle Company, Rutland, Vermont, Tokyo, 13. Aufl. 1967, S. 23.

A Guide to Reading and Writing Japanese[8]

GENERAL-USE CHARACTERS · 18 strokes

齢	REI (age, years)		
18 STROKES			
懲	CHŌ; ko(rasu), to punish, to discipline, to chasten	織	644 page 143
曜	329 page 80	繕	ZEN; tsukuro(u), to patch up, to mend, to trim, to smooth over
濫	RAN (at random, wantonly; excessive; to overflow, to float)	繭	KEN; mayu, silkworm cocoon
癖	HEKI; kuse, habit, peculiar way, friz (of hair), weakness	職	819 page 178
瞬	SHUN (a short time; to wink, to twinkle, to flicker)	臨	880 page 191
礎	SO; ishizue, foundation, cornerstone	藩	HAN, Japanese feudal clan or domain
穫	KAKU (to reap, to harvest)	覆	FUKU (to upset, to overturn, to cover, to wrap, to hide, to shelter)
簡	KAN, simplicity, brevity, conciseness; (letter, book)	観	367 page 88
糧	RYŌ (food, provisions)	贈	ZŌ; oku(ru), to present as a gift

275

---

[8] Charles E. Tuttle Company, Rutland, Vermont, Tokyo, 13. Aufl. 1967, S. 275.

A Guide to Reading and Writing Japanese[9]

SYLLABARY

Katakana and Hiragana

ア$_a$	⁻ ア	あ$_a$	⁻ ﾅ あ
イ$_i$	ノ イ	い$_i$	し い
ウ$_u$	ⸯ ゛ ウ	う$_u$	ⸯ う
エ$_e$	⁻ T エ	え$_e$	ⸯ う え
オ$_o$	⁻ ナ オ	お$_o$	⁻ ナ お お
カ$_{ka}$	フ カ	か$_{ka}$	っ か か
キ$_{ki}$	⁻ ニ キ	き$_{ki}$	⁻ = き き
ク$_{ku}$	ノ ク	く$_{ku}$	く
ケ$_{ke}$	ノ ⁻ ケ	け$_{ke}$	し に け

283

Auszug aus dem Syllabary (Silbentabelle), Abc-Buch der japanischen Schriftsprache.

Katakana: Japanische Silbenschrift, die auf bestimmte Anwendungsbereiche (Fremdwörter, fremde Namen) begrenzt ist.

Hiragana: Japanische Silbenschrift, die zur Darstellung grammatischer Bedeutungs-endungen verwendet wird.

Katakana und Hiragama sind Bestandteil der japanischen Sprache.

---

[9] Charles E. Tuttle Company, Rutland, Vermont, Tokyo, 13. Aufl. 1967, S. 283.

Dokumententeil

Mit 410 Anschlägen und 300 Silben
Die Ergebnisse des „Jedermann-Wettschreibens"

Ungefähr 350 Mitglieder des Stenographenvereins Freiburg und Freunde der Kurzschrift nahmen an dem Wettschreiben für Jedermann teil, das der Stenographenverein, die Volkshochschule und das Jugendbildungswerk gemeinsam veranstaltet hatten. In einer Feier am Samstag in der „Harmonie" wurde das Ergebnis des Wettbewerbs bekanntgegeben. Für die Beurteilung spielten außer der Geschwindigkeit auch die Qualität, Rechtschreibung, Satzzeichensetzung und saubere und gefällige Anordnung der Schreibmaschinenarbeiten eine Rolle. Der Vorsitzende des Vereins, Oskar Etter, schrieb außer Konkurrenz 300 Silben in der Stenographie und mit 410 Anschlägen auf der Schreibmaschine. Das waren die besten Leistungen des Tages.

Im Wettbewerb waren auf der Schreibmaschine zwei Aufgaben zu erfüllen, nämlich einen unterschriftfertigen Bewerbungsbrief anzufertigen und eine Zehn-Minuten-Schreibprobe abzulegen. In der Stenographie konnte mit zwei Geschwindigkeiten geschrieben, doch nur ein Stenogramm übertragen werden. Als „„Allgemeiner Mehrkampfmeister" ging Klaus Katz hervor mit 240 Silben, 275 Anschlägen und einem sauberen Brief. Dabei ist zu beachten, daß er seine Arbeit nur mit neun Fingern verrichten konnte. „Mehrkampfjugendmeister" wurde Maria Hauser mit 180 Silben, 366 Anschlägen und ausgezeichnetem Formbrief. Sie wurde auch „Schreibmaschinenmeisterin". Als „Kurzschriftmeister" ging Ingeborg Maier mit einer fehlerfreien Arbeit bei 200 Silben in der Minute aus dem Wettbewerb hervor. Sie schrieb außerdem 360 Anschläge auf der Maschine. „Kurzschriftjugendmeister" wurde Hildegard Schuler mit einer fehlerfreien Arbeit bei 140 Silben; „Jugendmeister auf der Schreibmaschine" wurde Siegfried Neukirch mit 266 Anschlägen, die er nahezu fehlerfrei schrieb. Daneben leistete er eine ausgezeichnete Arbeit bei 140 Silben. Eine befriedigende Arbeit bei 260 Silben leistete Frau Krische. Im Mannschaftswettbewerb siegte die Gruppe des Jugendbildungswerkes und erhielt den Ehrenpreis des Oberbürgermeisters. Insgesamt konnten Preise im Werte von 400 Mark verteilt werden. Im Laufe des Abends erhielten Frau Marianne Etter und August Wernentin Ehrennadeln des Deutschen Stenographenbundes. Bei Tanz und froher Stimmung vergingen die Stunden im Fluge.

Freiburg, 28. April 1951

Siehe S. 13

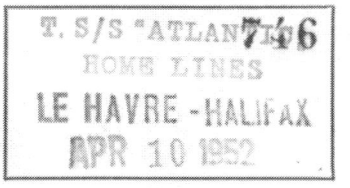

```
T. S/S "ATLANTIC"  746
HOME LINES
LE HAVRE - HALIFAX
APR 10 1952
```

IMMIGRATION IDENTIFICATION CARD
TO BE SHOWN TO EXAMINING OFFICER
AT PORT OF ARRIVAL

SERVICE D'IMMIGRATION DU CANADA
CARTE D'IDENTITÉ
À PRÉSENTER À L'EXAMINATEUR
AU PORT D'ENTRÉE

Siegfried Neukirch
SIGNATURE OF PASSENGER—(*Signature du passager*)

CIVIL EXAMINATION—*EXAMEN CIVIL*
THE ABOVE NAMED WAS ADMITTED TO CANADA AS
La personne susnommée a été admise au Canada comme

LANDED IMMIGRANT

IMMIGRATION CANADA
APR 10 1952
HALIFAX, N.S.

PLEASE RETAIN THIS CARD CAREFULLY. IT IS REQUIRED FOR CUSTOMS CLEARANCE AND MAY BE USEFUL FOR A NUMBER OF OTHER PURPOSES.

Veuillez garder la présente carte qui est requise pour le c'édouanement; elle vous servira aussi à d'autres fins.

PRINTED IN CANADA—*Imprimé au Canada*

Siehe S. 17

Recipe for Living, on $10 a Week
Mix equal parts education, chocolate
—Globe and Mail

Thrifty Student Solves Problems With Candy

Siegfried Neukirch has solved the problem of high living costs. His formula: Keep your mind full of education and your stomach full of chocolate.

Neukirch is a 22-year-old student of modern history and languages at the University of Toronto. For the past four months he has subsisted comfortably on $10 a week.

After arriving in Toronto from his native West Germany, the young immigrant obtained work with a local candy manufacturer. He immediately evolved and put into effect an unusual budget.

Each day he spent 30 cents in the company cafeteria and another 30 cents for fruit and vegtables. During working hours he crammed himself full of chocolate and ice cream.

For $5 a week he rented a small room. But he was still able, from the $10 allowance, to set aside a weekly 80 cents. Before long he purchased a pair of new shoes.

By the end of four months Neukirch had saved $240, enough to pay the first installment on his university fees and have $80 left for his first two months of studies.

The University Employment Service is now trying to find a part-time job for Neukirch. He hopes to save $120 in time to pay the second half of his university fees by Christmas.

Neukirch came to Canada from Freiburg, in the Black Forest near the Swiss-French border. He studied English while working for a West German radio network. He now converses easily in English, French and Spanish.

He enrolled in a Canadian university because "Canada was once an English colony and therefore more original English is spoken here. In the United States there is more slang."

After completing his two-year course at the University of Toronto he hopes to attend Laval or the University of Montreal to increase his knowledge of French.

Siegfried rations his spare time as carefully as his money. He studies.

Toronto, Mai 1952

Letters

Letters to the Editor should bear name and address of writer. If for publication, they should be brief and indicate if pen-name is preferred. Letters may be condensed.

ONE-BRAKE BIKES

When I came home yesterday I found an eleven-year-old friend of mine lying in bed with a concussion of the brain. What happened?

John Riddell was riding on the street on his bike when the chain suddenly sprang off. He lost control and ran into an iron fence. He was lucky this time that no car came along just then. It might have been his death just because he didn't have a second brake.

Coming from Europe and having ridden a bike practically from the cradle, I have been brought up with the idea that it is unsafe to depend on a single brake.

A couple of weeks ago I went to a bicycle store to buy a new bike. When I checked the several Canadian standard bikes I realized that none of them had more than one brake. The salesman told me: "one is enough!"

I differed with him because I know the danger that the chain may break or spring off and leave you without any brake. For this reason every bike in Europe is required by law to have two brakes. That's why I bought finally an English bike with two handbrakes and a coaster brake. Not seldom I use all three of them riding through Toronto traffic.

May I respectfully suggest that Canadian municipalities have such a regulation requiring manufacturers of bicycles to include two brakes.

— SIEGFRIED NEUKIRCH.

Wasters

The Editor,
The Varsity.

"Do you want a sandwich?" a student asked his friend in the J.C.R., where they were having lunch. The answer was "no". "Well here it goes", said the student, and threw the sandwich into the waste-basket.

A girl ate only the soft parts of her sandwich, and threw away the crusts. Another girl threw away an egg which she thought was not hard enough.

And these wasters are called students. You would think that they are old enough to know better, not to be like children, who don't know the value of a piece of bread.

There are millions of people who go hungry to bed every night. I remember seeing my brother eating from a pot of cold potato peels after a scanty meal. That was just a few years ago, in Europe. But can Canada afford to waste its food, just because it is so much blessed right now?

Siegfried Neukirch, II U.C.

Less Sex

The Editor,
The Varsity:

There was quite a bit of talking about sex in the last week's Varsity editions. What are the results? Is there anything undertaken to resolve the problem? I guess there can be something done about it. What is corrupting our thoughts? My answer is: the dirty magazines, pictures with slightly-dressed women. Some time ago I saw a boy-student and a girl-student looking at some dirty pictures of some so-called Beauty Magazine.

If you go to the JCR lunch room you can see there students playing cards on the back of which are pictures of half-naked girls. There are also girls sitting around, but nobody would blush looking at these pictures.

Well, that's how far we have already got. There are sometimes pictures even in The Varsity, I myself wouldn't agree with either.

I think if we would try to do away with any kinds of indecent pictures and literature which corrupt our minds we would soon be able to realize the real values of love.

Siegfried Neukirch,
I Arts.

Briefe an *Globe & Mail Newspaper* und Studentenzeitung *Varsity*, Toronto 1953

Baby-Sitting Students
NEW CANADIANS HELPED TO GRADUATION

Many a foreign student is working his way through university these days by baby-sitting, dishwashing, setting tables and doing other light, although sometimes delicate, household chores.

It's all part of a program devised by the Friendly Relations with Overseas Students, an organization devoted to helping new Canadians to get an education.

And there are several students enrolled this year at the University of Toronto who find themselves with limited means.

To aid them FROS hit on the idea of encouraging them to exchange light services for room and board.

Besides giving an opportunity to save for an education, the plan also provides the student with a comfortable place to live in a friendly Canadian environment, good meals and, sometimes, expense money.

20-HOUR WEEK

Jack Thomas, co-director of FROS, explains that 20 hours a week is suggested as the maximum time that should be required of the student for domestic services.

Young men, he smilingly admits, usually find it hard at first to adjust themselves to baby-sitting and other domestic assignments but they get used to it.

Homes for the students have been obtained through three sources. Applications to the university housing service from people seeking to have a student exchange room and board for housework are often turned over to FROS. Then again people who know about the work FROS is doing to help the foreign student have been recommending the organization to their friends.

SPEECHES HELP

A series of speeches on the work of FROS by its directors, Thomas and Mrs. Kay Riddell, have also achieved the desired results.

In most cases, explains Mrs. Riddell, students have been placed in homes where they can become an integral part of the family life.

"Such a set-up is bound to succeed," she commented.

Globe & Mail Toronto, 1953

Better Than Boston's
Clad in an apron, Siegfried Neukirk from Germany tastes the beans he has just cooked. Family where he lives help him improve his English, and in return he surprised them shortly after his arrival by baking them an excellent cake.

Siehe S. 17

3 Cherokee Avenue,
Centre Island, Toronto,
May 12, 1955.

TO WHOM IT MAY CONCERN:

    This is to certify that Siegfried Neukirch was employed in my home from September, 1952, to June, 1953, in the capacity of houseboy. His duties included waiting on table and some simple cooking. He performed these duties in a manner very satisfactory to us. We found his character to be of a very high standard. It is with pleasure that I commend him to you.

Yours truly,

Jas. J. Phillips

JFP:A   JAMES F. PHILLIPS.

Siehe S. 168

The Canadian

Siehe S. 18

Auf diesen Zügen habe ich mir einen Teil meines Studiums als Kellner verdient

Queen Mary, von New York nach London, 1955

Siehe S. 20

Près du Pont-Neuf

UN ETUDIANT
JEUNE ALLEMAND
inscrit en Sorbonne

PLONGE
dans l'eau glacée
pour sauver
UNE DÉSESPÉRÉE

"C'était tout naturel..."
DECLARE-T-IL

Paris, 6. Januar 1956   Siehe S. 21

Près du Pont-Neuf

UN ÉTUDIANT PLONGE DANS LA SEINE

et sauve une jeune femme de 23 ans

— Vous savez, c'était tout naturel et n'importe qui en aurait fait autant à ma place.

Siegfried Neukirch, jeune Allemand de 25 ans, actuellement étudiant en lettres en Sorbonne, est bien modeste. Et il paraît étonné de la visite que nous lui rendons dans sa chambre, 27, quai de Valmy. Avec le sourire cet athlétique garçon cherche à comprendre en quoi le fait d'avoir plongé dans la Seine glacée pour sauver une vie humaine peut sortir de la banalité.

Il circulait à vélomoteur, hier vers 13 heures, se dirigeant du quai Anatole-France vers le Pont-Neuf, afin de gagner le quartier Latin.

— J'ai vu des gens qui se penchaient sur le quai, en face du Louvre. Je suis assez curieux et je pensais tout d'abord que c'était un bateau qui brûlait. Quand j'ai compris qu'il s'agissait d'une femme tombée à l'eau, j'ai posé ma machine contre un arbre...

Quelques minutes plus tôt, du haut du Pont-Neuf, une jeune femme de 23 ans, Mme Monique Abraham, demeurant 52, rue Chapon (3ᵉ) s'était précipitée dans la Seine. Une centaine de personnes regardaient la malheureuse dériver vers le milieu du fleuve. Les unes couraient sur la berge, tentant d'alerter des mariniers, d'autres prévenaient police-secours et les pompiers de la caserne Jean-Jacques-Rousseau. En quelques secondes le jeune étudiant avait pris la résolution de porter secours à la noyée.

— Si j'ai fait très vite pour plonger dans l'eau, nous explique-t-il en un français presque impeccable, c'est surtout que je me trouvais en chemise...

Manteau, tricot, pantalon, l'intrépide et courageux Allemand, s'était en effet retrouvé en chemise et en chaussettes, avec autour de lui un groupe de badauds que ce spectacle semblait intéresser tout au moins autant que la noyée.

Un plongeon sans bavure dans une eau glaciale, un crawl énergique, l'étudiant arriva juste à temps pour saisir Mme Abraham par les cheveux. Sans connaissance, la jeune femme fut amenée par son sauveur jusqu'au quai. Les pompiers parvinrent rapidement à la ranimer.

Quant à Siegfried Neukirch, qui grelottait de froid dans sa chemise, mais cette fois sous le regard admiratif de la foule, un agent de police lui jeta sur les épaules une lourde pèlerine.

— Ils sont gentils vos agents, nous déclara-t-il, jusqu'au commissariat de la rue Perrault, ils me frictionnèrent le dos. Puis ils me firent sécher mes vêtements devant un gros poêle. Ils me disaient : « Surtout n'attrapez pas froid, mon petit ! »

Deux heures plus tard, il assistait à un cours à la Sorbonne. Nous lui demandons quand même en plaisantant s'il n'a pas attrapé un bon rhume.

— Moi, je suis solide ; mais c'est cette petite femme qui m'inquiète. Il paraît que cela fait trois fois qu'elle se jette à l'eau. Je voudrais bien qu'elle se guérisse... Savez-vous comment va sa santé ?

Nous lui indiquons que Mme Abraham a été transportée salle Sainte-Marie, à l'Hôtel-Dieu, et que son état est satisfaisant.

— Ah ! bon, fait-il soulagé. Demain si l'on me donne cette autorisation, j'irai lui porter des fleurs à l'hôpital.

Student rettet Lebensmüde

Paris, 7. Januar (dpa)

Ein 22jähriges, junges Mädchen wurde von einem zurzeit in Paris studierenden deutschen Philologiestudenten aus der Seine gerettet. Siegfried Neukirch fuhr zufällig über den „Pont aux Changes", als eine Menschenansammlung seine Aufmerksamkeit auf sich zog. Eine junge Frau hatte sich in den Fluß gestürzt und trieb langsam davon. Rasch entschlossen sprang Neukirch ihr in das eisige Wasser der winterlichen Seine nach.

Die angekommene Feuerwehr konnte die Lebensmüde zurück zum Leben bringen. Siegfried Neukirch hingegen saß schon zwei Stunden später polizeilich getrocknet bei seiner Vorlesung in der Universität.

Siehe S. 21

Einladung zum World Trade Center - San Francisco, April 1958 Siehe S. 36

El Panamá América

DIARIO INDEPENDIENTE — DIVULGAMOS LA VERDAD QUE LOS DEMAS OCULTAN

PANAMA, R. P., VIERNES, JUNIO 20, 1958

La vuelta al mundo en hamaca

Seguido por un grupo de muchachos aparece en la foto el raidista universitario canadiense Siegfried Newkirch, quien se propone cruzar la América hasta la Argentina, pasar al viejo mundo y luego a Sur África para ofrecer sus servicios al famoso y mundialmente conocido Dr. Albert Schwitzer, quien opera una Leprosería. El joven pedalista tiene tres meses de viajar desde el Canadá montado en su bicicleta. No se aloja en hoteles, paga todos sus gastos y duerme en una hamaca donde lo sorprenda la noche. Por intermedio de este diario envía un saludo a todos los panameños. Le deseamos buen viaje.

Siehe S. 48

En busca del Dr. Schweitzer.-
EN BICICLETA VIAJA AL AFRICA

"SIEMBRA bondad, siembra dulzura", fue el consejo que Siegfried Neukirch (28, soltero, nacido en Alemania, nacionalizado canadiense, en Lenguas y Literatura Moderna en las Universidades de Toronto y La Sorbona, en París), agregó en su mochila a su paso por Panamá. Neukirch, con 100 dólares en el bolsillo, una bicicleta y un mapa del mundo, salió hace siete meses de Vancouver dispuesto a conocer un poco más del mundo.

En el aeródromo panameño de Tocumén, esperando un avión que lo llevaría a Colombia (su bicicleta no podía atravesar la selva panameña), gracias a un pasaje que le regalaron, se hallaba Neukirch hace cuatro meses. A su lado, la esposa de un Coronel de Carabineros (R) y madre del ingeniero Augusto Muñoz, esperaba el avión que la llevaría a USA. Recién llegaba en un avión chileno, que allí terminaba su ruta. En un país extraño, ella se sentía confundida. Los amigos chilenos que iban a acudir al aeródromo, no aparecieron. Neukirch comprendió la aflicción de la dama y la atendió solícito. Ella, a su vez, se enteró de quién era su extraño guía. Neukirch, desde pequeño sólo anheló viajar, conocer el mundo. A Santa Claus le pedía geografías. Creció fascinado por las fotos de los bosques impenetrables del Canadá. Un día partió. En su ciudad quedaron sus padres y sus dos hermanos (uno pastor luterano y el otro en Filosofía).

JARDINERO Y NIÑERO

Neukirsch estudió en la Universidad de Toronto, mientras trabajaba de nurse de guaguas, de jardinero y de mozo en los restaurantes. Después viajó a La Sorbona. Se propuso recorrer toda América, empezando por Alaska. No iría en bicicleta para batir un record, sino como vehículo barato. Cuando le apareciera un Mecenas tomaría barco o tren.

Un día atendió en el Hotel Chateau Lake Louise en las Montañas Rocosas, a Wirt Morton, el rey de la sal (ahora lanzó al mercado un tipo de sal deshidratada que no se humedece). Morton escuchó que Neukirch tenía otro propósito aún más idealista: después de conocer países y seres, atravesaría el Atlántico, entraría al Africa en busca de Albert Schweitzer, "el mejor hombre que vive en el orbe. En su dominio de Lambarene, en el que el sabio ha donado su ciencia y su vida a servir a los desvalidos, él aportaría su anhelo de ayudarle en cualquier cosa. Morton, que conocía y admiraba a Schweitzer, le donó 100 dólares para los primeros kilómetros del viaje.

La dama chilena también conoció la historia de este andariego muchacho, y le dijo que cuando llegara a Chile, su marido le devolvería su gentileza para una dama desconocida.

Neukirch arribó a Santiago, y se vio convertido en huésped del coronel Muñoz. La Embajada del Canadá también lo ha atendido.

Neukirch, que parece dotado de ese lozano y transparente corazón del personaje del film "En una pequeña carpa

Chile

EL MUCHACHO alemán-canadiense en un camino del Norte Chico chileno. Lleva 20 mil kilómetros de ruta. Su destino es Africa, vía Sudamérica.

un gran amor", refiere que los 20 mil kilómetros recorridos han constituído una feliz y bella aventura. El no fuma ni bebe. Su única pasión es comer chocolates. Temía encontrar indios, y sólo supo de la existencia de bandidos en Colombia. "En cada aldea me prevenían contra ellos. Yo antes de dormirme recalcaba que tenía una extraña cualidad: dormía con un ojo abierto, el que acechaba aunque se cerrase". En ninguna parte le han robado lo poco que lleva. "Parece que a los ladrones también les gusta la aventura y simpatizan conmigo", comenta.

ELLAS EN EL CAMINO

Respecto a las mujeres, dice:
—He encontrado algunas muy bonitas, pero sólo las miro con el mismo interés que contemplo el paisaje. En algunos pueblos centroamericanos ellas se me acercaban y me preguntaban si sentiría frío en la noche. No puedo pensar en el amor, porque tengo una misión: llegar a Lambarene. Si me detengo ante una bella mujer, puede allí terminar el viaje.

Siehe S. 61

Del Polo Norte a Santiago en bicicleta

Santiago de Chile

Siegfred Johanes, estudiante alemán de Lenguas Modernas y Literatura, nacionalizado canadiense, llegó el viernes a Santiago, después de haber recorrido 20 mil kilómetros en... bicicleta. Viene desde el Polo Norte rumbo a Tierra del Fuego. Su meta final es llegar a África, donde le espera el sabio Albert Schweitzer, con el que trabajará. Johanes causó sensación en el centro de Santiago. Y con razón, pues se trata de uno de los "globe trotters" más originales de los últimos tiempos. (Información con declaraciones exclusivas, pág. 5)

Canadien d'origine allemande, Sigfried Neukirch, 28 ans, se rend à Lambaréné. Pour venir jusqu'à Dakar, il est parti de l'Océan Glacial Arctique et est descendu jusqu'à l'extrémité de la Terre de Feu, faisant une partie du parcours sur cette grande bicyclette.

Dakar, Sénégal, Dez. 1958

De l'océan glacial arctique au Golfe de Guinée sur une bicyclette et avec 50 kgs de bagages

Parce qu'il veut aller rejoindre le Dr Schweitzer à Lambaréné et se mettre à son service, soit comme infirmier, soit comme maçon, soit comme secrétaire, Sigfried Neufkirch a traversé l'Amérique du Nord et l'Amérique du Sud sur une grande bicyclette avec 50 kgs de bagages et de matériel de camping.

C'est un grand jeune homme, de 28 ans, sportif, ancien élève à la Sorbonne, né à Fribourg et naturalisé Canadien depuis un an et résidant à Toronto.

Il parle l'allemand (bien entendu), le français (parfaitement) l'anglais et l'espagnol.

Il s'est mis en route le 1er mars dernier, mais au lieu d'emprunter le trajet le plus direct, il s'est payé la fantaisie de commencer son périple en partant de Cap Barrow en Alaska. Il avait alors en poche 100 dollars, viatique renouvelé ensuite par M. Wit Morton, le « roi du Sel » et grand philanthrope de l'Arizona.

De sa traversée des deux Amériques, il gardera longtemps le souvenir d'un séjour à Panama, d'une excursion archéologique aux cités Incas et d'une étude sur les Indiens de Bolivie.

Après être descendu jusqu'à l'extrémité de la Terre de Feu, ce coccyx de l'Amérique Latine, il est remonté jusqu'à Buenos-Aires où il a réussi à s'embarquer, comme membre d'équipage, sur un navire à destination de Las Palmas. Dans ce port, il a pris place comme passager, à bord du « Djenné ». Il vient d'arriver à Dakar avec l'intention de continuer, dès que possible sur Libreville ou Port-Gentil.

« A bicyclette ? » lui avons-nous demandé.

« Probablement pas. Le docteur Schweitzer est très âgé et je tiens à passer près de lui le plus de temps possible et une traversée de l'ouest africain sur une bicyclette, même Hopper, retarderait un peu trop la date de mon arrivée à Lambaréné.

Siehe S. 68

Siehe S. 74

Albert Schweitzer Spital

Bananeneinkauf

Siehe S. 76

Protestantische Missionsstation in Lambarene am Ogowe-Fluß

Albert Schweitzer schreibt in seinem Zimmer

Siehe S. 82

Blick auf Albert Schweitzers Zimmer

> „Früher gehörte er der ganzen Welt. Im Tode gehört er uns allein."

In einem einfachen Holzsarg wurde Albert Schweitzer aufgebahrt; Eichenblätter aus seiner elsässischen Heimatstadt Günsbach wurden mit ins Grab gegeben.

Lambarene, 5. September 1965, Totenwache　　　　　　　　　Siehe S. 105

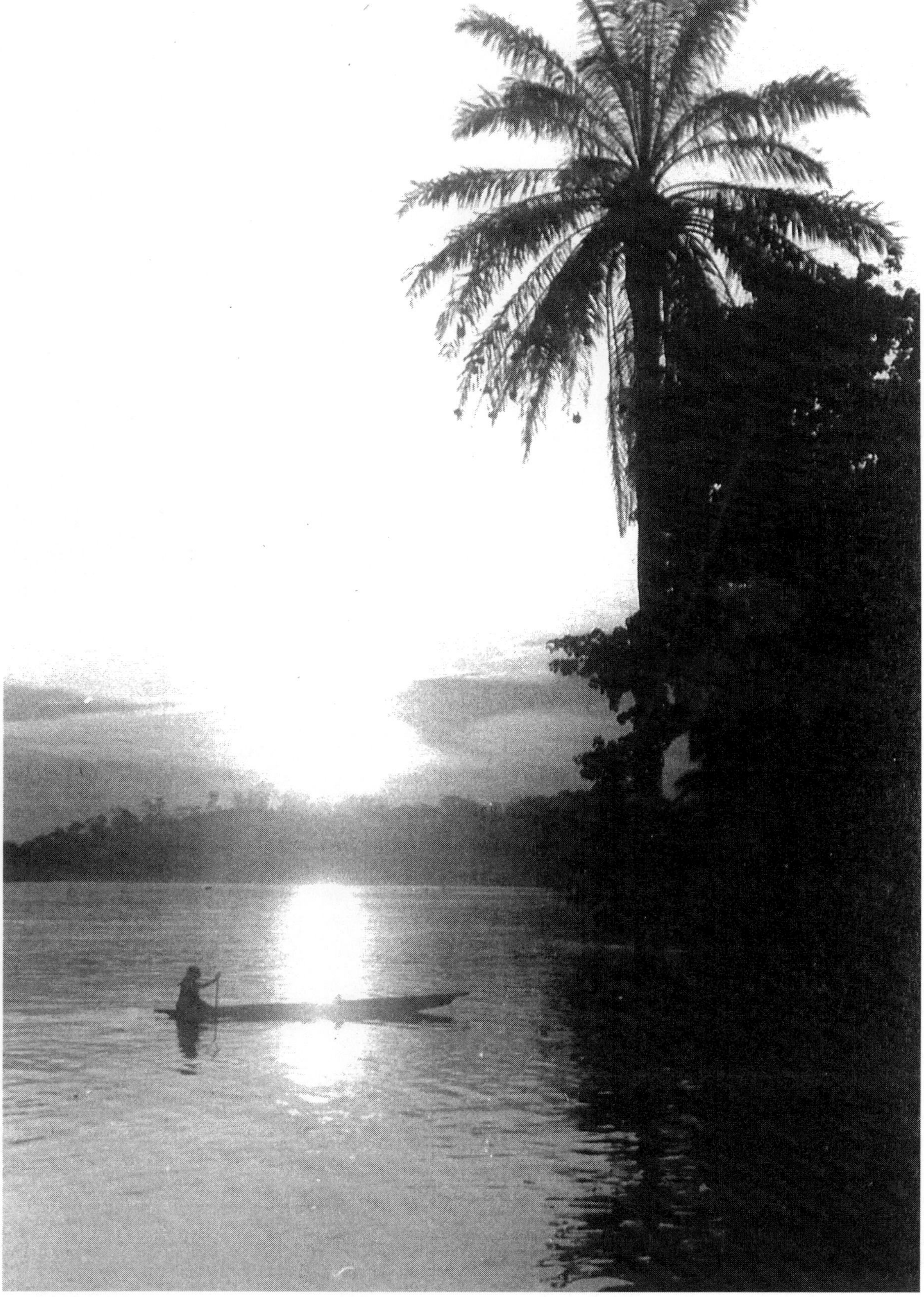

Colaume Daniel, ein Leprakranker, schrieb zum Tod von Albert Schweitzer nachstehenden Brief, der hier in der Übersetzung wiedergegeben wird: *

Der Tod des Grand Docteur

Ich bin 1953 ins Spital Schweitzer gekommen. Ich war von der Lepra befallen. Der Grand Docteur hat mich wie einen Sohn aufgenommen, und er hat alles für meine Genesung getan. Ich dagegen dachte, als er mich behandelte, daß er mich quälen wollte, und dabei wollte er meine Schmerzen lindern. Sie wissen, das Leben ist für einen Menschen schwierig. Man kann alles tun, um ihn von Schmerzen zu befreien, er dagegen denkt, daß man ihn töten möchte.

Im Spital bin ich wie in meinem Dorf. Ich hatte alles, was ich brauchte. Haus, Bett, Essensration, Seife, Kerosin, Kleider und außerdem Medikamente, die besonders teuer sind. Der Bau des Lepradorfes wurde 1953 mit Mlle Emma begonnen, die auch unsere Mutter war. Mlle Emma war für uns ein Mensch, den es nur einmal gibt. Sie ist 1957 nach Europa zurückgekehrt, wo sie im Juli gestorben ist. Wir tragen den Schmerz, daß sie nicht mehr bei uns ist. Wenn der Grand Docteur nach Europa reiste, übernahm Mlle Emma alles und erfüllte alle Aufgaben, als wäre sie der Grand Docteur. Als wir Mlle Emma verloren hatten, tat uns der Grand Docteur leid, da er mit uns allein war.

Der Grand Docteur war nicht einen Tag müde. Aber als ich ihn das letzte Mal auf seinem Bett sah, schlug das Herz kaum noch. Wir waren wirklich tief ergriffen, den, der immer mit uns war, in einem solchen Zustand liegen zu sehen. Als er uns in der Nacht um 11.30 Uhr verließ, überkam uns eine tiefe Angst, und wir waren alle durch den unvorhergesehenen Verlust entmutigt. Wir sind zutiefst betrübt, daß wir einen solchen Menschen verloren haben, den wir in unserem ganzen Leben nicht mehr wieder haben werden.

Mlle Ali, wir beten zu Gott, daß Sie ein Herz des Mitleids mit unserem Leiden und ein reines Herz haben mögen.

Und dann bitten wir Gott, daß wir das Werk, das der Doktor Schweitzer hinterlassen hat, fortsetzen können. Wir möchten, daß der Doktor Schweitzer im Reich Gottes ist.

Colaume Daniel im Dorf des Lichtes (Lepradorf)

---

*   Übersetzung von Siegfried Neukirch

D.R MOÏSE TSHOMBE

LÉOPOLDVILLE, le 8 Septembre 1965

RÉPUBLIQUE DÉMOCRATIQUE DU CONGO

CABINET DU PREMIER MINISTRE

Monsieur SIEGFRIED NEUKIRCH
Hôpital du Dr A. Schweitzer
LAMBARENE
- Gabon -

Monsieur,

J'ai été très touché du contenu de votre lettre du 6 Septembre dernier, qui m'a été remise par Monsieur Omer MARCHAL et je vous en remercie très sincèrement.

J'avais moi-même une grande admiration pour le Dr Schweitzer et pour la grande oeuvre qu'il a accomplie en Afrique. Je vous souhaite beaucoup de courage dans la poursuite de cette oeuvre magnifique, pour le mieux-être des populations.*

Un grand merci également pour la règle en bois d'ébène que vous avez si bien travaillée vous-même, elle n'en a que plus de valeur et je la garderai précieusement en souvenir d'un collaborateur du grand homme de Lambaréné.

Veuillez agréer, Monsieur, l'assurance de mes sentiments très distingués.

N° 00047/P/CV

LE PREMIER MINISTRE
Dr Moïse TSHOMBE

* „Ich selbst bewunderte Dr. Albert Schweitzer sehr und das große Werk, das er in Afrika vollbracht hat. Ich wünsche Ihnen viel Mut für die Weiterführung dieses großartigen Werkes für das Wohl der Bevölkerung."

Übersetzung des 2. Abschnitts aus obigem Brief von Dr. Moishe Tshombe, Ministerpräsident des Kongo 1965.

* Übersetzung von Siegfried Neukirch

Albert Schweitzer

So bleibt man jung:

Jugend ist nicht ein Lebensabschnitt - sie ist ein Geisteszustand; sie ist Schwung des Willens, Regsamkeit der Phantasie, Stärke der Gefühle, Sieg des Mutes über die Feigheit, Triumph der Abenteuerlust über die Trägheit.

Niemand wird alt, weil er eine Anzahl Jahre hinter sich gebracht hat; man wird nur alt, wenn man seinen Idealen Lebewohl sagt.

Mit den Jahren runzelt die Haut, mit dem Verzicht auf Begeisterung aber runzelt die Seele.

Sorgen, Zweifel, Mangel an Selbstvertrauen, Angst und Hoffnungslosigkeit, das sind wie lange, lange Jahre, die das Haupt zur Erde ziehen und den aufrechten Geist in den Staub beugen.

Ob siebzig oder siebzehn, im Herzen eines jeden Menschen wohnt die Sehnsucht nach dem Wunderbaren, wohnt das erhebende Staunen bei dem Anblick der ewigen Sterne und der ewigen Gedanken und Dinge, wohnt das furchtlose Wagnis, die unersättliche kindliche Spannung, was der nächste Tag bringen werde, wohnt die ausgelassene Freude und Lebenslust.

Du bist so jung wie deine Zuversicht, so alt wie deine Zweifel; so jung wie dein Selbstvertrauen, so alt wie deine Furcht; so jung wie deine Hoffnungen, so alt wie deine Verzagtheit.

Solange die Botschaften der Schönheit, Freude, Kühnheit, der Größe, von dem Menschen und dem Unendlichen dein Herz erreichen, solange bist du jung.

Erst wenn die Flügel nach unten hängen und das Innere deines Herzens vom Schnee des Pessimismus und vom Eis des Zynismus bedeckt ist, dann erst bist du wahrhaft alt geworden.

Albert Schweitzer

Die Wahrheit über ALBERT SCHWEITZER

Als Tischgast in Lambarene
Alte Mißverständnisse und neue
Tatsachen um einen Neunzigjährigen
Patriarch oder letzter Kolonialherr in Afrika

Von Dr. Harald Steffahn

© by elite

Heute nachmittag hatte er hier in seinem Zimmer hoch über dem Ogowe-Fluß auf einen Bücherstoß gezeigt, ein Meter hoch, ein Meter breit: „Die muß ich alle lesen und verdanken." Viele Neuerscheinungen landen hier: entweder von seiten der Verleger philosophischer, theologischer, medizinischer, musikwissenschaftlicher Literatur (denn der Adressat trägt ein Kreuz besonderer Art, er ist in diesen vier Bereichen zuhause), oder Freunde, Verehrer, Unbekannte übersenden Selbstgeschriebenes oder Produkte fremder Federn, damit der alte Doktor in Äquatorialafrika auch Anteil habe am Fortgang der Welt.

Mit einer großen Lupe, die beim Lesen kleiner Schrift noch vor die Brille gehalten wird – denn die Augen wollen nicht mehr so, wie sie müssen –, müht er sich also hinter dem literarischen Fortschritt her. An diesem Tage waren überdies elf Briefe geschrieben worden, mit der Hand, die der ererbte Schreibkrampf quält. Der Lebensorganismus von fünfhundert Menschen verlangt unausgesetzten Kontakt nach draußen. „Wie lange willst du denn noch so arbeiten?" fragte Helene Schweitzer ihren Mann vor zwölf Jahren. „Bis zu meinem letzten Atemzug", sagt er.

Am Ogowe ist es Abend geworden. Bringt er, nach Aufbruch und Mittag, die Ernte? In Afrika erntet man nicht. Der grüne Kosmos des Tropengürtels kennt nicht die Begriffe Ruhesitz und Pension, nicht die mit dem Wort Ernte verbundenen Vorstellungen von Heimbringen und Feierabend. Eine gnadenlose Natur schließt sich geräuschlos über jedem Menschenwerk, das nicht täglich neu um sein Daseinsrecht kämpft. Die Not dieses Kontinents, das Mißverhältnis von Leiden und Hilfe, tut ein übriges dazu, daß hier härter gearbeitet werden muß als in den gemäßigten Zonen, ohne daß man dennoch je die Erinnerung an Sisyphus los wird. Diese Erkenntnis ist manchmal schwer. Dank gibt es auch nicht, eher die in den Weg gerollten Steine der Mittelmäßigen und die Anfechtungen aus neuen politischen Konstellationen.

Die Ausdauerndsten hier müssen Befriedigung darin suchen, daß sie Hilfe in nicht mehr abmeßbarem Ausmaß geleistet haben. Das ist nicht wenig. Das kann ein Leben reich machen, auch wenn man dabei, aus der Natur der Sache, nicht recht eine Bilanz ziehen kann.

Anders liegt die Sache bei Albert Schweitzer selbst, auf Grund seiner besonderen geistigen Ausgangsposition. Sucht man daher bei ihm nach „Ernte", so findet man den Zugang am ehesten, wenn man Operationssaal und Krankenbaracken nicht vordergründig, sondern gleichnishaft nimmt.

Lambarene ist, wie er einmal gesagt hat, ein Symbol seiner Gedanken. Lambarene gilt als Legitimation und Reisepaß für die Idee der Ehrfurcht vor dem Leben und machte diese Idee überzeugend, als sie von hier aus in die Welt aufbrach. Die Idee der Ehrfurcht vor dem Leben bedeutet ihm das teils denkend, teils intuitiv erfaßte Grundprinzip des Sittlichen. Dieses Prinzip ist gehärtet im Feuer der Tat – hier am Ogowe. Nachdem Schweitzer eine so glänzend anbahnende Laufbahn in Wissenschaft und Kunst der Jesus-Nachfolge geopfert hatte, erwuchs ihm hier das, was ihn – bedeutender als das Geopferte – in die Geschichte hob. Aber erst kam das Opfer. Erst kam der Verzicht. Diese Tatsache hat ihn in letztlich unangreifbarer Weise glaubhaft gemacht.

„Was ihm den Rang eines Leitbildes gibt", sagt Helmut Thielicke, „ist einzig die Tatsache, daß jemand, der in Europa hätte Karriere machen und vielleicht Reichtümer sammeln können, in den Urwald ging ... Jemand, der das tut, muß glaubwürdig sein. Albert Schweitzer ist weltberühmt, weil er ein glaubwürdiger Mensch ist. Eine solche Ausnahme ist das – und so groß ist die Sehnsucht, eine derartige Ausnahme Ereignis werden zu sehen!" Mit Lambarene hat er das Maß gesetzt, an dem seine Philosophie sich messen läßt.

Er kann am Abend seines Lebens noch erkennen, wie seine Ideen auf unzählige Menschen Einfluß üben und sie verwandeln. Hier liegt, was wir Ernte nennen. Hier liegt, bei fortdauernder Sorge um den Weg der Menschheit, die Genugtuung seines Alters. So gesehen ist er, bei währendem Dienst, bei unablässiger Tagesmühe, am Ziel. „Eine große ruhige Musik umtönt mich innerlich. Ich darf erleben, daß die Ethik der Ehrfurcht vor dem Leben ihren Weg in der Welt zu machen beginnt. Das hebt mich über alles hinaus, was man mir vorwerfen oder antun kann." So geschrieben von dem fast 90jährigen.

Daß diese Gründung hier am Fluß Ogowe – die Eingeborenen sagen Ogoué – bleibe, was sie ist oder anders wird oder sogar dereinst verlorengeht in dem brodelnden Katarakt, der da Afrika heißt und am Anfang seiner Bewußtheit steht, ist nicht entscheidend für die Aufgabe, die die Geschichte dem elsässischen Pfarrerssohn gestellt hat. Vielleicht wird Afrika ihn sogar zunächst einmal vergessen, um ihn erst viel später als seinen Rufer zu preisen und ihn dem alten Wurzelboden Europa streitig zu machen.

Der Amerikaner Norman Cousins, der die vielleicht besten Worte für den Urwaldarzt und „Menschenfischer" gefunden hat – sie sind wert, wiederholt zu werden –, hebt hervor, daß die Geschichte willig irgendwelche Fehler, Irrtümer oder persönliche Schwächen übergeht, wenn ein Mann nur genügend von sich selbst hergibt. Albert Schweitzer hat zahllose Menschen verschiedener Generationen fähig gemacht, in sich selbst die Barmherzigkeit zu entdecken.

Gewiß schüttet die Geschichte vieles zu und nicht nur die geringsten Taten. Sie verschwendet große Gedanken und Kräfte an die Gedächtnislosigkeit der Enkel. Sie läßt jede Epoche Erfahrungen und Stadien des Menschheitsbewußtseins neu durchlaufen. Und doch trägt sie Sorge, daß ihre wertvollsten Güter und glücklichsten Manifestationen nicht versanden im Strom der Zeiten. Denn wäre tiefstes Ethos, ein über siebzig Jahre reichender Bogen unendlichen Bemühens, wäre eine solche Konzentration sittlicher Energien 'vorstellbar nur als eine Laune der Natur?

Albert Schweitzer selber fragt nicht, ob sein Tun Zukunft habe. Er i s t und wirkt. Alles weitere stellt er gelassen anheim, aber seine gnadenvolle Natur beschenkt ihn mit einer zufriedenen Ahnung.

ENDE

Hôpital Albert Schweitzer, Lambaréné, Gabon   1913 - 2003

LAMBARENE – NACH ALBERT SCHWEITZER

Neunzig Jahre Lambarene, so zeigt es die Ansichtskarte. Oben das Ehepaar Schweitzer nach der Ankunft 1913 und der Hügel von Andende, wo das erste Spital entstand; unten links die Spitalstraße der Neugründung von 1927, so wie jeder frühere Mitarbeiter und Besucher das Herzstück des Krankendorfes mit seinem quirligen Leben in Erinnerung hat. Daneben die Heilstätte in ihrer heutigen Gestalt, während die frühere in den Zustand eines Museums entrückt ist. Drei Generationen Spital, sozusagen.

Die Übergangsphase nach dem Tod des Gründers, 1965, war schwierig; zeitweilig drohte die Schließung. Doch sowohl der erste Präsident der Republik Gabon, Leon M'Ba, wie auch sein Nachfolger, der heutige Staatspräsident Bongo, haben stets hervorgehoben, wie wichtig ihnen dieses Symbol der Nächstenliebe in ihrem Lande sei.

Im Lauf der Jahrzehnte ist das Urwaldhospital aus rein „weißer" Fürsorge sanft und stetig fast völlig in die Obhut einheimischer Ärzte und Pflegekräfte übergegangen. Nur organisatorisch sind die Europäer noch stärker präsent. „Das Spital", so hieß es 2005 im 97. Rundbrief für den Freundeskreis, „hat einen festen Platz im Leben der Bevölkerung von Lambarene und der Region am Ogowe-Fluß". Es ziehe Kranke aus dem ganzen Lande an – und Touristen aus aller Welt.

Freilich zieht es nicht im gleichem Maß das Geld an. Denn im selben Beitrag steht, daß der Staat Gabon mit der Bezahlung seines festgelegten Beitrages erheblich im Rückstand sei. „So muß der Spitaldirektor vor jedem Monatsende bangen, ob er die Löhne der Angestellten bezahlen kann". Nur dringendste Investitionen können getätigt werden. Immer noch sind Spenden für das Spital überlebenswichtig, sowohl für den laufenden Heildienst als auch für die Erhaltung seiner historischen Teile.

So sehr mich das Problem des Elends in der Welt beschäftigte, so verlor ich mich doch nie in Grübeleien darüber, sondern hielt mich an den Grundgedanken, daß es Jedem von uns verliehen sei, etwas an diesem Elend zum Aufhören zu bringen!

Albert Schweitzer